GRANDES THÈSES CATHOLIQUES

I

LE SACRÉ-CŒUR

CONFÉRENCES SELON LA DOCTRINE DU VÉNÉRABLE JEAN DUNS SCOT

PAR LE

RÉV. PÈRE DÉODAT DE BASLY

DES FRÈRES-MINEURS

DEUXIÈME ÉDITION

Société de Saint-Augustin,

DESCLÉE, DE BROUWER ET Cie,

PARIS
30, rue Saint-Sulpice, 30

LILLE
41, rue du Metz, 41

MCM.

GRANDES THÈSES CATHOLIQUES.

GRANDES THÈSES CATHOLIQUES

I

LE SACRÉ-CŒUR

CONFÉRENCES SELON LA DOCTRINE

DU

VÉNÉRABLE JEAN DUNS SCOT

PAR LE

RÉV. PÈRE DÉODAT DE BASLY

DES FRÈRES-MINEURS

DEUXIÈME ÉDITION

Société de Saint-Augustin,

DESCLÉE, DE BROUWER ET Cie,

PARIS
30, rue Saint-Sulpice, 30

LILLE
41, rue du Metz, 41

MCM.

IMPRIMATUR :

F. LÉONARD D'ARGENTAN,

MINISTRE PROVINCIAL.

CORDI SACRATISSIMO

JESU CHRISTI DOMINI NOSTRI FILII DEI ET MARIÆ :

IN QUO

Bene Sibi Complacuit Pater dum æternaliter voluit

SE DILIGI AB ALIO QUI POTEST EUM SUMME DILIGERE :

QUI EST

Primogenitus omnis creaturæ ; necnon caput Universi :

PROPTER QUEM

Condita sunt universa in cœlis et in terra, visibilia et invisibilia :

PER QUEM

Angelica in excelsis pacificata sunt et humana deorsum reparata :

CORDI CHRISTI REGIS :

Summa potestas, laus mundi, magnificationes nostratum,

DILECTIO FRANCIÆ, GENTIUM DEPRECATIONES,

ATQUE CELEBRATIO SEMPITERNA.

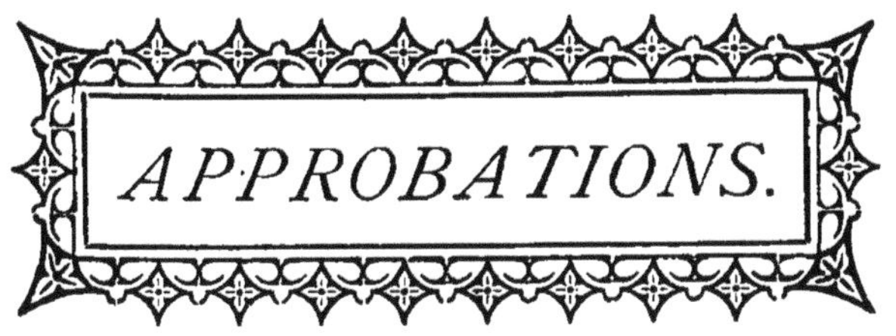

APPROBATION DES CENSEURS DE LA PROVINCE SAINT-DENYS.

COUVENT DES FRÈRES MINEURS,
RENNES.

MON TRÈS RÉVÉREND PÈRE,

Après avoir examiné attentivement l'ouvrage du R. P. Déodat de Basly, Grandes Thèses Catholiques, Le Sacré-Cœur, *je suis heureux de vous donner le meilleur témoignage sur l'orthodoxie de la doctrine et la clarté avec laquelle sont exposées les grandes Thèses de notre École Scotiste. Je le crois de nature à éclairer les esprits imbus de préjugés contre la doctrine de notre Vénérable Duns Scot, et à leur montrer combien solidement sont établies les conclusions qui caractérisent son enseignement; je lui souhaite donc beaucoup de lecteurs.*

Agréez, mon Très Révérend Père, l'humble expression de ma piété toute filiale.

FR. LOUIS DE MONTOIR,
Lecteur en Philosophie et en Sacrée Théologie,
Gardien du Couvent.

22 décembre 1899.

COUVENT DES FRÈRES MINEURS,
HAVRE-DE-GRACE.

MON TRÈS RÉVÉREND PÈRE,

J'ai examiné au point de vue théologique les Conférences du Révérend Père Déodat de Basly : Grandes Thèses Catholiques, Le Sacré-Cœur.

Je suis heureux de pouvoir dire que, à mon sens, le Révérend Père vient d'élever, avec les principes de la Théologie du Vénérable Duns Scot, un solide et spendide monument doctrinal à la gloire du Sacré-Cœur.

Au sommet du monde visible et invisible, JÉSUS-CHRIST, *exemplaire de tous les êtres, raison et terme de la Création ; au sommet de l'Humanité du Verbe, le* Sacré-Cœur, *soleil divin enveloppant de ses rayons le ciel et la terre : telle est la grande idée qui remplit le livre, et que l'auteur développe avec une érudition patristique remarquable, et une grande sûreté de doctrine.*

Les orthodoxes les plus scrupuleux pourront le lire sans crainte. Si, devant telle page, ils sentent éclater leur surprise, avant de censurer, qu'ils relisent avec attention, et, au besoin, qu'ils ne craignent pas de recourir aux sources, mais aux vraies. *Un critique en quête de bons renseignements, ne s'adresse pas aux adversaires, ordinairement du moins. Que de préjugés malheureux tomberaient, si, avec l'œil simple loué dans l'Évangile, les théologiens et les philosophes s'appliquaient à l'étude des Docteurs de l'École franciscaine et de Scot en particulier !*

Le présent ouvrage ne ferait il que piquer la curiosité des intelligences loyales, prêtes à accepter la vérité, d'où qu'elle vienne, que son auteur serait déjà récompensé de ses longues et savantes recherches.

Mais un autre résultat, très sensible, celui-là, à une âme sacerdotale, lui est assuré d'avance : En donnant du Sacré-Cœur une connaissance plus profonde, il en inspirera un amour plus fort.

FR. FERDINAND DE St-GEORGES,
Lecteur en Philosophie,
ex-professeur de Théologie Dogmatique

23 décembre 1899.

APPROBATION
DU T. R. P. MINISTRE PROVINCIAL.

MON RÉVÉREND ET CHER PÈRE,

C'est à l'œuvre que vous venez d'achever et qui bientôt va paraître, que je veux consacrer les dernières heures de la belle journée de Noël. N'est-il pas juste de présenter aux fidèles, en ce même jour, un livre qui célèbre la merveille de l'Amour incarné ?

Pour parler du Christ, vous avez employé une langue presque ignorée des hommes de l'heure actuelle, celle des Théologiens du moyen-âge, et, spécialement, celle des Docteurs de l'École Franciscaine.

Sans doute, vous avez ainsi accompli un acte de piété filiale envers ceux que nous regardons comme des pères et des modèles, mais avez-vous suffisamment tenu compte du courant moderne des idées ? La vieille Scolastique, que vous prétendez faire revivre, n'a-t-elle pas achevé son rôle, ou plutôt, ne lui est-il pas interdit de franchir les portes des Écoles, pour ne pas s'exposer à un échec fatal, en se montrant, avec sa rigidité méthodique, dans les chaires de nos églises ?...

Avant de vous lire, je m'étais posé ces questions, et, sans croire le problème insoluble, je me demandais quel serait le résultat de l'initiative hardie que vous avez entreprise.

Aujourd'hui, je suis complètement rassuré.

Vous avez d'abord montré que les thèses de notre École théologique n'avaient pas seulement pour but de satisfaire quelques rares savants, épris de la grandeur des théories développées. Avec vous, on constate qu'elles constituent le fond sérieux et solide sur lequel peuvent s'appuyer les prédicateurs sacrés, non seulement les conférenciers et les controversistes, mais encore ceux qui bornent leur enseignement aux prônes ou même aux simples catéchismes.

C'est une victoire gagnée sur les préventions et la routine ; j'ajoute : sur l'apathie qui se dispense de l'étude directe, pour se contenter de conclusions toutes préparées, peut être de phrases recueillies au hasard des lectures, et réunies plus ou moins ingénieusement.

Aussi, pour atteindre votre but, vous avez sagement pensé qu'il ne fallait pas vous borner à exposer la doctrine des grands Scolastiques, mais qu'il importait d'en placer le texte même sous les yeux des lecteurs. Ce texte, d'ailleurs, n'est-il pas presque inconnu ? Quelques manuels de Philosophie et de Théologie le citent parfois, mais avec quelle inexactitude ; ils le commentent, mais avec quelle partialité !... Car, il faut bien le dire, puisque les circonstances le permettent, il a été, il est encore de mode de critiquer, et même de railler à outrance la grande École qui reconnaît Duns Scot pour chef. Et pourtant, combien peuvent se vanter d'avoir étudié, à leur source authentique, les enseignements Scotistes ! Ces enseignements constituent un immense faisceau de doctrines, dont il est impossible de séparer une seule conclusion de quelque importance, sous peine d'enlever à celle-ci son caractère de déduction logique qui l'unit harmonieusement à l'ensemble. Par cela même, une conclusion isolée devient inintelligible, et se trouve exposée aux commentaires les plus malveillants.

Lutter contre ces errements, c'est donc non seulement remettre en honneur des hommes qui le méritent à tant de titres, mais c'est aussi rendre un éminent service à la science religieuse.

La forme que vous avez choisie m'a semblé particulièrement heureuse. Vous avez condensé la doctrine Scotiste sur l'Incarnation dans l'exposé que vous faites du Sacré-Cœur. Vous avez ainsi répondu aux aspirations des âmes qui se tournent actuellement de préférence vers ce Cœur divin, depuis surtout que la parole du Souverain Pontife a placé son culte en pleine lumière catholique. Il convenait de justifier ce culte en montrant que l'amour témoigné aux hommes par le Sauveur, n'est que la suite nécessaire de l'amour qu'il porte à son Père, comme Verbe Incarné.

Vous donnez ainsi toute son extension à la plus touchante des dévotions catholiques, en l'appuyant sur la grande Théologie de l'Incarnation.

Comment, dès lors, ne pas applaudir à vos conférences de si belle allure, et au travail si consciencieux qui les montre, toutes, bien établies sur le vrai terrain théologique ? Comment ne pas souhaiter à votre ouvrage la plus large diffusion ?

Aussi, nous l'approuvons pleinement, et nous n'hésitons pas à le présenter au clergé, aux maîtres et aux élèves des séminaires, comme à tous les fidèles qui ont le désir de jouir du rationabile obsequium *de l'Apôtre.*

Donné en notre Couvent de Saint-Antoine de Paris, le 25 décembre 1899.

F. LÉONARD D'ARGENTAN,
Lecteur en Philosophie et en Théologie,
Ministre Provincial des Frères Mineurs
de la Province de Saint-Denis.

CENSURE PONTIFICALE.

Après Sixte IV, le grand pontife Benoît XIV (De Beatific. et Canonis. lib. II. c. 28. n. 10) a formulé le jugement officiel de l'Église sur la doctrine que nous avons à cœur d'exposer et de défendre dans cet ouvrage.

« Cum duplex sit opinio Catholicorum Doctorum circa causas præcipuas Incarnationis Verbi divini intuentium : altera quod, si Adam non peccasset, Dei Filius humanam carnem non assumpsisset ; altera quod, etiamsi non fuisset humana in primo Parente lapsa, adhuc Dei Filius carnem assumpsisset, ET OPINIO UTRAQUE PIETATE, FIDEI AUCTORITATIBUS, ET RATIONIBUS SUBSISTAT...... »

« Parmi les Docteurs Catholiques, deux opinions sont courantes ; l'une, que, sans la faute d'Adam, le Fils de DIEU n'aurait pas pris notre chair ; l'autre, qu'il serait venu quand même. Toutes les deux favorisent la piété, s'appuient[1]

1. On voit quelle distance sépare du jugement de l'Église sur la thèse de la Primauté du CHRIST, soutenue par la théologie Scotiste, la permission accordée aux Frères Prêcheurs de combattre, dans leurs colloques particuliers, *inter se*, entre eux, *privatim*, l'Immaculée Conception de Marie. Sixte IV, Sixte V, saint Pie V, Paul V, avaient fulminé l'excommunication et d'autres peines contre tous ceux qui attaquaient en public cette doctrine ; Grégoire XV, étendant les censures à ceux qui la combattaient en particulier, fit une exception en faveur des Frères Prêcheurs.

Statuit ne in privatis quidem actibus contraria sententia liceret defendi, exceptis iis quibus Sedes Apostolica id permisisset : permisit autem Fratribus Ordinis Prædicatorum, modo privatim et inter se ea de re sermonem haberent.

(Ferraris, au mot Conceptio B. M. V.)

sur les autorités de la foi (l'Écriture et la tradition des Pères), et sur la raison. »

Nous sommes donc bien à l'aise, sous le bouclier des décisions pontificales, pour étudier la Thèse du Premier Glorificateur, et montrer ses rapports avec le culte du Sacré-Cœur de Jésus-Christ. C'est un axiome dans l'École que, si le magistère infaillible tranche souverainement les questions, le débat reste ouvert jusque-là, au grand profit de la doctrine elle-même. Les discussions la font monter, dans le ciel de la foi, jusqu'au jour parfait. L'Église prononce alors et tout est fini.

Telle a toujours été la pratique de l'Église. Le Souverain Pontife Léon XIII, qui a si bien mérité des études Théologiques, l'entend de la sorte. Une première fois, il a écrit dans les Constitutions générales qui, dans sa pensée, doivent être le pacte d'union de tous les Frères Mineurs : Que les Lecteurs aient grand soin, dans les doctrines philosophiques et théologiques, de s'attacher, sans négliger les autres Maîtres, à l'antique tradition de l'École Franciscaine. In doctrinis philosophicis et theologicis Antiquæ Scholæ Franciscanæ inhærere studeant, quin tamen ceteros Scholasticos negligant *(De Lectoribus, art. 245). Par une réponse sollicitée spécialement* ad hoc, *et communiquée par le cardinal Vannutelli, préfet de la Congrégation des Ev. et Rég., le 19 septembre 1899, le Souverain Pontife a confirmé ce qu'il avait écrit dans nos Constitutions générales.*

Toute notre ambition est de montrer dans ces pages que nous sommes le fidèle enfant de la sainte Église Romaine.

PRÉFACE.

PRÉFACE.

In commendando Christum malo excedere quam deficere a laude sibi debita, si propter ignorantiam oportet in alterutrum incidere.

Quand il s'agit de célébrer le CHRIST-JÉSUS, si la faiblesse de l'esprit humain ne peut éviter un excès que pour tomber dans un autre, j'aime mieux dépasser la juste mesure que de ne pas y atteindre.

Vén. JEAN DUNS SCOT.

Vingt-trois février 1689, vingt prairial 1793, vingt-cinq mai 1899 : mémorables dans l'histoire de l'Église, ces dates sont françaises. Le 23 février 1689, notre Très-Saint Seigneur Jésus-Christ déclare à la Bienheureuse Marguerite-Marie que son Cœur veut être peint sur les étendards fleurdelisés, gravé aussi dans les armes du roi, et qu'il réclame un temple grandiose. Louis XIV édifie son Versailles, et le soleil, tout fier d'être l'emblème d'un si grand monarque, prend dans l'écu royal toute la place.

Le 25 mai 1899, paraît l'Encyclique Annum Sacrum. *Léon XIII agenouille le Genre Humain devant le Cœur de Jésus-Christ. La Basilique du Vœu national profile sur la colline de Montmartre sa masse imposante. Les cinq coupoles s'épanouissent, entre Saint-Dènis et Notre Dame, dans le ciel de Paris, que tant d'audace n'irrite pas. La France, pénitente et empressée, monte au Sacré Cœur, tandis que Versailles, désert, ne connaît plus, ô dérision ! le mouvement de la vie qu'aux jours historiques où l'on donne à Louis XIV, l'Absolu, des successeurs irresponsables. Et les couleurs françaises s'accoutument à l'honneur d'être au Cœur de Jésus-Christ un cadre éclatant.*

Ainsi se parfait l'œuvre divine sans les hommes qui, lâches ou simplement fainéants, se dérobent à la tâche providentiellement imposée. Elle s'achève contre les efforts des orgueilleux révoltés qui préfèrent la courte gloire de se poser devant le Christ en adversaires redoutables. La pauvre claie d'osier ne se targuait-elle pas d'arrêter le torrent?

Deux cents ans de luttes contre le Cœur de Jésus-Christ et sa royauté, séparent la révélation de Notre-Seigneur à la Visitandine mâconnaise et l'acte de Léon XIII. S'armer de Dieu contre le Christ, ce fut tout le Voltairianisme Autant l'immonde flatteur du Roi prussien mit de complaisance à étaler les preuves de l'existence de Dieu, gendarme géant et sans traitement dont il riait derrière le volet, mais qu'il plaçait devant sa porte, en faction, pour la défendre contre les manants redoutés, autant il montra d'acharnement à hurler contre le Christ la formule exécrable dont il est l'inventeur : Écrasons l'Infâme! Au-dessus des violences de Voltaire et du raffinement d'hypocrisie de nos Renanistes, émerge, sommet de folie, le 20 prairial 1793. Robespierre, qui ne fut pas, à tout prendre, le plus monstrueux des terroristes, escorté de Paris délirant de frayeur, joue, à la fête de l'Être Suprême, le rôle de médiateur entre Dieu bon et l'humanité perverse! L'âme de Robespierre dans la fonction religieuse du Cœur de Jésus-Christ! Le monde vit cela le 20 prairial 1793, et la France en pleura du sang. Le spectacle, moins le sang, dure encore : Maximilien s'est fait intellectuel. Que d'autres se réclament de leur baptême rouge, place de la Nation, nous voyons, nous, une formidable poussée d'esprit chrétien dans l'essai magnifique de rénovation sociale qui s'arrêta, pour deux siècles, devant une montagne de guillotinés. Le dix neuvième siècle n'a voulu bâtir que sur un calque outrageusement faussé par des énergumènes qui, la tête lourde d'un égoïsme furieux, ne voyaient plus les lignes et traçaient, par amusement, avec du sang de France. C'est au plan magnifique de la Rénovation chrétienne que nous fixons nos volontés. Nous entendons mettre autant d'Évangile qu'il se pourra dans la société de demain.

L'Encyclique Annum Sacrum *du 25 mai 1899 a cette ambition. Le grand homme de Dieu, le prêtre avisé qu'est Léon XIII, montre aux hommes le Cœur Sacré de Jésus-Christ. « Adorez-le par reconnaissance. Seul, lui, votre prince, votre possesseur suprême, réorganisera par l'amour dont il est le foyer, la société que vos égoïsmes et vos haines ont mise à mal. » Première lueur d'aube sur les éléments mêlés d'un monde encore informe, l'Esprit d'amour continue de briller en nos temps sur le chaos de nos idées. Heureusement !*

C'est de la théologie ! Oui, sans doute. Comme si la politique et la vie sociale n'étaient pas de la théologie en action ! Voltaire fit de la théologie, négative, c'est vrai ; la Convention était théologienne ; Napoléon ne put s'en défendre ; et, jusqu'à notre Parlement qui décide, concile laïque : « Dieu est un être hypothétique dont les hommes réunis en peuple n'ont pas à s'occuper, » tous font de la théologie, vraie ou fausse, plus souvent fausse. Et le Pape, l'Épiscopat, les prêtres, les catholiques, les Ordres religieux, ceux surtout qui ont un long et glorieux passé d'enseignement, ne feraient pas tout haut de la théologie selon la vérité !

L'Ordre des Frères-Mineurs, qui a dit le Christ pendant sept cents ans, plutôt que de paraître se taire, enflera sa voix si notre société montre visage de sourde. L'ambition de ces conférences est tout simplement de faire tomber le rideau autour du monument théologique élevé à la gloire du Cœur Sacré de Jésus par notre frère, le Vénérable Jean Duns Scot, et par son École, l'une des deux grandes Écoles catholiques. Car, s'il est beaucoup de théologiens distingués, si plusieurs sont illustres, il n'y a que deux systèmes complets de théologie catholique : par ordre de date, le Thomisme et le Scotisme. Une gloire récente de celui-ci est la proclamation du dogme de l'Immaculée-Conception de la Vierge, conséquence toute logique de son enseignement sur Jésus-Christ, glorificateur de Dieu et débonnaire médiateur. Mais, autant le plan des deux systèmes diffère, autant leur méthode d'argumentation est semblable. C'est la Scholastique avec ses larges et lumineuses discussions.

La sagesse aussi bien que l'autorité du Souverain Pontife, nous ramène à la belle époque des grandes luttes de la pensée qui ne connut pas l'hérésie, parce que l'obéissance à l'Église romaine était absolue, et aussi parce que l'erreur, toujours fuyante, ne s'accommode point des tenailles d'une argumentation rigoureuse. D'autres procédés nous ont donné de curieux spécimens de marqueterie théologique où les morceaux enlevés, deci, delà, aux grands systèmes, ne portent plus traces de leur origine. Tels ces chapiteaux que trois ou quatre couches de badigeon et cinq ou six grattages font prendre pour du roman primitif ou de la renaissance, à volonté. Voit-on le Docteur Angélique et le Docteur Subtil à la recherche de leurs doctrines dans nos manuels de séminaire ? La tranquille assurance avec laquelle, adversaires ou dévots, les font parler pour les besoins de la cause, les laisserait perplexes sur leurs propres opinions.

Dans l'étude qui suit chaque conférence, nous citons nos auteurs. Les contradicteurs, si contradicteurs il y a, pourront s'escrimer sur des textes authentiques. Même quand leurs opinions sont opposées, les deux Chefs d'École s'éclairent l'un par l'autre. Puissions-nous aider, aussi petitement que ce soit, ceux qui, maîtres et élèves, gémissent sur les manuels catéchistiques écrits en latin ! Et pourquoi les laïques eux-mêmes seraient-ils exclus des grands mouvements d'idées qui s'appellent les spéculations de l'École ? Au moins verraient-ils, selon le mot de Brunetière, qu'il y a dans l'Église catholique une plus grande liberté de penser que l'on ne croit. Cette constatation n'a rien que de réconfortant.

Le Souverain Pontife, dans sa dernière Encyclique au clergé français, recommande la Scholastique avec les expressions mêmes du grand Pape franciscain qui plaça au rang des principaux docteurs son frère en Saint-François, saint Bonaventure. Le successeur de Sixte V dit que le meilleur résumé *de la Scholastique est la Somme de saint Thomas, et que « les professeurs doivent en expliquer à tous leurs élèves la* méthode, *ainsi que les* principaux *articles relatifs à la* Foi *catholique. »*

Pourvu que les indications si sagement mesurées du Souverain Pontife ne rencontrent pas la fertilité avisée de quelques commentateurs, larges et loyaux, qui décident : « Ni Alexandre de Halès, ni Albert-le-Grand n'ont écrit de Sommes. Saint Bonaventure n'a pas fait d'abrégés portant les titres : Breviloquium, Centiloquium. *La Somme de saint Thomas est toute la théologie. Les* Opus Oxoniense, Opus Parisiense *du Vénérable Duns Scot ne disent rien, ou rien qui vaille. La théologie scholastique n'est pas un fonds commun à tous les docteurs. Seul saint Thomas a exploré la foi ; il a tout dit, et dit excellemment.* » *On arriverait vite, de ce pas, à être plus Thomiste que saint Thomas. Quand il dit prudemment* opinor, puto, *il faudrait lire :* de fide. *Dieu préserve la Scholastique, méthode de discussion et de liberté sous l'œil vigilant du magistère infaillible, Dieu la préserve de ces impartiaux qui l'assommeraient du marteau de leur absolutisme. Suarez, mis à Coïmbre en face du dilemme : Ne pas s'écarter de saint Thomas, ou ne pas le commenter, répondit : Je ne le commenterai plus :* Desinam deinceps commentari [1].

1. Collationes, Macedo, Lectori curioso.

PREMIÈRE CONFÉRENCE.

LA PRÉÉMINENCE DU CŒUR DANS LE CHRIST.

PREMIÈRE CONFÉRENCE.

LA PRÉÉMINENCE DU CŒUR DANS LE CHRIST.

Dedisti cor tuum quasi cor Dei.

Tu as montré ton cœur, disant : c'est le Cœur de DIEU.

(EZÉCHIEL, 28, 2.)

QU'IL fait beau voir ! Invinciblement, mes frères, ce vieux cri de la légende normande jaillit de l'âme qui contemple, dans le ciel rayonnant de la théologie, le Cœur de JÉSUS-CHRIST.

Les gens de l'évêque d'Avranches, saint Aubert, attendent à l'embouchure du Couësnon, sur sa rive droite, l'éloignement des flots pour s'engager sur les sables d'une grève fameuse déjà par maintes perfidies. Ne dit-on pas : Saint Michel *au péril de la mer ?* Soudain une femme aveugle se précipite vers le groupe, suppliant DIEU, par les reliques apportées du mont Gargan, de guérir ses yeux morts. O prodige ! les yeux de l'aveugle s'emplissent de clartés. Ailleurs elle crierait sa joie, ici elle n'a point de paroles devant le spectacle qui l'enchante. Elle voit la montagne de Saint-Michel, orgueil des flots qui l'ont conquise sur le rivage et qui, deux fois le jour, accourent de l'horizon avec la rapidité d'une jalousie alarmée, pour s'assurer, en l'enveloppant de toutes parts, qu'elle n'a pas, en leur absence, marché vers la terre. Ce splendide rocher dont le front, battu furieusement par les orages, porte le temple dédié au vainqueur de Satan, enchante la pauvre femme. Son long ravissement finit dans ce cri : Qu'il fait beau voir !

Et je dis : Qu'il fait beau voir le Cœur du CHRIST dans les splendeurs de la grande théologie !

Avec une nuance de dédain l'un de nos ignorants contemporains décide : le Culte du Sacré-Cœur de JÉSUS-CHRIST est un appendice très inutile de la Révélation primitive, si grande dans sa sévérité majestueuse. — Un autre, avec colère : C'est une note marginale écrite sur le livre des vieux dogmes par un mysticisme peu ou point théologique. — Honteuse fantaisie, s'exclame un troisième très méprisant, indigne fantaisie née d'un catholicisme vieilli, réduit aux abois, et qui invente, pour aller à DIEU, une méthode nouvelle trop bien adaptée, sinon à la majesté du Très-Haut, du moins à la sensibilité maladive de notre génération de névrosés.

Luise le soleil de la vérité ! Vienne, Messieurs, vienne le jour de DIEU dans les esprits ! Et l'on entendra l'acclamation grandiose de toutes les intelligences émues : Qu'il fait beau voir le Cœur de JÉSUS-CHRIST, pièce maîtresse de son organisme humain, centre religieux de tous les vouloirs créés, raison première de l'existence des mondes, point de soudure du fini avec l'infini, premier glorificateur et glorificateur suprême de la Divinité, chanté par les grandes thèses de la Théologie catholique ! Qu'il fait beau voir !

Nous sommes loin, avec ces aperçus, bien loin du supplément qui déforme, de la note marginale encombrante et superflue, de la végétation parasite, du soubresaut maladif d'un système religieux décrépit.

Aujourd'hui, mes frères, nous mettrons nos efforts à répondre à cette question : De quoi est faite la prééminence du Cœur dans le CHRIST, pour qu'il remplisse la Chrétienté d'ardeurs enthousiastes et prime tout dans la liturgie sacrée ? Pourquoi célébrer dans le CHRIST plutôt le Cœur ?

I.

Le cœur de chair, l'organe physique est, dans le CHRIST, l'objet d'un culte spécial. Nous ne l'adorons que parce qu'il vit joint à la Divinité dans la personnalité du Verbe. Nos adorations, qu'on le sache bien, vont trouver le cœur de chair où il subsiste, dans le Verbe qui est DIEU. Mais, objectera-t-on, ce motif, nécessaire et suffisant pour que nous adorions le Cœur de JÉSUS-CHRIST, exige que nous adorions les mains, les pieds, la tête du Médiateur. Assurément. L'aveugle-né baise la poussière à côté des pieds de JÉSUS ; Madeleine, plus osée, marque le baiser de ses lèvres sur les pieds du Maître ; Jean pose son oreille et ses pensées sur la poitrine de JÉSUS ; Marie verse le nard précieux sur les cheveux du CHRIST, et ses apôtres le baisent au visage. Tout cela est légitime et délicat. L'union hypostatique rend tout le corps de JÉSUS adorable ; mais, parce qu'elle n'est pas plus intime au cœur et moins véritable à la main, elle n'est pas cause d'une prééminence qui désignerait plutôt le cœur que la main aux adorations des fidèles ; mais, non plus, elle ne supprime point la dignité propre de chaque organe. L'œil, dans le CHRIST comme chez moi, l'emporte sur le pied, et le cœur de chair qui palpite dans la poitrine de JÉSUS, est, comme le mien, d'après le langage humain et le style des Écritures, plus noble que tout le reste, et la pièce maîtresse de l'organisme. Pourquoi cette noblesse éminente? Pourquoi cette maîtrise du cœur? Elle est d'abord d'ordre physiologique.

DIEU, qui mit entre le rien et l'immense chaos l'acte de son vouloir, a posé dans cette masse gigantesque une sorte de cœur dont la systole et la diastole s'affirment par la course et les rétrogradations des planètes. Étonnant phénomène que cette marche des astres : trois pas en avant, recul d'un pas, et reprise de la marche avec recul nouveau.

d'un pas Ne dirait-on point la cadence rythmique d'un pas de danse ? Non. C'est le pouls régulier de l'Univers. DIEU a posé au milieu des mondes visibles un invisible balancier dont les coups marquent l'avancement et le recul des astres aussi nettement que les pulsations, sensibles aux tempes et aux poignets, décèlent les mouvements du cœur.

Marche cadencée des planètes, va-et-vient de la sève, des racines de l'arbre à son rameau suprême et du faîte de sa ramure à sa racine infime, marche du sang dans les artères et les veines, avancement, arrêt, retour, tout cela nous démontrerait que le cœur, supposé par les poètes égarés au cours d'astronomie, presque aperçu par les botanistes, réel dans l'animal complet, que le cœur, dis-je, dernier en date, est le plus parfait des organes, et que son jeu fait la vie physique des êtres organiques les plus hauts. Serait-ce, uniquement, sur cette prééminence physiologique, d'ordre tout matériel, que reposerait le culte catholique adressé au Cœur de JÉSUS-CHRIST ? Non.

Êtres composés, matière palpable et invisibles esprits, nous jugeons des choses de l'âme par le contre-coup ressenti dans notre chair ; la sensibilité du cœur lui donne un autre genre de primauté. Ses battements parfois sont l'écriture de l'âme dans l'organisme matériel : il nous faut de tels signes pour nous lire nous-mêmes.

L'âme chevauche sur le corps. Vous avez senti votre cœur frémir, multiplier dans votre poitrine ses vibrations haletantes : votre volonté poursuivait alors de ses désirs un but aimé avec la hâte de l'atteindre. Tel le trotteur, saignant sous l'éperon, précipite le choc de ses sabots de fer sur les pavés des rues. Et ces grands sauts qui soulèvent tout le cheval, le font retomber pour qu'il s'élance encore, sont-ils bien éloignés de ce galop du cœur, sursautant par grands bonds, lorsque l'âme est en émoi ? Ah ! lorsque le cœur suspend, d'un coup, ses battements, sous le heurt d'une angoisse imprévue, et nous laisse avec la sensation que la vie disparaît, je pense (ai-je tort ?) au cheval effrayé, se déjetant dans un arrêt net, penché sur ses jarrets, la masse de sa croupe inclinée... Mon DIEU, vous êtes cause que mon cœur se cabre, dressé de plus que sa hauteur, quand vous ménagez à mon âme quelqu'une de ces grandes joies devant lesquelles on hésite, de peur que, touchées, effleurées, elles ne s'évanouissent ! Voilà bien le cœur de l'homme, organe charnel, sans doute régulateur de la vie physique, mais aussi révélateur des sentiments de l'âme.

A bon droit, mes frères, le cœur synthétise, symbolise tout, explique tout et remplit le langage. Amoureux des causes, passionné, quand il les a découvertes, pour les enfoncer dans le recul du mystère, l'homme mêle le cœur, organe corporel, à tout le travail si compliqué de la vie morale. C'est le voile transparent jeté sur tout l'univers de l'esprit.

DIEU ne condamne pas cette tendance ; il emploie nos formules. La Bible neuf cent quatre-vingt-trois fois attribue au cœur tous les sentiments de l'âme, les plus sublimes comme les moins nobles. DIEU se repent d'avoir fait l'homme : [1] le regret le touche au plus intime du cœur. Moïse vante les desseins, la conscience du cœur [2]. Il n'est question que de la simplicité du cœur [3] ; des terreurs du cœur [4] ; des justices, de l'équité du cœur [5] ; de son allégresse, de ses bonheurs [6]. DIEU regarde le cœur [7]. Notre cœur est languissant, il se désagrège [8]. Son cœur était mort jusqu'à la dernière fibre [9]. Il était indomptable, parce que son cœur

1. *Tactus dolore cordis intrinsecus.* (Gen. 6. 6).
2. *Sensus et cogitatio humani cordis.* (Gen. 8. 21).
3. *In simplicitate cordis mei.* (Gen. 20. 5).
4. *Terruerunt cor nostrum.* (Deut. 1. 28).
5. *Æquitatem cordis.* (Deut. 9. 5).
6. *In gaudio cordisque lætitia.* (Deut. 28. 47).
7. *Dominus intuetur cor.* (I. Reg. 16. 7).
8. *Elanguit cor nostrum ; dissolverunt cor populi.* (Jos. 2. 11 ; 14. 8).
9. *Emortuum cor ejus intrinsecus.* (I. Reg. 25. 37).

était d'un lion [1]. Je suis voué à l'oubli, et le cœur de mes amis est mon tombeau [2]. Je suis mort dans leur cœur. Le cœur d'un fou peut être un beau vase, mais un vase orné d'une fissure [3].

Le langage biblique, semblable à notre langue, n'en consacre-t-il pas les formules ? De toutes les strophes délicieuses chantées par l'Évangile à la louange du cœur, je ne citerai que celle-ci : « Du bon trésor de son cœur l'homme bon tire le bien, et le pervers de son mauvais trésor extrait la méchanceté. La bouche parle de l'abondance du cœur [4]. » Est-il assez prouvé que le cœur, dans le style des Écritures aussi bien que dans notre langage humain, est le révélateur de l'âme ? Le CHRIST le déclare plus solennellement encore : Venez à mon école et apprenez de moi, parce que mon cœur est humble et doux [5].

Le visage, pourrait-on dire, est lui aussi un miroir. C'est vrai. Le jeu des traits laisse tour à tour passer le reflet de la pensée et s'affirmer les mouvements du vouloir. Cerveau puissant, tête faible, pensées fines, admiration des naïfs, raison courte, ingénuité, profondeur, absence ou abondance des idées se lisent assez bien sur les visages ; et le pli des lèvres, pincé, railleur, le port de la tête altier, penché, affaissé, traduit généralement les passions du vouloir. A la façon dont le regard s'enfonce dans l'ombre des sourcils, fixe franchement, fuit, s'éteint ou flamboie, roule, s'atténue et finit dans l'extase, il nous livre les secrets de la volonté, colère, haine, tristesses, bonté, douleur, force, héroïsme et amours. Le visage humain est une surface mobile, ou, plus justement, n'est qu'une toile divinement tendue sur laquelle

1. *Fortissimus quisque cujus cor est quasi leonis.* (II. Reg. 17. 10).
2. *Oblivioni datus sum tanquam mortuus a corde.* (Ps. 30. 13).
3. *Cor fatui quasi vas confractum.* (Eccli. 21. 17).
4. *Bonus homo de bono thesauro cordis sui profert bonum ; et malus homo de malo thesauro profert malum. Ex abundantia enim cordis os loquitur.* (Luc. 6. 45).
5. *Discite a me, quia mitis sum et humilis corde.* (Mat. 11. 29).

tour à tour l'intelligence imprime ses pensées et la volonté marque ses sentiments. Le cœur et le visage révèlent l'âme, mais de diverse façon : le visage reflète, le cœur contient. Jamais beau profil n'a signifié, de lui-même, grand esprit. Le cœur est toujours le siège du vouloir ; le meilleur de l'âme y habite, l'amour qui fait la vie morale. La Face du CHRIST est adorable, son Cœur pourtant réclame la primauté.

II.

Il est beau entre toutes les choses créées, cet organe de chair qui s'appelle un cœur humain ! Tous les mouvements superbes des astres dans l'immensité des cieux ne valent pas un seul de ses battements dans nos poitrines. Nous l'adorons, ce cœur de chair, dans le CHRIST, parce qu'il y est vivant sous la personnalité du Verbe ; parmi les membres de JÉSUS également adorables par ce motif d'union hypostatique, notre culte le distingue, parce que lui, cœur, est, dans nos façons de sentir et de parler, le symbole et la maison du vouloir qui fait l'amour, et rien n'est plus grand que l'amour, rien ne vaut l'amour.

Deux forces nous mènent à DIEU, éternelle vérité, bien suprême ; la raison qui atteint le vrai, la volonté qui aime le bien et l'opère. Ni la pensée, ni la volonté n'ont d'organes corporels, et pourtant le langage ordinaire prononce : la tête, le cerveau, pour nommer la raison, tandis que le cœur symbolise le vouloir et ses amours. Le cerveau, le cœur : qui des deux l'emportera ? Leur dispute passionna toute la scolastique, et à bon droit [1].

Un fleuve sépare en deux royaumes toutes les œuvres de DIEU. Sur l'une des rives, la pensée agile, joyeuse, s'exclame fièrement : « Je suis la reine du monde des esprits ; ce monde commence à moi ! » Sur l'autre bord, l'instinct

1. Si le vouloir est plus noble que l'entendement. (Voir § I).

broute l'herbe et mugit. — Oui, le monde est ainsi divisé : royaume de l'instinct, pays des intelligents. L'abîme ne se mesure pas entre l'aveugle instinct et la raison qui sait et qui se voit, qui connaît et se connaît. Mais si la pensée est la ligne frontière, le vouloir est la ville capitale de tout le pays des esprits. Une brute n'est pas un homme parce qu'une brute ne pense pas ; mais l'homme est encore moins une brute par ce fait d'une immense portée, qu'il dispose de soi-même. Avoir conscience de soi, se savoir, c'est beau ; meilleur et plus enviable de disposer de soi ; or, nous sommes les maîtres de nous par la volonté.

Les opérations de l'âme commencent par la lumière. La tête porte le flambeau. Le reste suit nécessairement par voie de conséquence. Savoir, c'est le commencement et presque le tout. Faire, suit fatalement et en proportion. — La raison porte le flambeau de l'âme ? Oui, comme le domestique, pour que le maître passe. C'est la lanterne étincelante accrochée sur le devant du char et qui montre les fondrières. L'apprenti tient la lampe pour que l'artiste promène le ciseau. Libre à lui, quand le diadème de la renommée viendra se poser sur le front de l'artiste, libre à lui, l'apprenti, de crier aux admirateurs : « Je tenais la lampe ! » Le commencement, la condition, c'est de voir, oui, mais le principal, c'est de faire. Et ces deux choses ne sont que rarement en proportion. Les grandes idées ont remué le monde, l'ont bouleversé, l'ont changé. Auraient-elles la grande part dans les révolutions désastreuses ou fécondes ? Songez que les plus belles idées ne sont que musique harmonieuse sans les vouloirs puissants et passionnés qui les épousent et en font des actes. Sans le vouloir, la pensée la plus sublime est la bombe chargée, l'obus à la mélinite ; mais, de lui-même, le boulet restera là, gisant sur le sol, inerte, inoffensif comme une pierre ou comme un fétu. Introduisez-le dans l'âme du canon : sous l'étincelle de la liberté, il en jaillira puissant, destructeur, pour renverser la muraille, culbuter la tourelle blindée, crever, briser la cuirasse du vaisseau de haut bord. Le canon, c'est le vouloir.

Et l'on pourrait mesurer les actes à la seule inspection des pensées ? Cela serait, mes frères, si l'intelligence était principe et la volonté simple conséquence. Mais, hélas ! trop souvent les beaux esprits s'arrêtent au seuil des belles actions ; pendant qu'ils hésitent, les grands caractères gouvernent le monde. N'est-ce pas DIEU qui déclare : « Celui qui sait le bien et ne l'accomplit pas, est un pécheur[1] ? » Donc l'homme peut s'arrêter après savoir, et le faire ne répond pas toujours au connaître. Savoir est le porche, vouloir est la maison. Grand esprit, grand cœur, les deux cloches ne donnent pas la même note. L'esprit va s'asseoir sur le fauteuil académique : le vouloir n'est bien que sur un trône. Nous saluons les génies, nous couronnons les héros ; ou, si nous couronnons aussi les beaux esprits, ce diadème-là n'est que pour la symétrie ; la couronne, la vraie, va aux grands cœurs.

L'esprit ! mais c'est le plus effronté des mendiants ! Son opulence n'est faite que d'emprunts. Comptez les images qui se sont succédé dans votre cristallin ! Les choses jettent à votre œil l'aumône de leur portrait, et l'esprit se précipite sur la proie, la transforme, la démarque, l'emmagasine, et voilà sa richesse. Il sait beaucoup de choses ; donc il est illustre. Dites que beaucoup de choses sont chez lui. Musée de copies : voilà l'exacte valeur de l'esprit, accapareur audacieux. Le vouloir fait don de soi, il sort de soi, envahit tout, porte partout la richesse de son action. Au contraire de l'intelligence emprunteuse, le cœur n'est jamais plus riche que quand il a donné.

Si encore l'esprit était maître de ses opérations, pouvait varier ses méthodes ! Mais non. Comme la boîte photographique, il n'a pas deux façons d'enregistrer. L'imagination,

1. *Scienti bonum facere et non facienti, peccatum est illi.* (Jac. 4. 17).

riche des dépouilles que les sens extérieurs ont entassées dans sa caverne, l'imagination se tient, ou plutôt passe et repasse, devant l'objectif. Nommons plaque sensible l'intelligence éveillée. Un instant d'attention : c'est le déclic, et l'image est faite. Une notion nouvelle est dans l'esprit. Que si vous me parlez des manipulations de la chambre noire, des agrandissements, des reproductions : des jugements, raisonnements, réapparitions dans la mémoire ou par la mémoire, l'opération mécanique toujours semblable, sauf défaut sur la plaque ou dans les acides, se continue, mais la volonté commande à l'esprit, le dirige dans son propre domaine. Si je ne puis en général m'empêcher de penser, du moins je pense à ce qu'il me plaît de considérer. Les plus fructueuses pensées sont celles que le vouloir conduit méthodiquement aux alentours des choses. Elles entrent, celles-là, dans la substance, pénètrent jusqu'au pourquoi et voient le comment.

Erreur, profonde erreur ! s'écrient les champions de l'esprit. C'est la raison qui commande au vouloir[1] ; c'est l'intelligence qui fixe la volonté et qui la conduit captive dans la chemise de fer de ses jugements. « Voici le bien, je te le dis ; ceci est le bien, le meilleur, le plus excellent. » Et le vouloir, subjugué, ne peut que répondre : Je veux. — Tout en moi proteste contre ces allégations. Quand la raison me vient dire : « Le bien est ceci ; l'agréable est cela, » quelquefois je les prends de sa main sans regimber. D'autres fois, mon vouloir réplique : « Cherche autre chose. » — « Voici le bien, un autre bien, une autre félicité, mais moindre. — Moindre ? qu'est ce que cela me fait ? Je l'accepte, j'y porte mon âme. Non, je reviens. Esprit, cherche autre chose. » Et cela cent fois, et cent fois l'intelligence apporte d'autres jugements, de nouvelles combinaisons. Seulement, quand il plaît au vouloir de mordre dans

1. Si la liberté appartient à l'intelligence ou à la volonté. (Voir § II).

le fruit savoureux, le fruit délectable est dévoré : tout entier, si le vouloir y persiste ; à demi, si le vouloir se reprend. C'est folie, dira-t on, de préférer le bien moindre au bien meilleur, l'apparence du bien à sa réalité ! Tout ce qu'il vous plaira ; mais, que le résultat soit déroute ou victoire, l'acte du vouloir est l'affirmation de sa liberté. Et la liberté constitue la suprématie de l'être humain sur tout l'univers soumis aux aveugles instincts, l'approche tout près de DIEU, jusqu'à lui faire côtoyer la nature divine, le fait maître de soi-même, Dieu de soi-même, le pose, devant le Très-Haut, de certaine façon, sur le pied d'égalité, jusqu'à cela que, DIEU me disant : Je veux, il m'est loisible de répliquer : Je ne veux pas. La liberté, diadème de l'homme, sceau de descendance divine, la liberté, mes frères, n'est point l'apanage de l'esprit, c'est le lot du vouloir. Que dis-je ? la liberté, c'est la substance du vouloir, c'est le vouloir lui-même.

Je ne comparerai pas l'objet de la pensée, qui est la vérité, avec l'objet du cœur, qui est le bien. Le vrai est bon, et le bon est vrai. Remarquez seulement que si l'intelligence atteint au vrai, elle ne fait pas la vérité. Le cœur produit la bonté dans ses actes et, par là, grandit tout l'homme. L'intelligence est la condition de la moralité, le vouloir libre en est la cause. La moralité, le bien, le mal, est le fruit du cœur.

Quelle autorité plus haute pourrait nous le dire ? « Du dedans, de l'intime du cœur humain sortent les pensées mauvaises, les adultères, les fornications, les homicides, les vols, les avarices de tout genre, les méchancetés, les fraudes, les envies, le blasphème, l'orgueil et la folie [1]. » Voilà pour le mal. Et quant au bien : « Vous aimerez le Seigneur DIEU de tout votre cœur [2]. » Vous aimerez ! L'intelligence

1. *Ab intus de corde hominum malæ cagitationes procedunt, adulteria, fornicationes, homicidia, furta, avaritiæ, nequitiæ, dolus, impudicitiæ, oculus malus, blasphemia, superbia, stultitia.* (Marc. 7. 21).

2. *Diliges Dominum Deum tuum ex toto corde tuo, et ex tota anima tua, et ex omnibus viribus tuis, et ex omni mente tua.* (Luc. 10. 27).

perçoit la vérité, le cœur engendre la charité. Et l'amour est si bien le couronnement de tout l'homme, l'achèvement, le but final, le tout de nous, que le CHRIST ajoute : « Vous aimerez de toute votre âme, de toutes vos forces, de la cime de votre esprit. » Malheur aux puissances intellectuelles, malheur à l'imagination, aux sens, aux organes, au corps, malheur aux pensées qui ne servent pas à la charité, qui n'aboutissent pas à l'amour ! Gloire au cœur !

Nulle joie comparable à ses joies[1] ; nulle peine dure comme ses déchirements. Le cou fléchit, la tête se penche[2]. Dans les grandes ivresses du cœur, c'est la déroute de tout l'être humain, et les grandes douleurs du cœur peuvent s'appeler la dislocation de notre substance.

Honneur à l'esprit, à la pensée, base de la vie morale ! Saluons l'écu couronné de ce mot étincelant : Vérité. Chantons la foi, vertu de l'intelligence. Mais au nom de la vérité même, appuyés sur la foi, plus haute, plus sublime, dominatrice, seule éternelle, glorifions la fille du cœur, l'œuvre du vouloir libre, la divine charité. La parole de saint Paul est nette : la charité est plus grande[3].

Brillent dans notre ciel les clartés de l'esprit ; passent devant notre vouloir les idées les plus nobles, les plus vulgaires, les basses et les séduisantes ; qu'elles rivalisent de grâces faciles ou de fierté sereine : nulle, si enchanteresse qu'on l'imagine, n'est forte à contraindre mon vouloir au mariage. S'il faut que le défilé des idées prenne fin, la dernière raison sera dernière, parce que le vouloir, libre de rappeler la première pensée, ou d'attendre quelqu'autre des suivantes, libre de lui offrir, à celle-là comme aux autres, ses dédains ou son amour, consent aux épousailles. La raison dernière de nos déterminations est la raison que le

1. *Non est oblectamentum super cordis gaudium.* (Eccli. 30. 16).
2. *Tristitia cordis flectit cervicem.* (Eccli. 39. 18).
3. *Major autem horum caritas.* (1. Cor. 13. 13).

vouloir humain fait dernière en l'épousant dans la plénitude de sa liberté. Honneur à l'intelligence! Triomphe, et maîtrise, et royauté, victoire au cœur !

Appliqués à l'humanité du CHRIST, les arguments qui soutiennent le vouloir au dessus de la raison, perdraient-ils de leur force ? De quel côté leur vigueur serait-elle entamée ? Parce que les ignorances [1] de nos esprits font place, dans le CHRIST, au rayonnement de la vérité ? Mais les passions, si lourde charge qui déprime notre cœur et l'abaisse à toutes les perversités, les passions, ailes vigoureuses autour du vouloir du CHRIST, l'entraînent aux sublimités du bien. Certes, l'intelligence humaine de JÉSUS, pénétrante, profonde, vaste, vrai prodige de clairvoyance, l'emporte incomparablement sur nos faibles pensées qui tâtonnent et trébuchent devant un brin d'herbe. Au dessus de nos cœurs, remarquables surtout par leurs hésitations, leurs engouements, leurs contradictions, leurs égoïsmes hideux, le Cœur du CHRIST n'est pas moins élevé, lui si fort, si tendre, si grand, si pleinement en équilibre, si merveilleusement délicat. Ainsi, mes frères, la distance de nos esprits à nos vouloirs se retrouve dans la proportion de l'intelligence du CHRIST avec son Cœur Sacré.

III.

Prééminence organique, parce qu'il jette le sang dans les artères et régularise la transformation ; maîtrise morale, parce qu'il symbolise la plus haute faculté de l'homme, le vouloir libre, le cœur, et par conséquent le Cœur de JÉSUS qui possède ces deux grandeurs, est riche d'une troisième

1. Si le péché des anges est imputable à leur esprit ou à leur vouloir libre ; et si leur impénitence est le fait de leur intellect, ou vient de l'absence de grâces dans leur volonté. (Voir §§ VI et VII).

primauté : il est le centre des opérations divines dans l'humanité du CHRIST [1].

Le cœur de chair de JÉSUS est la toile de la tente qui abrite les échanges de ses deux volontés ; car le CHRIST a deux vouloirs, l'un créateur [2], l'autre créature. Seul il peut dire : ma volonté de DIEU, ma volonté d'homme. Réellement distinctes, elles sont unies très intimement par le lien hypostatique, et par cet autre lien, la création de la grâce.

Ne parlons pas des communications passagères et renouvelées qui vont du ciel au secours de l'esprit, comment elles aident le libre arbitre, illuminant celui-là, échauffant celui-ci ; laissons la grâce actuelle et ses intermittences de phare allumé sur les hauteurs de la Hève ou à la pointe de Penmarck. Derrière le rideau qu'est le cœur charnel, le vouloir divin, tout-puissant, de JÉSUS-CHRIST crée dans son vouloir humain la ressemblance vitale avec la divinité, et c'est la grâce sanctifiante ou déifiante. Le vouloir éternel et la volonté créée se côtoient dans le Cœur du CHRIST, se pénètrent, distincts et joints comme le feu et la barre de métal. Dans un brasier de forge le fer reste fer. Et pourtant le feu plonge dans le fer, l'emplit de chaleur et le colore en feu. Le fer brûle, il flamboie, on dirait du feu. Du feu, oui, le forgeron le pense. S'il n'était pas convaincu, le prendrait il avec ses longues tenailles ? Devenue feu, la barre de fer est pourtant restée métal. Touchez la de votre marteau, frappez à grands coups : c'est du fer. Or, mes frères, la barre métallique pénétrée de feu, envahie jusque dans sa moelle, et toujours fer malgré le flamboiement des étincelles, c'est le vouloir humain de JÉSUS dans lequel la volonté divine du Verbe a créé la grâce. O sublimité, profondeur, abîme,

1. Si la grâce habituelle réside immédiatement dans l'essence de l'âme, ou immédiatement dans la volonté et médiatement dans la substance de l'âme. (Voir § VIII).

2. Si la cause des choses créées est la science de DIEU, ou l'acte puissant de sa volonté. (Voir § IV).

abîme ! Qui trouvera des mots pour exprimer le travail divin caché dans le Cœur du CHRIST ? Cœur de JÉSUS-CHRIST, oh ! le cœur splendide [1] ! Du Vouloir éternel jaillit dans son vouloir créé l'étincelle, la flamme, l'incendie ; et du Cœur de JÉSUS-CHRIST, de sa volonté, puissance dominatrice, l'incendie gagne les autres facultés, enveloppe la substance de l'âme et la pénètre totalement. Ainsi le jour s'étend sur les choses dans l'univers. Le jour part du soleil, et la grâce déifiante rayonne d'un foyer. DIEU pouvait répandre la lumière directement sur tous les corps, les pénétrer tous de chaleur, les habiller de beauté. Il ne l'a pas voulu. Il a fait un noyau lumineux, un flambeau central, un lampadaire géant ; DIEU a fait le soleil. Si je disais que la grâce déifiante est diffuse directement dans la substance de l'âme du CHRIST, je supprimerais le flambeau rayonnant et communicateur. La nature même de l'âme protesterait.

Ah ! si la grâce n'était qu'une beauté morte de tableau ! La toile est, ici, et doit être vivante. Suffirait-il de peindre des membres pour peindre un homme ? Et la vie ? N'est-ce pas tout ? Or, la vie, son affirmation, sa beauté, est dans le mouvement exprimé par le geste. Saisir un beau geste est le rêve des artistes. Les meilleurs se décèlent par là. Mais tous, quand ils l'ont surpris, ce mouvement de la main, qui n'est pas la main, du cou, de la paupière, qui n'est ni le cou, ni la paupière, tous en sont réduits à le fixer. Fixer le geste, c'est le détruire. Voilà pourtant ce que peuvent faire nos immortels Rubens, nos immortels Flandrin : détruire la vie en essayant de la rendre avec de froides couleurs sur une toile morte.

Eh quoi ! peindre DIEU sans exprimer sa vie ! DIEU n'est que vie ! Mais rendre la vie sans une image qui vive elle-même ! Et qui peindra cette vitalité ressemblante ? DIEU seul. La grâce déifiante est le portrait vivant de DIEU peint

1. *Splendidum cor, et bonum in epulis est.* (Eccli. 30. 27).

par lui-même. Où ? sinon dans une autre vitalité ! La plus haute source de nos activités intellectuelles, celle qui dépasse et règle toutes autres, s'appelle le vouloir libre. Voilà, mes frères, derrière le rideau de chair du Cœur de JÉSUS-CHRIST, voilà son vouloir éternel, créant, peignant dans son vouloir humain l'image vivante de la vie divine ! Et cette magnificence rayonne de là dans les autres facultés, habille de beautés ineffables la substance de l'âme du CHRIST qu'elle pénètre tout entière. Parole de DIEU sur le Cœur de JÉSUS-CHRIST : Tu es le sceau, la perfection de la ressemblance [1]. Ta beauté est toute lumineuse et toute vivante !

Dans le Saint des saints, dans le seul sanctuaire digne de DIEU et qui est le Cœur du CHRIST, j'entends les colloques les plus sublimes : Son vouloir divin établit la loi [2], exerce l'empire, pose la règle de toute perfection : je veux, j'ordonne. Son vouloir humain, alerte, obéissant, répond : je veux, j'accepte. Le commandement retentit dans le Cœur de JÉSUS et la voix de la soumission s'y répercute aussitôt. Harmonie des ordres et des obéissances, musique sacrée, je vous entends dans les vibrations de ce va-et-vient qui soulève la poitrine de JÉSUS. Oh ! cet aller et ce retour ! ce poème de saintetés imposées et de vitalités sanctifiées ! cette symphonie des commandements et des obéissances que se renvoient dans le Cœur de JÉSUS son vouloir d'homme et son vouloir de DIEU ! l'ineffable, la béatifiante musique du cœur !

Écoutez. Voix humaine qui monte des dalles du Temple : Mon pain, mon breuvage est de faire la volonté de Celui qui m'a envoyé [3]. (La volonté du Père n'est pas autre que la volonté éternelle du Verbe). Voix divine qui descend

1. *Tu signaculum similitudinis... Et perfectus decore.* (Ezech. 28. 12).

2. Si la loi éternelle est loi de par la volonté divine, ou de par l'intelligence divine toute seule. (Voir § V).

3. *Meus cibus est ut faciam voluntatem ejus qui misit me.* (Joan. 4. 34).

de la coupole : Mes plaisirs sont en lui [1]. — J'ai accompli ton œuvre, glorifie-moi [2]. — Je t'ai glorifié, je te glorifierai encore [3]. — Le cœur du CHRIST est ce temple tout rempli des harmonies du cantique de l'Amour que se renvoient, strophe par strophe, son vouloir d'homme et son vouloir de DIEU !

L'amour dans le Cœur du CHRIST ! Qui dira ses cris, ses chants, ses silences, ses extases ! Amour du vouloir divin sur le vouloir humain ! Amour du vouloir créé pour le vouloir créateur ! Les deux sont dans le Cœur de JÉSUS, et quels amours ! Impuissante à les raconter, la parole les nomme à grand'peine. Quand j'aurai dit : l'architecture est l'art de faire tenir à cent pieds du sol lames de plomb, pierres et mortiers, auriez-vous le secret des œuvres innombrables qu'elle a créées, palais, temples, arcs de triomphe, ponts, amphithéâtres, cathédrales, tours, pinacles, portiques, clochers et dômes ? Courte définition au seuil de tant de merveilles ! Plus rudimentaire, plus insuffisante la langue humaine devant le double amour qui remplit le Cœur de JÉSUS-CHRIST. Cet univers de charité peut être aperçu ; exploré, jamais.

La charité ! vie de DIEU, pain et œuvre du cœur ! Si je n'ai pas la charité, s'écrie l'Apôtre [4], toute l'éloquence que je prendrais dans tous les langages des peuples, ne serait que la vaine sonorité de l'airain retentissant sous le heurt du marteau. La langues des esprits purs, l'idiome des anges, si je le pouvais parler, ne vaudrait pas, sans la charité, le bruit

1. *In quo mihi bene complacui.* (Mat. 17. 5).

2. *Opus consummavi... et nunc clarifica me.* (Jo. 17. 4. 5).

3. *Et clarificavi, et iterum clarificabo.* (Jo. 12. 28).

4. *Si linguis hominum loquar et angelorum, charitatem autem non habeam, factus sum velut æs sonans, aut cymbalum tinniens. Et si habuero prophetiam, et noverim mysteria omnia, et omnem scientiam ; et si habuero omnem fidem ita ut montes transferam, charitatem autem non habuero, nihil sum. Et si distribuero in cibos pauperum omnes facultates meas, et si tradidero corpus meum ita ut ardeam, charitatem autem non habuero, nihil mihi prodest.* (I Cor. 13. 1. 2. 3).

assourdissant des cymbales qui s'entre-choquent. Mes coffres vidés dans les mains des pauvres ; une science pour qui les mystères sont le plein jour ; la foi, vertu de l'esprit, vive jusqu'à déplacer les montagnes ; mes membres brisés, déchiquetés sous les coups : tout cela, sans la charité, est néant. Et voilà que le Cœur du CHRIST, vaste comme les rivages qui atteignent un pôle et touchent à l'autre[1], profond comme le bassin des mers, contient un océan de charité. Deux mouvements s'y dessinent sans cesse. Le flux qui porte à l'immense ligne des rivages les eaux amoncelées : c'est l'amour infini du vouloir divin qui s'épanche sur le vouloir créé de JÉSUS. Le reflux, mouvement de retour des eaux qui regagnent les abîmes après avoir étendu leur murmure sur le sable des grèves et porté violemment leur baiser au front des promontoires : tels les hymnes, les mercis, les amours du vouloir créé de JÉSUS-CHRIST, réponse à son vouloir de DIEU.

IV.

Le Cœur de JÉSUS qui, le premier, reçoit le choc de DIEU envahissant toute l'âme par sa grâce, est plus puissant que l'esprit, que toute autre faculté, à jouir de DIEU présent et possédé[2]. DIEU serait-il l'objet spécial du vouloir ? Le cœur aurait-il des fibres que le bonheur toucherait comme il ne touche rien dans l'âme ? Jouir, qu'est-ce que jouir ? De quoi est fait le bonheur ? Et que peut être la capacité qui l'emmagasine et le savoure ?

L'organe est satisfait dans la possession de ses objets. Le chamois ne descendra pas librement de ses montagnes ; il faut à son œil les pics neigeux, les rochers abrupts et les

1. *Latitudinem cordis quasi arenam quæ est in littore maris.* (3 Reg. 4. 29).
2. Si la béatitude est le rassasiement de la seule intelligence, ou surtout du cœur. (Voir § IX).

précipices. La mouëtte trouve plaisir au balancement des grandes vagues. Si elle n'y avait bonheur, irait-elle s'asseoir sur la crête des lames, montant, retombant avec le flot, secouant joyeusement ses ailes couvertes d'écume? Et pourtant, je sens, moi, intelligence, qu'il faut, pour le bonheur véritable, une intelligence derrière l'œil du chamois et du goéland. Le condor planant sur les crêtes et les cratères a beau emplir ses yeux de spectacles inconnus pour nous qui voyons d'en bas, je découvre ce qu'il n'a pas aperçu. Quand l'œil présente à l'intelligence les belles visions des grandes choses, ah! le ravissement de l'esprit! Je suis alors sèchement heureux. Le bonheur haut, transportant, le bonheur dont vous frissonnez d'aise, le bonheur que je veux saisir, dévorer, contenir; l'ivresse qui plane sur vos désirs, qui agite éperdument vos rêves, vers lequel nous tendons les bras, ouvrant démesurément nos âmes pour l'enfermer tout entier dans une étreinte que rien ne devait ni rompre ni desserrer,ce bonheur-là est le bonheur du cœur. L'œil aperçoit une villa et ses grands arbres; moins beau, votre castel, que mille autres maisons, que cent autres chênaies; mais le cœur tressaute : c'est la maison de famille. Cette pointe de rocher, ces grandes falaises crayeuses n'apportent pas à l'œil le pittoresque, le grandiose des paysages d'Écosse ou des montagnes de la Suisse; mais le rocher, c'est Douarnenez, les falaises sont Étretat : c'est la France, la patrie, et le cœur ne cherche plus d'autres joies, si les yeux font des comparaisons. Et le visage aimé est le plus beau visage. Qu'importe si l'artiste en préfère un autre plus régulier! Vous pensez : « L'artiste aime avec ses yeux et moi avec mon cœur! Qu'il garde son plaisir, j'aime mieux ma joie. »

Voir DIEU! Oui, l'intelligence humaine du CHRIST exulte devant ce rayonnement; mais son Cœur a plus d'ivresses. C'est le cœur qui crée dans nos âmes, en se creusant sous les coups de l'amour, la capacité de jouir. Me dites-vous que l'on ne peut voir DIEU sans l'aimer? Nul ne le voit, s'il ne l'aime déjà. L'éternelle beauté n'écarte son voile que devant les amis et les purs. S'il est vrai que mieux on la voit, plus on jouit, il est non moins certain que la vision des intelligences se mesure au mérite des vouloirs. Autant le cœur créé s'est avancé dans le vouloir divin pour y chercher sa sainteté, autant le Cœur de DIEU s'enfonce dans le vouloir humain pour y créer le bonheur. DIEU, qui est son propre ciel, devient notre ciel selon la dignité de vie de nos cœurs.

Je n'ai pas à dire quel ciel DIEU est à l'âme du CHRIST. Mais si la cérémonie des présentations s'est faite dans le plein jour de son intelligence illuminée, si le bonheur a commencé avec le face à face, le mariage n'a été célébré que dans le Cœur de JÉSUS, chambre nuptiale, sanctuaire impénétrable. La raison suprême de la prééminence du Cœur dans le CHRIST, c'est sa maîtrise dans la gloire, sa puissance à contenir et goûter les félicités de DIEU.

Le Cœur dans le CHRIST ! Maintenant qu'il faut terminer ce discours à sa louange, je me demande si seulement nous avons commencé de parler ! Et la pensée vole au moment, si solennel dans l'histoire, où le soldat, du fer de sa lance, l'atteignit, ce Cœur, sans peut-être l'avoir visé. La Providence a parfois de ces indications prodigieusement nettes. Le Juif peut croire, devant la poitrine de JÉSUS brutalement labourée : la religion nouvelle agonise. Non, c'est l'ancienne qui meurt. Que Caïphe, son pontife exécrable, contemple, avec une assurance orgueilleuse, pendant que la nation maudit au Calvaire, la Merveille de Salomon, plus fameuse que les temples renommés d'Ephèse, d'Athènes et de Rome, que le Sérapéum de Memphis. Seul dans les cours spacieuses, cour des gentils, des prosélytes, cour du peuple, cour des prêtres, il promène sa rêverie sous les portiques sacrés, arrête les yeux sur l'autel des holocaustes, baigne ses mains, autre Pilate, dans la mer d'airain, et le mouvement de ces constructions géantes l'amène devant le cœur du

Temple, le Saint des saints, où seulement une fois chaque année il peut pénétrer pour entretenir Jéhovah. Pontife à l'année, s'est-il présenté déjà devant Adonaï ? Il médite la prière qu'il portera devant l'Arche Sainte, si, toutefois, l'hypocrisie peut prier.

« Seigneur, Salomon se rendit fameux devant vous, lorsqu'il construisit le premier Temple, Zorobabel est célèbre pour avoir rebâti celui-ci. Moi, Caïphe, j'ai fait plus : j'ai sauvé la religion. Elles subsisteront, ces murailles ! Ils demeureront, ces portiques sacrés ! Et, toujours, le peuple, des extrémités de la dispersion, emplira ces parvis. Le peuple ! ah ! il est dans sa victoire, dans la mienne plutôt, saluant au Golgotha le dernier râle de l'insolent qui disait : Pas une de ces pierres ne restera ferme à son rang [1]. Et Toi, Seigneur, comme au grand-pontife Onias [2], tu donneras louange à Caïphe qui a sauvé ta religion. Quand ils vont revenir, annonçant qu'*il* est mort, résisterai-je à devancer la solennité ? Son trépas est une telle fête ! Pourrai-je, dans un instant, ne pas soulever le grand voile pour te dire : Il a péri ! Le Saint des saints reste le cœur du seul temple au monde, où, Jéhovah, tu sois adoré ! » Du Calvaire, soudain, au-dessus de Jérusalem, perçant l'âme païenne du pontife juif, un cri... étrange, formidable, éclatant, sanglot joyeux, long cri de victoire...C'est son dernier souffle ! Caïphe, Il est mort ! Il te l'annonce ! Et, l'âme du CHRIST passant sur le Temple, le grand voile est agité. Deux invisibles mains l'ont saisi. On l'entend qui se déchire, de la voûte jusque sur le pavé [3]. Et à travers leur grande déchirure, les

1. *Jesus ait illi : Vides has omnes magnas ædificationes ? Non relinquetur lapis super lapidem qui non destruatur.* (Marc. 13. 1. 2).

2. *Cum sancta civitas habitaretur in omni pace... propter Oniæ pontificis pietatem.* (II Mach. 3. 1). *Templi etiam altitudo ab ipso fundata est, duplex ædificatio et excelsi parietes templi.* (Eccli. 50. 2).

3. *Jesus iterum clamans voce magna emisit spiritum. Et ecce velum templi scissum est in duas partes a summo usque deorsum.* (Mat. 27. 50).

deux immenses lambeaux montrent à Caïphe dans la terreur, non vaincu, les sept lampes éteintes sur le grand chandelier devant l'Arche, symbole provisoire d'une alliance désormais brisée. L'abomination de la désolation [1] est entrée dans le cœur du Temple par la porte de la haine.

Et là-bas, sur le Calvaire, dans la poitrine ouverte [2] du CHRIST, Longin, sans le savoir, a montré le Temple nouveau, le nouveau Saint des saints, où l'amour est une fournaise toujours ardente, où la verge de l'Immortel Aaron demeure toujours fleurie, où la manne, avant-goût du ciel, est l'éternel pain des bonnes volontés. Le Chef-lieu du culte véritable est changé. C'était un édifice de pierre, c'est une poitrine humaine. C'était la salle froide et mystérieuse du Saint des saints ; c'est, désormais et pour toujours le Cœur de JÉSUS, parce que, cœur d'homme, il est encore et vraiment Cœur de DIEU. *Dedisti cor tuum quasi cor Dei.*

1. *Cum ergo videridis abominationem desolationis.* (Mat. 24. 15).
2. *Unus militum lancea latus ejus aperuit.* (Jo. 19. 35).

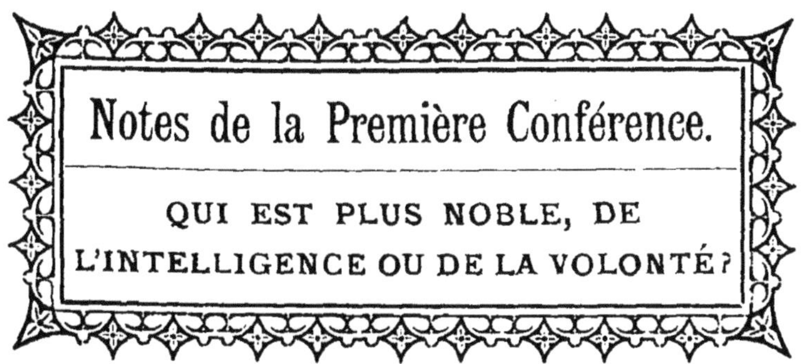

Notes de la Première Conférence.

QUI EST PLUS NOBLE, DE L'INTELLIGENCE OU DE LA VOLONTÉ?

SOMMAIRE DES TEXTES JUSTIFICATIFS : *Thomisme et Scotisme comparés : Si la volonté (le cœur) est plus noble que l'intelligence. — Si la liberté appartient à l'intelligence ou au vouloir. — Si la cause créatrice des êtres est la science de Dieu ou son vouloir. — Si la loi éternelle est loi de par l'intelligence ou de par la volonté divine. — Si le péché des anges et leur impénitence ont leur explication dans l'intellect ou le vouloir de ces esprits. — Si la grâce réside immédiatement dans la substance de l'âme ou ne lui arrive que par la volonté. — Si la béatitude n'est que le ravissement de l'esprit, ou ce ravissement joint au rassasiement du cœur.*

I.

Si la volonté (le cœur) est plus noble que l'intelligence.

ÉCOLE THOMISTE.

Saint Thomas (Summa, p. 1, q. 82, a. 3) pose la question : « Utrum voluntas sit altior potentia quam intellectus? Et il répond : Sed contra est, quod Philosophus in X Ethic. ponit « altissimam potentiam animæ » esse intellectum. Cum objectum intellectus sit simpliciter nobilior objecto voluntatis, intellectus simpliciter altior est potentia quam voluntas ; hæc tamen interdum secundum quid altior invenitur, quando scilicet ejus objectum in altiori re invenitur. » Dans ses preuves, saint Thomas s'exprime ainsi : « Objectum intellectus est simplicius et magis absolutum quam objectum voluntatis. Nam objectum intellectus est ipsa ratio boni appetibilis, bonum autem appetibile, cujus ratio est in intellectu, est objectum voluntatis. Quanto autem aliquid est simplicius et abstractius, tanto secundum se est nobilius et altius. Et ideo objectum intellectus est altius quam objectum voluntatis. Cum ergo propria ratio potentiæ sit secundum ordinem ad objectum, sequitur quod secundum se, et simpliciter intellectus sit altior et nobilior voluntate. — Secundum quid autem, et per comparationem ad alterum, voluntas invenitur interdum altior intellectu, ex eo scilicet quod objectum voluntatis in altiori re invenitur quam objectum intellectus... Actio intellectus consistit in hoc quod ratio rei intellectæ est in intelligente, actus vero voluntatis perficitur ex eo quod voluntas inclinatur ad ipsam rem prout in se est... Quando igitur res in qua est bonum, est nobilior ipsâ animâ, in qua est ratio intellecta, per comparationem ad talem rem, voluntas est altior intellectu. Quando vero res in qua est bonum est infra animam, tunc, etiam in comparatione ad talem rem, intellectus est altior voluntate... Simpliciter tamen intellectus est nobilior quam voluntas. »

Goudin (pars IV Physicæ, dis. unica, a. 3) : « Dico intellectum esse simpliciter nobiliorem voluntate ; conclusio est contra Scotum. » La première preuve de Goudin est celle de saint Thomas.— « Probatur 2° : Intellectus habet nobiliorem movendi modum quam voluntas : ergo est perfectior. Intellectus enim movetur a voluntate quoad exercitium et applicative ; movet autem voluntatem quoad specificationem et regulative ordinando, illustrando et REGENDO ipsam. Unde *quidquid perfectionis* est in actu voluntatis, ut libertas, rectitudo, lex, etc., *originatur ab intellectu.* Imo in tantum voluntas dicitur bona et recta in quantum obedit rectæ rationi. Prob. 3° : Voluntas consequitur intellectum tanquam *secundaria* proprietas animæ ; est enim inclinatio ad bonum intellectuale, idest per intellectum propositum et apprehensum : ergo intellectus est nobilior utpote intimior animæ, et primaria ejus proprietas a qua mediante derivatur voluntas. » Et Goudin donne cette dernière raison : « Perfectius est habere in se, et ad se trahere perfectionem alicujus rei, quam trahi ad illam ; atqui intellectus intelligendo trahit res ad se... ergo intellectus perfectiori modo respicit suum objectum quam voluntas. »

École Scotiste.

Puisque le cœur, dans la Sainte Écriture et dans le langage vulgaire, est le symbole de l'amour et de la puissance de l'âme qui produit l'amour, c'est-à-dire de la volonté, il est facile de voir toute l'importance de la discussion philosophique des Écoles sur la noblesse respective de l'intelligence et de la volonté, dans la question du Sacré-Cœur de Jésus. Saint Thomas place au premier rang l'intelligence qui voit la convenance du bien et qui pose ainsi l'objet même de la volonté.

Le Docteur Subtil, au contraire, enseigne la supériorité de la volonté sur l'intelligence : « Voluntatem oriri ab intellectu : si sic intelligatur quod intellectus habeat ad voluntatem tantum prioritatem generationis sive originis, ex hoc non ponitur perfectio in intellectu respectu voluntatis, sed imperfectio ; quia universaliter imperfectiora præcedunt perfectiora ordine generationis. Si autem intelligatur quod intellectus sit prior, vel radix respectu voluntatis, tanquam eminenter, vel virtualiter continens voluntatem, hoc improbatur per hoc quod ordinatum ad alterum ut prius origine, non continet ipsum eminenter, vel virtualiter, *actus autem intellectus ordinatur essentialiter ad actum voluntatis.* » (4 D. 6, q. 11, § : Hic est opinio.) Et ainsi l'acte de l'intelligence trouvant la convenance, la raison du bien, objet du vouloir, est un acte inférieur, parce qu'il n'est pas sa propre fin, et qu'il est essentiellement ordonné vers l'acte de la volonté.

Le Vénérable Scot serre encore cette conclusion : « Voluntas potest velle suum actum, sicut intellectus intelligit suum actum ; *nec vult suum velle propter intelligere*, loquendo de velle ordinato ; quia, secundum Anselmum (lib. 2, cur Deus homo, c. 1) : « Ordo perversus esset velle amare, ut intelligeret ; » nec dicendum quod neuter actus sit propter alterum, quia in ordinatis per se ad eumdum finem, est etiam aliquis ordo inter se, tanquam ad finem sub fine ; ergo *intelligere est propter velle*, et hoc vult Anselmus ubi prius. » Nous ne voulons pas pour comprendre, mais nous comprenons pour vouloir.

Le connaître sert au vouloir. « Voluntas non est optime disposita, sine virtute correspondente in intellectu. » (3 D. 34, q. 1, § : His suppositis. ℣. Duas autem.) « Voluntas agit per cognitionem intellectualem, et ideo, ratione errante, ipsa recte non vult et peccatum ejus ex errore rationis dicitur peccatum ex ignorantia.» (2, D. 43, Q. 2, § Sed contra hoc. ℣. Si tenetur.) Mais pourquoi le péché d'ignorance est-il péché ? Parce que, s'il provient de l'esprit qui erre, la volonté pouvait et devait commander à l'esprit. « Voluntas, si ostendatur aliquod bonum absolute, potest habere aliquem actum volendi illud absolute, absque relatione ad aliud, et absque fruitione propter se ; et ulterius potest *imperare intellectui* ut inquirat quale illud bonum sit, et qualiter volendum, et tunc illi potest assentire sic, vel sic. » (I, D. 1, Qu. 3, § Q. ad primum. ℣. Sec. diff. A. 2.) « Voluntatis in potestate est avertere intellectum a consideratione finis, quo facto, voluntas non volet finem, quia non potest habere actum circa incognitum. » (I, D. 1, Qu. 4, § Cont. pr. art., ℣. Si igitur, n. 3.)

La première et principale preuve de la supériorité de la volonté sur l'intelligence, le Docteur Subtil la voit dans l'empire du vouloir sur l'intelligence, de telle sorte que, si le savoir contribue au vouloir, même en cela le savoir est sous l'empire du vouloir. « *Voluntas in nobis movet aciem ad actum cognoscendi*, et tenet eam in cognitione, quia, posito primo actu nostro, sive de genere qualitatis, sive de genere actionis, possumus alios actus posteriores ex imperio voluntatis. » (I, D. 6, Q. Un. § Quant. ad secund., ℣. Prop. ist.) Cela ne veut pas dire qu'au commencement de tout ne se trouve pas l'acte de l'intelligence précédant le premier vouloir ; au contraire : « Voluntas per actum suum potest remittere actum intelligendi, quia potest etiam totaliter corrumpere intellectionem et amovere intellectum ab hoc actu ; et tamen volitio illa remissiva intellectionis præsupponit necessario intellectionem ; non aliquam novam, quæ sequatur ipsam volitionem ; igitur aliquam præcedentem ipsam volitionem, et per consequens intellectio præexistens non corrumpitur per eam (volitionem).» (I, D. 17, Q. 3, § Cont ist. position. ℣. Quod si negetur, n. 4.) La première pensée qui met en mouvement le vouloir, la volonté n'a pas d'empire sur elle. Cette première pensée éveille le vouloir qui devient maître de soi et de toutes les pensées subséquentes. Menant l'esprit, le vouloir n'a même pas besoin de savoir où il va : « Voluntas ad hoc quod avertat intellectum ab uno, et convertat ad aliud, non semper oportet quod cognitio, vel cogitatio sit comparativa ; quia unum objectum potest cognosci per se, sine comparatione ad aliud, *et ab intellectione illius potest voluntas avertere intellectum.* » (2, D. 42, Q. 4, § Qu. ad. prim., ℣. Quart. et. mod. E ante 2.) « Voluntas in instanti quo convertit intellectum ad discurrendum, *non intelligit extremum, a quo discurrit*, quia ab intellectione illius avertit ; *nec extremum, ad quod discurrit*, quia illius intellectio est naturaliter posterior volitione. (Ibid. ℣. Ultimus etiam.)

Est-elle grande la royauté du pouvoir sur l'intelligence ! « Voluntate complacente intellectioni, intellectio firmatur et intenditur ; ipsa autem non complacente, vel nolente, infirmatur et remittitur ; quia si anima secundum omnes suas potentias agat circa idem, fortius et perfectius agit, quam si circa diversa secundum diversas potentias ageret ; et ideo si voluntas operatur circa idem circa quod intellectus, *confirmatur intellectus in actione sua.* Sicut quilibet potest experiri in se. (Ibid. ℣. Tert. prop. G. ante 11.) *Voluntas est agens superius respectu intellectus*, licet non necessario requiratur ad actionem intellectus ; et agens inferius perfectius agit, concurrente agente superiori, licet non necessario requisito. » (Ibid. ℣. Prat. ag. G. ante 11.)

Parce que l'intelligence et le vouloir ont des rapports nécessaires et réciproques, on pourrait dire que les deux écoles Thomiste et Scotiste sont condamnées à tourner toujours dans un cercle, celle-là forte de ce que l'intelligence commence l'œuvre morale, celle-ci fière de ce que la volonté l'achève. Duns Scot met les ressources de son génie à départager les deux puissances, et il le fait avec une hauteur de vues, une justesse d'analyse vraiment extraordinaires. Et l'expression est un coup de pinceau. S'agit-il de l'objet des deux facultés, il se réserve : « Intellectum esse nobiliorem, vel perfectiorem potentiam voluntate, vel e converso, pro neutra parte ponenda valet medium desumptum ex ratione objectiva veri et boni illarum potentiarum. » (4. D. 49. qu. 4. Laterali § juxta hoc. ℣ Hoc mod. v. 10.) Mais de leurs rapports, il donne cette appréciation : « Intellectus potest dici quod dependet a volitione, *ut a causa partiali, sed superiori* ; e converso autem voluntas ab intellectione, *ut a causa partiali, sed subserviente.* » (Ibid.) Même note, quoique plus accentuée, dans les lignes suivantes : « Intellectus si est causa volitionis est causa subserviens voluntati, tanquam habens rationem primam in ordine generationis. *Voluntas autem imperans intellectui est causa superior respectu actus intellectus :* et ideo medium, desumptum a potentiarum istarum causalitate respectu actuum alterutrius, ad probandam earum nobilitatem, concludit probabiliter pro voluntate sed pro intellectu nihil. » (Ibid.)

L'action de l'intelligence sur le vouloir, son efficacité est-elle décrite d'une façon saisissante dans ces deux lignes ? « Intellectus si concurrat ad causandam volitionem, non tamen causat, nisi voluntate causante : *ita quod ejus causatio sit in potestate voluntatis.* (2. D. 37. q. unic. alias 2. § Ideo merito.» Ex prim. L.I.) La volonté seule produit son acte, et l'efficacité que peut avoir l'intelligence pour déterminer la volonté à vouloir, vient à l'intelligence de la volonté elle-même. Et l'intelligence, remplissant son office, qui est d'éclairer, le remplissant bien, la volonté peut être mauvaise : « Potest esse defectus in actu isto (velle) ex defectu voluntatis, licet non præcedat defectus in cognitione. » (Ibid.) Pourquoi cela ? Parce que l'acte de l'esprit est naturel, disons le mot, mécanique, tandis que la volonté, au lieu d'être déterminée, comme l'esprit, par son objet, tire le principe de sa détermination de soi-même. « Intellectus magis determinatur ad recte judicandum, quam voluntas ad recte eligendum ; quia intellectus, in quantum habet operationem præviam actui voluntatis, mere naturaliter agit. Et tamen non negatur in intellectu, ex frequentibus actibus, habitum generari ad recte judicandum, scilicet prudentia. » (3. D. 33. An. Un. § Hæc opin.)

Duns Scot presse encore davantage cette argumentation : « Intellectus non est causa totalis volitionis ; quia cum prima intellectio causetur a causa mere naturali, et intellectio non sit libera, simili necessitate causaret quidquid causaret. Et sic quomodocumque circuli fierent in actibus intellectus et voluntatis, totus processus esset mera necessitate naturali. Quod cum sit inconveniens, ut salvetur libertas in homine, oportet dicere, posita intellectione, non haberi causam totalem volitionis ; sed principaliorem respectu ejus esse voluntatem, quæ sola libera est. » (4. D. 49. Q. 4. Laterali § juxta quod. ℣. Resp. M. 17.)

Dira-t-on que pour avoir une « volition » parfaite, il suffit d'une « intellection » sans erreur ? « In voluntate non requiri virtutem, eo quod sufficit rationem recte ostendere, falsum est: quia tunc oporteret prius rationem errare in ostendendo quam voluntatem male eligere : et ita ante primum peccatum voluntatis erit error in intellectu, quod est irrationabile, quia tunc pœna esset ante culpam. » (3 D. 33. Q. Un. §. Hæc op. ℣ Quad. dis. A. 5.)

II.

Si la liberté appartient à l'intelligence ou au vouloir.

Non seulement la question de la prééminence du vouloir est connexe avec celle de la liberté, mais celle-ci résout celle-là. L'homme est si grand parce qu'il est libre : donc la puissance libre dans l'homme est la plus noble puissance.

École Thomiste.

Saint Thomas (prim. secund. q. XVII. a. 1) pose en principe : « Radix libertatis est voluntas, sicut subjectum ; sed sicut causa, est ratio. » La racine de la liberté est double : comme cause de la liberté, c'est la raison ; comme sujet, c'est la volonté. On ne peut pas dire que la liberté se confonde avec l'une ou avec l'autre de ces deux puissances ; mais l'intelligence cause la liberté dans la volonté où elle réside. Or il est bien évident que la cause l'emporte, au regard de la liberté, sur le lieu de sa résidence.

S. Thomas expose ainsi son système : « Imperare est actus rationis essentialiter, præsupposito tamen actu voluntatis, cujus virtute ipsa ratio per imperium movet quoad exercitium actus. — Actus voluntatis et rationis supra se invicem possunt ferri, prout scilicet ratio ratiocinatur de volendo, et voluntas vult ratiocinari : contingit actum voluntatis præveniri ab actu rationis et e converso. Et quia virtus prioris actus remanet in actu sequenti, contingit quandoque quod est aliquis actus voluntatis, secundum quod manet virtute in ipso aliquid de actu rationis, ut dictum est de usu et electione; et e converso, aliquis est actus rationis, secundum quod virtute manet in ipso aliquid de actu voluntatis. Imperare autem est quidem essentialiter actus rationis ; imperans enim ordinat eum cui imperat ad aliquid agendum, intimando vel denuntiando : sic autem ordinare per modum cujusdam intimationis est rationis. Sed ratio potest aliquid intimare vel denuntiare dupliciter : uno modo absolute ; quæ quidem intimatio exprimitur per verbum indicativi modi, sicut si aliquis alicui dicat : Hoc est tibi faciendum. Aliquando autem ratio intimat aliquid alicui movendo ipsum ad hoc ; et talis intimatio exprimitur per verbum imperativi modi, puta cum alicui dicitur : Fac hoc. Primum autem movens in viribus animæ ad exercitium actus, est voluntas. Cum ergo secundum movens non moveat nisi in virtute primi moventis, sequitur quod hoc ipsum quod ratio movet imperando sit ei ex virtute voluntatis. Unde relinquitur quod imperare sit actus rationis, præsupposito actu voluntatis, in cujus virtute ratio movet per imperium ad exercitium actus.

Ce que les Thomistes traduisent par : « Dico : 1° Intellectus movet voluntatem quoad specificationem : voluntas autem movet intellectum et alias potentias sibi subditas quoad exercitium. Movere quoad specificationem est determinare ad actum certæ speciei ; atqui intellectus proponendo objectum voluntati illam determinat ad actum certæ speciei. Intellige intellectum non mere speculativum.... sed intellectum practicum apprehendentem et proponentem objectum sub ratione boni vel mali, convenientis vel disconvenientis. » (Billuart. D. III. A. 2.) En d'autres termes, le dernier jugement pratique de l'intelligence détermine, nécessite la volonté.

École Scotiste.

A l'encontre de la définition Thomiste de Billuart, Dupasquier (t. VI de actibus hum.) formule la doctrine Scotiste : « Libertas formalis est in sola voluntate, non autem in intellectu, ne quidem radicaliter. Nota quod in duplici sensu dici potest libertatem esse radicaliter in intellectu : 1° quia voluntas non exercet suam libertatem, maxime contrarietatis, nisi objectum ei repræsentetur ab intellectu bonum vel malum, ita ut illa repræsentatio sit velut applicatio objecti ad potentiam, et occasio, seu conditio sine qua voluntas non ageret, quia est potentia cæca et non fertur in incognitum. Et hoc sensu non negamus libertatem esse radicaliter, seu occasionaliter in intellectu, et de hoc non est quæstio. — 2° Sic intelligi potest ut indifferentia ad amandum dependeat saltem radicaliter ab actu quo intellectus repræsentat objectum ut amandum, vel odiendum, ita ut voluntas non possit non amare, si intellectus dictet esse amandum ; uno verbo, sic dependeat a judicio practico intellectus, *ut debeat necessario se illi conformare*, et facere, vel omittere, quod ille dictat faciendum, vel omittendum, et hoc sensu negamus libertatem voluntatis dependere et esse radicaliter in intellectu. » (D. T. q. 5. c. 2.) Donc : « Voluntas non determinatur in actibus suis per judicium practicum ultimum intellectus, ita quin posset illud non sequi. (Ibid. q. VI. c. 2.) Libertas nostra sic pendet extrinsece a libertate Dei et in ea radicatur ut si Deus non esset liber ad extra, nec voluntas nostra libere ageret : intrinsece autem ipsamet voluntas nostra est radix suæ propriæ libertatis.» (Ibid. q. VI. c. I.)

Les conclusions de Dupasquier, si claires, si précises, expriment fort bien ce que Duns Scot enseigne dans le paragraphe précédent. Qu'on veuille bien relire les textes du Docteur Subtil. Cependant il n'est pas hors de propos d'achever la démonstration par d'autres textes du Maître franciscain : « *Libertas non est aliquid superadditum voluntati, imo est, de per se, ratione ejus.* » (2 D. 5. Q. 2. § Resp. primo vid. ℣. Dico igitur.)

Donc, la liberté n'est point produite dans la volonté par l'intelligence. « Libertas universaliter sicut stat cum apprehensione prævia, ita summa libertas stat cum summa apprehensione prævia.» (Prolog. Q. 4. § Si objiciatur ℣. cum vero, q. 34.)

Donc après le jugement pratique, la volonté n'est pas déterminée, mais très libre. « Libertas voluntatis est ad agendum, vel non agendum ; nam si potest alias potentias, imperando, movere ad agendum, non tantum sic et sic, sed ad determinate agendum, vel non agendum : non videtur quod minor sit libertas suî, respectu suî, quantum ad actus determinationem ; quod patet per illud Augustini

(1. Retrat. c. q.) dicentis : « Nihil est tantum in potestate voluntatis, quantum est ipsa voluntas, » quod non intelligitur, nisi quantum ad actum eliciendum ; ideoque libertas est suî, respectu suî sic, quantum ad actus determinationem. » (1. D. 1. q. 4. § Ad arg. ℣. Ad Tert. n. 18.)

Elle est à retenir cette maxime : Rien n'est tant au pouvoir de la volonté que la volonté elle-même. Le Docteur Subtil poursuit : « Libertas voluntatis est tota ratio quare voluntas præter assensum bono propter se, et præter assensum bono propter aliud bonum, possit habere assensum medium *bono absolute apprehenso*, non sub ratione boni propter se, nec propter aliud bonum ; necessitas autem naturalis in intellectu est tota ratio quare non possit habere, præter assensum principii et assensum conclusionum, alium assensum medium. » (I. D. Q. 3. § Quant. ad pr. ℣. Secundat. A. 2.) Voilà bien établies, la liberté du pouvoir, la nécessité de l'intellection.

Mais reste l'argument : que la connaissance motive le vouloir jusqu'à le déterminer. Donc la volonté ne resterait libre que quand l'intelligence, entre deux partis, ne se prononcerait pour aucun : Le Docteur Subtil réplique : « Libertas si esset in voluntate propter indeterminationem intellectus in syllogizando in practicis ad utramque partem, quæ indeterminatio est cum defectu ; quia necessario oportet quod sophistice syllogizet ad alteram partem contradictionis, in quo sanè intellectus est defectibilis : *tunc voluntas esset libera ex defectibilitate intellectus.* » (2. D. 25. Qu. Unica. §. Contr. concl ℣. Item tert. B. 10.)

Est-ce admissible ?

L'intelligence ne trouve pas cela meilleur que ceci. La volonté reste libre dans ce cas. Mais la non-détermination de l'intelligence lui vient de ce qu'elle voit peu : donc la liberté de la volonté lui viendrait du défaut, de la défectibilité de l'intelligence ! Or, la liberté, loin d'être la résultante d'un defectus, est par elle-même une perfection. *Libertas absolute est perfectio simpliciter.* (2 D. 44. Q. unica. §. Ad S. Anselm. dico. B. 2.)

Le Vénérable Jean Scot retorque d'une autre façon le même argument différemment proposé : « Voluntas aut, stante recto dictamine, male eligit, et ita habetur propositum contra dicentes : non posse voluntatem, nisi ratione errante, peccare ; aut si male eligit, et, isto non stante, eligit, eligit prævio aliquo actu intellectus et non recto ; quia si esset rectus, tunc, per te (contra Henric.) voluntas eligendo non peccaret ; igitur ille actus alius non rectus erit prævius ipsi velle malo, et non erit non rectus per aliud malum velle ; et per consequens voluntas non excæcat ad illud malum dictare, quia, per te, sequitur ad illud velle malum. » (3. D. 36. Q. Unic. §. Contra hoc. ℣ Præterea. E. 13.) Donc le jugement fait si peu le vouloir que, le jugement étant droit, le vouloir peut être mauvais. Et si l'intelligence erre dans le jugement, la volonté, faculté aveugle, trompée, suivant ce jugement erroné, ne pécherait pas !

Loin que le jugement nécessite le vouloir, le vouloir peut aveugler l'intelligence. « Voluntas per malitiam excæcat intellectum dupliciter : uno modo privative ; alio modo positive. Privative, quia avertit a consideratione recta. Voluntas enim eligens oppositum alicujus recte dictitati, non permittit intellectum diù stare in illo recto dictamine, sed avertit ipsum ab illo, et convertit ad considerandum rationes pro opposito, si quæ possunt esse sophisticæ, vel probabiles ; saltem avertit ad considerandum aliud impertinens, ne stet illa actualis displicentia, quæ stat in remorsu illo, quæ habetur in eligendo oppositum dictati. Positive autem excæcat sic : nam sicut voluntas recte eligens finem, præcipit intellectui considerare media ac illum finem, et intellectus sic inquirendo generat in se habitum prudentiæ : ita voluntas eligens sibi malum finem præcipit intellectui considerare media ad illum ; et habitus acquisitus ex dictamine circa ea quæ ordinantur ad malum finem electum, est error, et habitus directe oppositus habitui prudentiæ ; et potest vocari imprudentia, vel stultitia, non tamen privative, sed positive et contrarie. (3. D. 36. q. Un, § Quantum ad istum. ℣. Et si tunc. G. 14.) Voluntas mala pro tanto verum est quod excæcat intellectum, non quidem faciendo errare circa aliqua complexa, sed faciendo intellectum habere actum considerandi aliqua media ordinata ad malum finem : et totus ille habitus est error in agilibus, licet non sit error deceptivus quantum ad considerationem, sive speculationem. » (Ibid. H. 14.)

Tout cela se résume dans la négation du principe Thomiste. Il y a un jugement avant la volition, comme il y a les planches d'un bateau sous les pieds de quiconque navigue ; mais le jugement dernier est dernier, non parce qu'il s'impose au vouloir, mais parce que le vouloir libre, y adhérant plutôt qu'aux autres, le rend, par le fait de ce choix libre, dernier dans l'ordre chronologique. Et toute la discussion se trouve résumée dans cette maxime de notre Docteur : « Ratio differentiæ est quia intellectus movetur ab objecto naturali necessitate : voluntas autem libere se movet. » (Quodl. Qu. 16. §. De primo dico : ℣. Hic potest dici. G. 6.) La volonté l'emporte parce que seule elle est libre, et libre par soi.

Dupasquier, loco citato, donne une dernière preuve de la surémінence de la volonté : « Illa potentia est nobilior, cujus actus et habitus sunt nobiliores ; sed actus et habitus voluntatis sunt nobiliores actibus et habitibus intellectus : ergo et ipsa voluntas. Actus et habitus perfectissimus voluntatis est charitas naturalis et acquisita, aut supernaturalis et infusa : intellectus vero est scientia, vel fides. Sed charitas est nobilior scientia, vel fide : ideo S. Paulus præfert illam spei et fidei, ac scientiæ : « Major horum est charitas, » et : « Supereminentem scientiæ charitatem. » (Eph. 3.) Et Seraphini, qui sunt spiritus amoris, supereminent cherubinis, qui sunt angeli scientiæ. »

L'importance de cette discussion philosophique : de la prééminence de l'intelligence sur la volonté, ou de la volonté sur l'intelligence, apparaît plus nettement encore lorsqu'on pénètre sur le terrain théologique. Il serait trop long de développer chaque point de contact des deux écoles Thomiste et Scotiste ; mais il est nécessaire, pour que le débat ait son ampleur, d'indiquer au moins les endroits de rencontre, et de noter au moins sommairement la pensée officielle des deux Écoles.

III.

La science divine est-elle la cause efficiente des choses créées, ou cette cause est-elle la volonté divine ?

Thomistes : Billuart, De Deo. D. v. a. 3. « Dupliciter scientia potest dici causa rerum : 1° directivè, quatenus proponendo modos quibus res fieri debeat aut possit, dirigit potentias effectrices ; 2° effectivè, sic ut ipsa efficiat exterius quod interius concipit. Dico : Scientia in Deo est causa rerum, non solum directiva, sed etiam effectiva, non formaliter et præcise ut est scientia, sed ut habet adjunctam voluntatem, et consuevit dici approbationis. »

Scotistes : Dupasquier, De Deo. d. VIII. q. X. « Duplex est causalitas : naturalis, seu physica, qua per realem influxum causa ponit effectum in esse reali ; et moralis, seu intentionalis, qua ponit effectum dirigendo, consulendo, ac determinando, vel applicando causam physicam. Utramque causalitatem habet intellectus, sed circa diversos actus, et opera : causat physice suos proprios actus, suas intellectiones, et moraliter actus voluntatis, aliarumque potentiarum quas dirigit.

» Scientia Dei non est causa effectrix rerum in esse reali, sive naturalium, sive liberarum. Si scientia efficeret res, vel id faceret se sola, vel cum voluntate : sed neutrum, dici potest : ergo non efficit. Si se sola, ergo sicut intellectus agit naturaliter et necessario, ita res producerentur necessario, non vero contingentes. Si cum voluntate, ergo res efficiuntur ab ista, et ab illa contingentiam habent, non vero a scientia. Unde scivit ab æterno mundum futurum in tempore, quia voluntas id decreverat, et ante illud decretum, id non poterat certo scire quia poterat Deus decernere non creare, aut creare alium. »

Boyvin. Theol. speculativa. De Deo uno, disp. 4, q. 9.

« Existimant Durandus et Suarez causam rerum non esse neque intellectum neque voluntatem, sed esse tertiam potentiam in Deo, quam vocant executivam, distinctam ab intellectu et voluntate ; sicut in nobis reperitur præter intellectum cognoscentem et voluntatem imperantem tertia potentia exequens jussa voluntatis, quæ residet in linguâ, manibus, pedibus, etc. Ejusdem sententiæ videtur esse D. Thomas, qui vocat scientiam Dei, causam dirigentem ; voluntatem, causam imperantem ; et potentiam, causam exequentem. Conclusio : Nec intellectus nec tertia potentia executiva sed sola voluntas sub ratione volitionis seu actus secundi est causa rerum. Quod intellectus non sit causa rerum, patet ; quia productio creaturarum ad extra est contingens et libera ; potuit enim talis productio non esse ; ergo competit illi potentiæ quæ libera est ;

ergo voluntati, non intellectui. Deinde, solius voluntatis est decernere et determinare de futuritione rerum, ut patet in nobis ubi opera externa pendent a voluntate imperante, non vero ab intellectu. Ergo constat insuper, quod non admittatur tertia potentia, quæ sit causa rerum ; quia hoc derogaret infinitati Voluntatis D. quæ tam efficax est, ut ex se facere possit omnia : et certe, si in humanis voluntas architecti esset tam efficax ut posset domum ædificare, non requireretur potentia exequens : ergo nec in Deo requiritur ubi voluntas est infinita ; imo, hoc derogaret ipsius perfectioni, si requireret aliam potentiam executivam. Quod tandem voluntas sit causa rerum, patet ex dictis. Unde superest probandum, quod voluntas sit earum causa sub ratione actus secundi, et hoc clarum est ; quia voluntas est tantum principium volitionis, sed illa volitio est causa rerum ; ad velle enim Dei ponuntur in esse omnia quæ existentiam recipiunt. Quod si Scotus dixerit, productionem competere actui primo seu intellectui ut est potentia, loquitur de productione Verbi D. quod est ab intellectu fœcundo Patris, et non de creaturis.... Sicque manet quod voluntas sit causa rerum juxta mentem Athan. lib. 4. contra Arianos dicentis : ***Deus solo nutu voluntatis agit*** : et Cypriani sic loquentis : ***Deus cujus natura bonitas et voluntas potentia.*** »

IV.

Si la loi éternelle est loi de par l'intelligence divine seule, ou de par l'intelligence et la volonté divines.

Thomistes : Billuart, De legibus : d. II. a. I. « Dico : lex æterna nihil est aliud quam ratio divinæ sapientiæ, secundum quod est directiva actionum et motionum creaturarum in ordine ad bonum commune totius Universi. »

Scotistes : Mastrius : Th. Mor. disp. 2. Qu. 2. ar. 1. « Juxta hanc explicationem (Thomistarum), nisi aliud addatur, lex æterna importaret solum actum intellectus, et solùm dictamen rationis in intellectu divino existens ; quod quidem ad rationem legis non sufficit, quia de ratione legis est non tantùm quod sit directiva, sed etiam obligativa respectu subditorum, quam vim obligativam non habet nisi ex voluntate legislatoris. Solum enim dictamen superioris, nisi volitio accedat non obligat. Cùm ergo nos non obligemur formaliter eo quod Deus aliquid cognoscat agendum, vel omittendum, sed ex eo quod nobis aliquid per suam voluntatem imperet : ideo dicendum est legem æternam respectu creaturarum non esse solum actum divini intellectus, sed etiam divinæ voluntatis, quo ab æterno voluit ut hoc faceremus et illud omitteremus. Addendum est volitionem Dei, quæ est lex æterna respectu creaturarum, esse necessariam in Deo, non vero liberam seu contingentem, quia respicit pro objecto regulas practicas necessariæ et æternæ veritatis. »

De ce que la volonté divine veut nécessairement les règles de la vérité que montre l'intelligence divine, il ne s'ensuit pas que la loi naturelle ne sorte pas à la fois et de l'intelligence et de la volonté de Dieu. C'est d'ailleurs la définition de saint Augustin : « Lex æterna est ratio divina et voluntas Dei ordinem naturalem conservari jubens, perturbari vetans. » (Doct. Lib. 22. cont. Faustum. c. 27.)

V.

Le péché des anges est-il un acte de leur intellect, ou sort-il simplement de la malice de leur libre volonté ?

Thomistes : Billuart : De Angelis. Dis. v. a. 1. « Qua via, qua rima peccatum in angelorum mentes irrepere potuit ? Hæc difficultas est gravissima et vix solubilis. Attamen respondeo : Angelum peccasse ex ignorantia seu errore, non specialiter et stricte sumpta pro assensu quo quis assentitur falso tanquam vero, vel pro judicio speculativo quo quis judicat malum bonum, sed ex errore, seu ignorantia generaliter sumpta pro *actuali inconsideratione* qua quis non attendit, neque considerat practice actu quæ posset et deberet considerare. » Péché des démons, péché de distraction.

Scotistes : Boyvin : De creatione mundi : q. xiv. « Peccavit Angelus, non ex ignorantia, nec ex errore intellectus, nec ex actuali inadvertantia ; sed ex sola libertate voluntatis eligentis unum præ alio. Primum probatur : cum enim petiit se æquari Deo, non ignoravit se esse creatum ab illo et dependere tum secundum esse, tum secundum conservari. Secundum patet, quia error intellectus est pœna peccati : pœna autem non antecedit peccatum ; ergo non peccavit ex errore. Tertium clarum est ; illa enim inadvertantia, seu inconsideratio actualis, vel fuisset culpabilis, vel non ; si culpabilis, peccatum ex illa procedens non fuisset primum ; loquimur autem de causa primi peccati ; si inculpabilis, peccatum ex ea procedere non potuit. Deinde, peccatum ex inadvertantia non est tam grave ut ita severe puniatur. Tandem, ideo Patres dicunt angelos non fuisse admissos ad pœnitentiam quia peccaverunt ex malitia, et homines ex infirmitate ; inadvertantia autem non minus excusat a peccato, quam infirmitas. Quartum sequitur ex antedictis : si enim Angeli non peccaverunt ex ignorantia, aut errore, aut inadvertantia intellectus, ex sola libertate voluntatis peccaverunt. »

VI.

L'impénitence des anges vient-elle de leur intelligence ou de la privation de grâce affectant leur volonté ?

Thomistes : Billuart, de Angelis. Dis. VI. A. « Dico : Angelus secundum connaturalem modum suum procedendi, adhæret fini ad quem semel *ex certo judicio et perfecta deliberatione* se determinavit, et hæc immobilitas est causa intrinseca obstinationis dæmonum. » Comment concilier « perfecta deliberatione » avec l'« actuali inconsideratione » de la thèse précédente de Billuart ?

Mastrius : De Ang. D. 3. q. 5 : « Sententia in scholis receptissima est Scotistarum asserentium causam obstinationis dæmonum simpliciter et absolute provenire ex statu damnationis in quo sunt, et maxime ex carentia auxiliorum divinæ gratiæ quæ illis Deus juste denegat ratione status. » Et Dupasquier : De Angelis, dis. 8. q. 4. c. 1. « Si ex pleniori deliberatione veniret immobilitas voluntatis in actu semel electo, maxime ob immobilitatem potentiæ cognitivæ quæ, perfecte et sine discursu, cognoscit objectum quod eligit, et cui necessario conformatur voluntas ; sed hæc ratio nulla est, ergo nec illa immobilitas. (Etenim) voluntas potest discordare a dictamine intellectus, alioqui non esset libera in suis actibus magis quam intellectus. (Insuper) cognitio, cum qua bene operati sunt in primo instanti suæ creationis, eadem perseveravit in secundo in quo peccaverunt : ergo rectitudo et immobilitas cognitionis non impedit mobilitatem voluntatis. »

VII.

La grâce habituelle réside-t-elle immédiatement dans la substance de l'âme, ou immédiatement dans la volonté et médiatement dans la substance de l'âme ?

Thomistes : Billuart : De gratia. Dis. 4. a. 5 : « Utrum gratia sit in essentia animæ tanquam in subjecto, an in aliqua potentia ? Dico : Gratia est in essentia animæ tanquam in subjecto et non in aliqua potentia. »

Scotistes : Mastrius : De Justificatione : Dis. 7. q. 6. n. 181. « Arguunt Thomistæ hanc realem distinctionem charitatis et gratiæ ex reali distinctione subjectorum, quia gratia est in essentia animæ immediate, charitas vero in voluntate : et ratio est quia, cum gratia sit habitus non operativus, sed solum constitutivus hominis in esse supernaturali et divino, merito immediate subjectatur in tota animæ essentia ; charitas vero, quia est habitus operativus, (subjectatur in potentia). Cum igitur animæ essentia realiter a suis distinguatur potentiis, sequitur gratiam et charitatem poni debere habitus realiter distinctos. Respondeo in argumento plura falsa supponi : 1°) namque falso supponitur substantiam animæ a suis potentiis realiter distingui : oppositum namque Doctor Subtilis demonstrat (2 dist. 16). 2°) Falso supponitur habitum gratiæ nobilissimum esse penitus otiosum, et non activum, et operativum. Etenim est operativus amoris Dei super omnia, quæ est perfectissima hominis operatio, et est imperativus actuum omnium aliarum virtutum ultimatè in Deum : « Habemus gratiam, per quam serviamus placentes Deo cum metu et reverentia » (Heb. c. 12) ; ex quibus Sacræ Scripturæ locis, clarè deducitur gratiam esse formaliter et immediate operativam sicut est charitas, quia unam indivisibilem præferunt formam absolutam de genere qualitatis. »

Dupasquier : De Gratia : d. 4. q. 3. « Gratia immediate subjectatur in voluntate, et mediate tantum in anima. »

Boyvin : De Grat. c. 6. q. ult. c. 3. « Sicut substantia animæ depravata est tantum et corrupta mediatè, mediante scilicet voluntate quæ peccavit, sic etiam substantia animæ regeneratur mediante voluntate quæ gratiam recipit. Opposita sunt circa idem, ait Philosophus ; id est attribuuntur eidem subjecto ; peccatum autem et gratia opponuntur : ergo debent subjici in eadem potentia. Peccatum autem est immediate in voluntate, a qua recipit formaliter suam malitiam : ergo gratia erit etiam in voluntate. — Dixi præsertim sanctificans, quia gratia actualis aliquando residet in intellectu. Dixi immediate ; non potest enim negari quin saltem mediate gratia sanctificans recipiatur in substantia animæ. Anima enim dicitur sancta et Deo grata. »

VIII.

Le bonheur du ciel est-il le rassasiement de l'intelligence ou plutôt le rassasiement du vouloir qui possède Dieu aimé ?

Thomistes : Billuart : De Ultimo fine : diss 2. A. 2. § 2. « Dico 1° Beatitudo formalis non consistit essentialiter in pluribus actibus, scilicet intellectus et voluntatis. Dico 2° Beatitudo formalis non consistit essentialiter in actu voulntatis. Dico 3° Beatitudo formalis hominis consistit essentialiter in actu intellectus, clara scilicet Dei visione. »

Scotistes : Dupasquier : De Ultimo fine. D. 1. q. v. c. 3 : « Beatitudo formalis consistit in operatione intellectus et voluntatis, sed principaliùs in fruitione, quæ est operatio voluntatis. Homo per utramque potentiam et operationem est vere beatificabilis et vere ac immediate attingit Deum : ergo beatitudo formalis in utraque consistit essentialiter. Per utramque inclinatur homo ad Deum, scilicet per intellectum ad videndum, et per voluntatem ad fruendum, et si alterutra privaretur non esset satiatus ; si frueretur non videndo, aut videret non amando et fruendo ; et tam immediate attingit Deum visione quam si non amaret, et amore quam si non videret : ergo utraque operatione attingit Deum et beatificabilis est. Beatitudo formalis consistit in actu perfectissimo, et per quem immediatius attingitur ultimus finis, et ad quem omnia alia media ordinantur ; sed talis est actus fruitionis ; ergo in eo principalius consistit beatitudo formalis... Amor Dei non ordinatur ad visionem ; nec enim (in cœlo) amamus ut videamus ; sed videmus et videre volumus ut amemus et fruamur ; alioqui perverteretur ordo actionum humanarum, inquit S. Anselmus, et experientia ipsa constat nos summe optare possessionem boni summi, et optati, nec nos sistere in ejus cognitione. »

DEUXIÈME CONFÉRENCE.

LE CŒUR DU CHRIST EST LE CENTRE RELIGIEUX DE TOUT L'UNIVERS.

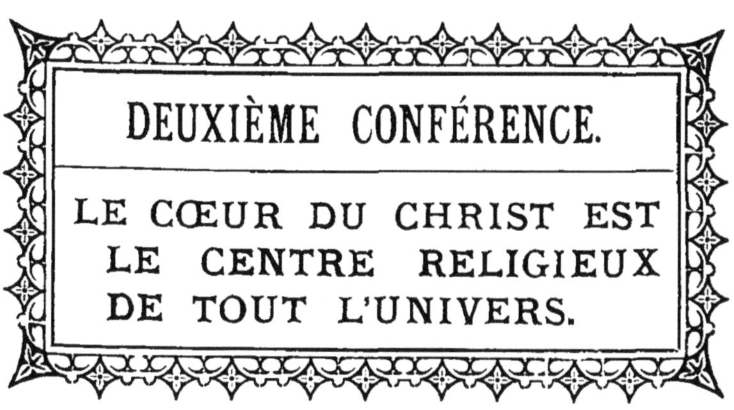

DEUXIÈME CONFÉRENCE.

LE CŒUR DU CHRIST EST LE CENTRE RELIGIEUX DE TOUT L'UNIVERS.

Ego sum alpha et omega.

Je suis, moi, CHRIST, la première lettre
et la dernière, et tout l'alphabet de DIEU.
APOCALYPSE. 22. 13.

Si, Messieurs, la Révolution n'avait que renversé le trône, centre de l'administration de l'État, ou, comme l'on voudra, organisme vital dans la nation française ; si elle n'avait que projeté et tenté des bouleversements identiques chez les autres peuples de l'Europe ; si elle avait arrêté la marche de ses ambitions au sortir des manoirs féodaux, après y avoir démoli l'appareil d'une justice haute ou basse, souvent trop basse, et fermé les chartriers avec cette inscription sur la porte interdite : « Défense aux parchemins que les sans-culottes ne savent pas lire, de conférer la gloire, le rang et les privilèges, » la Révolution ne serait qu'un événement politique, certainement grand, mais discutable, peut-être meilleur que beaucoup d'autres, et peut-être plus dommageable à l'humanité que l'apparition des hordes de Gengiskhan.

Ces mouvements d'armées qui portent la Révolution dans leurs havresacs, sont-ils la marche des légions de la Rome policée contre les Barbares, ou la course des Barbares se précipitant au sac de Rome ?

Le fer qui abat les têtes par ordre de la Convention, qui fait l'égalité dans le massacre, est-il instrument de torture nouveau, ou n'est-ce que le vieux cimeterre musulman raccourci de la poignée ?

L'ombre de Louis XIV a-t-elle pleuré le découpage des vieilles provinces en petits territoires égaux et de figure bizarre, ou a-t-elle frissonné de dépit de n'avoir pas, cent ans plus tôt, inventé cet incomparable instrument d'absolutisme ?

Tout cela est important et discutable.

Mais, déplaçant l'axe de la vie nationale, changeant les centres des groupements sociaux dans le monde qui possède et dans le monde qui travaille, la Révolution, sans consulter DIEU, sans savoir s'il fait abandon de son privilège de Maître, supprime le Centre d'une religion sans laquelle le monde ne serait plus que l'ouvrage d'un Créateur-Enfant qui aurait voulu s'amuser. La Révolution d'un coup de décret, comme d'un coup de guillotine, supprime la tête de l'Univers, le Centre obligé de tout groupement religieux, JÉSUS-CHRIST, et l'amour qui monte à DIEU de son Cœur sacré.

La Révolution est cette Convention sanguinaire qui n'atteint vraiment les sommets de l'audace et de la folie que lorsqu'elle décrète : « Article premier : Le peuple français reconnaît l'existence de l'Être Suprême et l'immortalité de l'âme. Article deuxième : Il reconnaît que le culte digne de l'Être Suprême est la pratique des devoirs de l'homme. »

Et le CHRIST ? La Convention l'ignore.

La Révolution est une religion qui établit le cœur de l'homme, qu'il soit Saint-Just ou Robespierre, grand pontife au nom de la nature, devant l'Être Suprême. Or, mes frères, un Dieu qu'on réglemente est un Dieu malade : le Dieu conventionnel n'a pas vécu.

Si les fosses communes ne s'élargirent pas jusqu'à contenir, immense tombeau, le grand corps de la nation française décapitée, l'honneur en revient au peu d'Évangile que la Révolution, sans le savoir et sans le dire, retenait dans ses principes déclarés pompeusement immortels. A ce peu d'Évangile substituons tout l'Évangile. La nation vigoureuse qui, sous le couperet, n'oublia pas le CHRIST (d'autres pays déjà l'avaient renié pour complaire à des débauches royales), le peuple qui n'oublia pas le Cœur du CHRIST durant les jours mauvais, a su, a pu, en nos temps, écrire avec des blocs de granit sa profession de foi catholique qui toujours, n'est-ce pas ? dominera Paris : Le Cœur du CHRIST JÉSUS est le centre vivant de la religion. A l'amour qu'il donne à DIEU doivent se mêler, pour être quelque chose, les amours de tous les êtres créés. Belle cette formule qui contient le salut ! Prouvons qu'elle est véritable.

I.

On nous voit, pauvres hommes, géologues, physiciens, chimistes, occupés à voir, à deviner plutôt, le dedans, le squelette des choses ; astronomes, lunette et compas à la main, tout soucieux de n'avoir pu, avec la précision requise, opérer la mensuration de l'Univers, tandis que peintres et poètes chantent le visage des êtres. Nobles travaux, sans doute ; mais le penseur cherche, lui, le lien de tout cela.

Que de gémissements, de désespoirs ; que d'enivrements, que d'hymnes cette enquête a fait monter dans les cœurs humains ! Sans DIEU, impossible de découvrir les premiers linéaments du système des mondes. Mais qu'un être soit là, fabricateur intelligent, amour vivant, la question ne peut être insoluble. Je l'interroge. Ce n'est plus en désespéré : « Comment tout cela tient-il ? » jeté dans l'effroyable bruit de tempête qu'est la fatalité matérielle, mouvement mécanique, aussi aveugle qu'irrésistible. Je demande à l'Être grand, intelligent et bon : « Moi qui vous interroge, et tout ce que je vois qui n'est pas moi, comment sommes-nous ajustés ? Où sont nos jointures, nos points de contact et d'emboîtement, à moi qui pense et à tout ce qui ne parle pas ? Vous avez un plan, Seigneur, une pensée, et votre pensée est le nœud de tout ; votre plan comporte une splendide ordonnance. Je le soupçonne, je le crois. N'auriez-vous qu'éparpillé les êtres d'un geste de laboureur qui prend les graines dans le semoir fixé à ses épaules et replié devant son cœur ? Mais le semeur qui épand la vie aux quatre coins des sillons, pense aux épis, aux gerbes, à la moisson. Et tout cela se tient, les pieds du froment dans le sol, l'épi sur la tige, la gerbe dans le lien, la moisson dans la grange. Les semailles sont faites pour charger, en fin de compte, la table du fermier prévoyant. Les forces qui attirent, les forces qui repoussent, étais et câbles qui maintiennent l'équilibre, n'établissent point à mes yeux le système du monde si j'ignore le but où il marche. Tout se lie pour l'effet, rabot, main, planche de chêne. Éparpillés hors de la substance de DIEU, puisque leur être n'est pas le sien, en lui quand même, puisque nul espace n'existe où il ne soit, les organes de l'Univers forment un corps qui vit pour chanter DIEU, étoiles, fétu, rose, comète, montagne, océans et goutte d'eau.

Avec le Psalmiste, j'interpelle tout ce peuple de créatures : « Louez Jéhovah du haut des cieux [1], louez-le là-haut. Louez-le, vous toutes, ses armées, louez-le, soleil et lune, louez-le, vous toutes, étoiles lumineuses. Louez-le, cieux des cieux, et vous, eaux qui êtes au-dessus des cieux. De la terre, louez Jéhovah, monstres, et vous, abîmes, feu et grêle, neige et brume, vents de tempêtes qui exécutez son ordre, montagnes et vous, collines, arbres à fruits et vous, cèdres, animaux et vous, fauves, reptiles, oiseaux ailés. »

1. *Laudate Dominum de cœlis.* (Ps. 148.)

Je les adjure, et ils se taisent ! Parlez donc, parlez, chantez DIEU, montagnes, ormeaux, daims, papillons ! Cent mille prêtres français (combien de prêtres catholiques dans le monde !) invitent les choses : chantez donc, clartés célestes, masses d'argile, plaines fécondes. Et les choses restent muettes : « Nous nous taisons, vanités sans l'étincelle de la pensée, êtres sans amour, pour que tu chantes, toi, homme, en notre place ! Tu es la voix de l'arbuste qui fleurit, le cœur de l'ouragan, l'amour des étoiles, le prêtre du monde. Nous sommes grandes, nombreuses, variées, belles, utiles, pour que tu dises, en nous voyant, en nous mesurant : « O choses ! Il est grand, infini, beau, bienfaisant, saint, adorable Celui qui vous a faites. » La louange qui monte au cœur de l'homme quand il voit ce qui n'est pas lui, augmente, déborde quand il se voit lui-même. Tous les hommes, individus, peuplades, nations, générations, chantant sous tous les cieux, dans les savanes, dans les huttes de neige : Gloire à DIEU qui a fait les êtres muets, et qui a fait les raisons et les libertés : voilà donc la moisson de gloire que DIEU voulait quand il sema la vie ?

« Louez DIEU dans son sanctuaire, louez-le dans le déploiement de sa puissance, louez-le dans ses hauts faits, louez-le selon la grandeur de sa majesté. Louez-le avec le tambourin et dans les danses sacrées, avec la lyre et la flûte. Louez-le avec les cymbales retentissantes, avec les cymbales joyeuses. Que tout ce qui respire loue DIEU [1]. »

La philosophie peut-elle formuler une conclusion sur le système du monde, plus logique et, à la fois, plus honorable à l'homme ? Dans l'Univers, l'humanité est le prêtre intelligent des choses sans parole. La Bible sait exprimer cette doctrine dans le plus magnifique des langages : « Oui, Créateur puissant, oui, tu l'as placé à peine au-dessous des Anges, et tu l'as couronné de gloire et d'honneur. Tu fais

1. Ps. 150.

présider l'homme aux œuvres de tes mains, tu as tout abaissé à ses pieds, tout, les brebis et les bœufs, et les fauves de la plaine, les oiseaux des cieux et ce qui suit les sentiers de l'océan [1]. »

Mais, en gémissant, la philosophie ne peut retenir l'aveu de la petitesse, de la misère de ce sacerdoce humain, agenouillé d'un pôle à l'autre, devant la majesté de ce Puissant qui a fait l'Univers, d'un geste, sans rien.

L'homme ! Et DIEU !... DIEU ! L'homme une étincelle qui brûle et aime dans une poignée d'agile qu'elle conduit... DIEU ! oh ! DIEU !

Prêtres des choses, enflons notre voix. Nos plus vibrants accents ne montent pas jusqu'aux cimes de l'Himalaya. Ils s'éteignent, et les échos n'ont pas saisi même leur plus haute note pour la redire !

On affirme : tout l'Univers palpite dans le cœur de l'homme. Aimons DIEU, pour les choses et pour nous ! Hélas ! la flamme de l'amour voltige un instant dans les cœurs humains et meurt comme le feu follet qui a brillé vingt secondes au-dessus des marécages. A supposer tous les hommes religieux et saints, l'amour qu'ils peuvent produire est cette pâle et capricieuse lueur qui paraît, voltige et s'évanouit en dansant au-dessus des tombes. Et le nœud du monde ne serait que ce rien ! « O DIEU, quand je vois tes cieux, ouvrages de tes doigts, la lune et les étoiles que tu as fixées... qu'est-ce qu'un mortel pour que tu t'en souviennes [2] ! » Qu'est-ce qu'un homme ? Et la Révolution décrète : « Le culte digne de l'Être suprême est la pratique des devoirs de l'homme ! »

1. *Minuisti eum paulo minus ab angelis, gloria et honore coronasti eum et constituisti eum super opera manuum tuarum. Omnia subjecisti sub pedibus ejus, oves et boves universas, insuper et pecora campi, volucres cœli, et pisces maris qui perambulant semitas maris.* (Ps. 8. 6.)

2. *Videbo cœlos tuos, opera digitorum tuorum, lunam et stellas quæ tu fundasti. Quid est homo quod memor es ejus ?* (Ps. 8. 4.)

Tout en suivant son président à la fête de l'Être suprême, la Convention pouvait bien rire de Robespierre en habit bleu tendre, culotte de nankin, bas de soie, tenant un bouquet d'épis. Arrêtons, par pitié pour elle, la procession fameuse du 20 prairial avec les paroles d'Eliphaz, l'ami de Job [1] : « Es-tu de la taille de ce DIEU que tu prétends célébrer ? » Quand même le sang de France ne tacherait pas tes mains et ton habit ; quand même tu cesserais d'être Robespierre pour être l'homme de science absolue, le juste, le saint, l'homme de vie toute immaculée ; quand même le parfum de l'amour monterait de ton autel au lieu de l'âcre fumée du sang chaud de tes victimes guillotinées, est-ce que cette misère d'hommages humains pourrait être quelque chose d'important aux yeux de l'Être suprême? Il est au ciel, et toi, tes pieds ne peuvent se détacher de la terre [2].

Donc, s'écrie le philosophisme détruisant par logique l'argument que la logique avait patiemment enfanté : Vanité que ce sacerdoce trop petit ! Arrière la vie vertueuse ! DIEU est trop grand ! Jouissez, passions. — Non, réclame l'Église, non. Si les hommes et les choses sont aussi peu qu'une longue suite de zéros, le CHRIST, Homme et DIEU, est le chiffre qui les féconde ! Écris neuf zéros : c'est rien, c'est nous ; fais un trait vertical qui les précède : DIEU lit le nombre : un milliard. C'est le Cœur du CHRIST avec les nôtres. La moisson que DIEU a préparée, voulue, et vue, la moisson que DIEU recueille en dépit des révoltes et des faiblesses humaines, c'est la gloire que son CHRIST lui donne, et voilà le lien du monde, le centre des systèmes des choses créées.

L'Univers intelligent et l'Univers sans parole tressaillent

1. *Numquid Deo potest comparari homo, etiam cum perfectæ fuerit scientiæ?* (Job. 22. 2. 3).

2. *Quid prodest Deo si justus fueris ? aut quid ei confers, si immaculata fuerit via tua? Deus in cælo, et tu super terram.* (Job. 22. 3).

pour DIEU de l'amour immense dont l'âme du CHRIST est le foyer, sa poitrine le sanctuaire, et son cœur de chair le symbole. Nous valons pour DIEU, nous, monde, par le CHRIST, DIEU-Homme. Son Cœur est la pièce d'assemblage de toute la Création.

II.

Comme elles s'évanouissent misérablement les railleries philosophiques qui prétendaient pulvériser la religion catholique ! Non, c'est la religion de Voltaire et de Robespierre qui, sans le CHRIST, manque d'ampleur.

Écoutez l'objection : je la traduis sans l'atténuer. La Bible enseigne que la terre est le centre du monde ; que le Créateur a fabriqué deux flambeaux : le soleil pour présider à ses jours, la lune, veilleuse discrète, lampe voilée, pour éclairer ses nuits, et les étoiles pour être les points de dorure brillants de son vêtement. Conception enfantine, démolie par la science d'un héroïque Galilée [1]. Regardez donc le soleil, et les enfants du soleil, les planètes qu'il traîne à sa suite, les astres noirs qu'il habille de clartés et qui l'enferment, dans sa marche vers l'inconnu, de leurs circuits joyeux ! Regardez donc ! mesurez donc ! Le soleil égale 354,936 terres ! Neptune 20,879 terres ! Saturne 101,411 terres ! Jupiter 338,034 terres ! Et le soleil n'est qu'une étoile de quatrième grandeur, et il y a soixante-douze millions d'étoiles qui sont des centres ! Et après avoir pesé trois cent quarante mille terres dans un plateau pour balancer à juste équilibre la planète Jupiter, mesurez un milliard de

1. Galilée, tant vanté, ne vient qu'après le chanoine catholique Copernic. Celui-ci mourut en 1543 ; celui-là vint au monde en 1564. Et l'on doit regarder le cardinal Nicolas de Cusa, mort cent ans avant Copernic, comme le précurseur de ce dernier dans la découverte qui l'a immortalisé à juste titre. Mais voilà : Galilée fait bien dans une tirade irréligieuse, et Copernic est chanoine.

lieues, plus 31 millions de lieues et encore 970 mille lieues, et vous aurez la faible distance, le léger abîme qui sépare le soleil et la planète Neptune! Où donc est la terre dans toutes ces immensités? Qui voit la faible lueur qu'elle projette dans l'espace? Et l'homme? Ah! il y a des hommes? Excusez-moi, je l'avais oublié en comptant par millions les astres qui valent, séparément, un million de terres! Et l'homme est le roi du monde! Et la terre est le centre de l'Univers! — Voilà, mes frères, la grande objection du philosophisme contre l'Église.

Elle nous effraie si peu que nous la renforçons de textes de la Bible pour la retourner contre tout système qui n'admet pas le Cœur du CHRIST, centre et foyer de la religion. Leur boulet avait frôlé doucement la coque de notre navire. Ramassé sur le pont et retourné, il déchire leur blindage. Ils pensaient nous effrayer par la comparaison de la terre avec les astres, de l'homme avec l'Univers! Étoiles, planètes, soleils, terre, satellites, tout cela se voit : « mais ce n'est qu'un coin de la création, et ailleurs, de plus grands mondes, de plus lumineux soleils sont visibles, admirables, et l'homme ne les voit pas [1]. » La grande dame qu'est la religion, veut bien se pencher sur les chiffres de l'honnête calculatrice, de la très docte astronomie, sa servante, et lui pardonner quelques erreurs de plusieurs millions soit de quintaux soit de myriamètres. Il s'agit bien, vraiment, de faire de l'univers, stellaire et planétaire, le vêtement du petit globe terrestre, robe de géant pour un nain. Mieux vaudrait la cotte de mailles de Guillaume-le-Conquérant pour envelopper les nouveau-nés de Laponie.

Le soleil est le centre des planètes, c'est admis ; mais ce centre subalterne et tous les centres subalternes que sont toutes les étoiles, ne sont-ils pas en marche vers un centre

1. *Multa abscondita sunt majora his : pauca enim vidimus operum ejus.* (Eccli. 43. 36).

commun, véritable, celui-là, immobile? Or, l'avez-vous découvert? Non. Courage, nous y arriverons bien. Appuyez un bout du compas à ce point de la ligne finale des êtres ; encore à cet autre point de la frontière de l'univers : l'autre branche vous marque le centre. C'est simple, et vous ne l'aviez pas trouvé ! Le pôle du monde n'est même pas une étoile. Le télescope n'y aperçoit rien. Et le centre de cet autre univers, dont les astres, comètes vagabondes, viennent, par instants, enchevêtrer leurs orbes dans les routes de nos étoiles et frôler de leur chevelure-panache l'éclat de nos soleils ! Ce centre d'un plus grand univers, mystère à côté de notre monde, l'avez-vous rencontré ? Non.

Vous avez donc, astronomie et toutes sciences, le droit d'écouter. Supposez un être quelconque qui n'est pas seulement ce que vous êtes, créature. Fermez vos compas, négligez vos balances et ne marquez pas de chiffres. Un être, vous dis-je, qui n'est pas seulement une créature, mais qui est créature et Créateur, un être, homme, par exemple, mais aussi DIEU. Dites-moi, est-il le centre de tout, le centre vrai ? Et partout où il va, n'emporte-t-il pas le vrai centre des choses ? Et ne le fixe-t-il pas quand il cesse de marcher ? Faut-il que Louis XIV s'arrête juste sous le grand lustre du salon de Versailles pour être le centre de la cour ! Et après Austerlitz, le centre de l'Europe ne voyageait-il pas dans la berline de Napoléon ? Le Centre, c'est le Cœur du CHRIST ! parce que le CHRIST est le Verbe fait chair.

DIEU, Verbe, s'est fait chair sur la terre Il lui a plu de choisir comme sanctuaire, non la plus brillante des étoiles, non la plus grosse, la plus lourde, la plus massive des planètes, mais la terre, modeste coin du monde, un peu à l'écart, si vous tenez à la formule, comme nous aimons, pour nos sanctuaires et nos autels, les enfoncements et les solitudes. Et des montagnes de Palestine, quand JÉSUS-CHRIST veillait sur les cimes de l'Hermon, sur les sommets d'Ephraïm et de Galaad, montait la prière, la louange à DIEU-Créateur pour les étoiles reculées, pour les univers inaccessibles à l'œil, mais que l'âme de JÉSUS, agrandie par une science d'En-Haut, voyait à leur place dans le scintillement des lampadaires de DIEU au firmament. La science ne peut dire d'aucun astre : Le centre du monde est cela. Et je lui montre, moi, le centre moral de tout le système des choses créées : le Cœur aimant de l'Homme-DIEU.

III.

Ne dites-vous pas que les astres sont habités ? La place du CHRIST dans la religion n'en est que plus belle [1].

D'abord l'hypothèse n'a rien d'extravagant, et, pour ma part, je ne vois rien qui puisse, en bon raisonnement, contredire cette proposition : Il est possible que les planètes, leurs satellites et les étoiles, soient habités. Sans doute, si l'on veut y transporter des hommes de même conformation que vous et moi, leurs poumons pourraient gémir où l'atmosphère n'existe pas, leurs jambes seraient mal affermies sur un sol de densité très différente, et je ne vois pas quel vêtement pourrait empêcher les feux, dans le soleil, de transformer rapidement cette argile humaine en rayons lumineux.

Mais si l'on dit : hommes, pour désigner des êtres spirituels, intelligences et vouloirs libres, joints, pour l'animer, à une matière quelconque ; si l'on veut désigner des êtres tels, laissant à DIEU le soin de les organiser selon leurs différents milieux : qui pourrait prétendre que la possible existence

1. Les auteurs Thomistes peuvent-ils se défendre ici de quelque embarras ? Si, comme ils l'enseignent, Adam et Ève n'ont pas été créés « *sub capite Christi* » ; si Adam et Ève ne commencent à appartenir au CHRIST qu'au moment où DIEU le veut remède à leur faute, et où, par contre-coup (par ricochet serait aussi juste), il devient Tête du monde angélique, sans communiquer ni aux Anges ni au premier couple innocent la grâce substantielle : comment cette grâce arriverait-elle, sanctifiante ou rédemptrice, aux hommes des autres astres ?

de ces êtres dans les astres est une absurdité ? Serait-il absurde que, même sur notre planète, nous ayons d'autres sens ? Lancé à trois cents kilomètres, le pigeon voyageur sait s'orienter vers son colombier : pourquoi pareille boussole nous rendrait-elle ridicules ? Notre œil perçoit les ondes lumineuses, et l'oreille, les ondes sonores : qui se plaindrait si nous avions un organe supplémentaire pour percevoir les ondes électriques ?

L'âme des bêtes, sensitive et végétative, ne s'accommode-t-elle pas de tous les organismes : animaux, oiseaux, poissons, insectes ; de tous les milieux, l'air, l'eau, même le feu pour certains tardigrades et rotifères ? Et pourquoi l'âme raisonnable ne s'accommoderait-elle pas, DIEU le voulant, à des organismes très variés en rapport avec l'astre habité ?

Quand DIEU eut créé, d'un mot, les esprits purs, les anges ne pouvaient-ils pas se demander, assistant à la création de l'homme, comment l'être spirituel, simple, dégagé, qu'est l'âme, leur sœur, pourrait vivre, agir, penser, enfermée dans ce qu'il y a de plus contraire à l'esprit, dans la matière corporelle ? Et pourtant, l'âme pense dans la chair et se sert de la matière pour recueillir, du dehors en soi, les éléments de la pensée. Et ces anges eux-mêmes, ne sont-ils pas diversifiés ? Les ordres d'animalité, remarqués par les naturalistes classificateurs, les genres, les tribus, les familles, les groupes trouvés par Linné, Cuvier et Milne-Edwards, n'ont-ils pas quelques rapports avec les divers chœurs des anges ? Y a-t-il plus de distance entre la hulotte et le rhinocéros, ou le papillon et le jaguar, que de l'Archange au Trône, ou de la Domination au Séraphin ? Et il serait absurbe que l'âme raisonnable, comme l'âme des brutes, comme les esprits séparés, formât par les divers organismes qu'elle animerait, terrestres, lunaires, solaires, mercuriens, saturniens, stellaires, des groupes et des familles ! DIEU sait la réalité, il la connaît seul ; mais la possibilité, nous pouvons la déduire logiquement et l'affirmer sans aucune crainte d'erreur ou de ridicule.

Et, admise, pour un instant, la réalité de cette hypothèse, tout s'explique, tout s'enchaîne par le principe de saint Paul. Posez à la base de tout, que DIEU, voulant sa gloire par la création, veut d'abord le CHRIST : vous donnez la seule traduction rigoureusement légitime du mot de l'Apôtre : *Primogenitus omnis creaturæ.* Le CHRIST est le premier-né de toute créature. Aîné de toutes les œuvres divines, le CHRIST est la tête du grand corps de la création, et la création tout entière est l'harmonieux, le splendide organisme de la religion, glorificatrice de DIEU. A la place de l'appellation : organisme, lisez : Église ; c'est tout le texte de saint Paul : *caput corporis Ecclesiæ.* Vous n'avez pas tort de lire saint Paul de cette façon. Saint Augustin [1] n'a pas d'autre méthode : « Sommes-nous, seuls, membres de ce grand corps de religion dont le CHRIST est la tête ? Non, mais aussi tous les justes qui ont vécu depuis le commencement, et encore il faut leur adjoindre les légions, les armées des Anges, pour que tous, hommes et anges, ne soient qu'un peuple sous un seul et unique Roi. » Hommes et Anges ! Saint Paul est plus explicite que son docte commentateur. Dans la pensée du CHRIST, dans l'aîné de toute créature, DIEU a établi tous les êtres : *In ipso condita sunt universa in cœlis et in terra.* Toutes choses, dans les cieux, dans les astres, sur la terre, tout ce qui peut être aperçu et tout ce que l'on ne peut voir : *visibilia et invisibilia.* La déclaration de saint Jérôme sur le texte : « Le CHRIST est la tête de toute l'Église, » ne fait que préciser, sans l'étendre, la doctrine apostolique. « Le CHRIST est la tête non seulement du monde humain terrestre, mais du monde des Anges [2] » et encore de tout ce qui a une force vitale, de

1. Or. 3. in Ps. 36.

2. *Non solum hominum, sed etiam Angelorum, cunctarumque virtutum, et rationabilium creaturarum, Ecclesia intelligi potest.*

toutes les créatures raisonnables, quelles qu'elles soient, et où qu'elles habitent. On pouvait penser que nous étions dans le pays des chimères, et vous voyez, mes frères, que notre conférence n'a pas quitté le solide terrain de la théologie.

L'axiome du vénérable Duns Scot résume la doctrine de saint Paul et des Pères de l'Église : « DIEU créateur voulant sa gloire, poursuit un ordre parfait, et, entre les prédestinés à glorifier, il veut la gloire premièrement pour celui qui est le plus proche de la fin générale ; il veut d'abord la gloire du CHRIST pour sa gloire à lui-même. Le flux de la grâce découle, dans tous les membres, de la tête unique qui est le CHRIST. »

Ne séparons donc pas la cause des Esprits célestes dont l'existence est certaine, de celle des âmes raisonnables dont la réalité, possible assurément, n'est que présumable ou improbable, comme l'on voudra, sur les planètes et sur les étoiles. L'homme astral est-il la dernière création de DIEU, ou bien a-t-il précédé l'homme terrestre dans l'ordre des œuvres divines ? Est-il venu après l'ange ? L'a-t-il précédé, jusqu'à se trouver le premier travail du Créateur ? Au commencement DIEU fit le ciel et la terre. Qu'il faille entendre par l'expression « ciel », premièrement l'hypothétique homme astral, puis l'ange, et, pour clore la liste des êtres raisonnables, l'homme terrestre ; ou bien voir l'ange, l'homme terrestre, et, dernier, l'homme astral, est-ce que la parole de l'Apôtre en serait entamée : « Le CHRIST est le premier-né de toutes les créatures, » non dans la réalité de l'existence, puisque son apparition sur la terre fait le partage des siècles, mais dans la pensée divine, dans la vision du Créateur, dans son plan éternellement arrêté ? Vu et voulu de DIEU avant que rien ne soit vu et voulu par DIEU, le CHRIST est la première assise et la clef de voûte de tout l'édifice religieux bâti par la volonté créatrice de l'Univers. Adam émergeant de l'argile sous le souffle du Tout-Puissant ; l'homme astral paraissant aux étages supérieurs de la création ; les anges, peuples, pourrait-on dire, de cimes, d'aiguilles qui dominent les grands sommets, forêt de ciselures et d'aigrettes au-dessus du cercle d'or de la couronne que le monde est à DIEU : tous reçoivent la grâce, outil pour travailler à la sainteté, arme pour combattre. Mais pendant que la main divine distribue largement à tout être libre, forces, grâces, bénédictions, le regard de DIEU reste fixé sur son œuvre première et capitale, le CHRIST. C'est parce qu'il voit l'amour incomparable du Cœur de JÉSUS que sa main plonge dans sa munificence, y prend des beautés, et que son bras s'étend pour les verser aux êtres angéliques et humains, compagnons du CHRIST dans la grande œuvre de la glorification du Créateur.

Mais, dira-t-on, les étoiles sont hautes, et les habitants ne sont pas de la même race que l'homme terrestre, que le CHRIST ? L'objection peut se dénouer. Les cieux des cieux peuplés d'anges, sont encore plus lointains, et la grâce, fruit des œuvres du CHRIST, est allée jusqu'aux anges. Et elle ne sèmerait pas, en chemin, le germe de la sainteté dans les habitants des soleils ! Nous supposons l'homme astral intelligent, et libre dans ses vouloirs. Sur son franc arbitre vient se greffer le germe surnaturel de la grâce : le voilà glorificateur de DIEU. Que la volonté créatrice peuple d'un coup les millions d'astres de milliards d'habitants : l'armée des anges s'est bien levée d'un seul bond à l'appel divin. Qu'elle enchaîne les habitants d'un astre par le lien de la génération, et que, dans ce cas, DIEU veuille une même souche, ou plusieurs couples et diverses races séparées : il a suivi la première partie de cette méthode sur la terre, il est libre d'employer la seconde dans une étoile. Que ces êtres stellaires soient indépendants l'un de l'autre dans le développement de leur sainteté, qu'ils travaillent chacun pour leur propre compte, comme les anges ; qu'ils soient solidaires et enchaînés au sort de leurs familles, comme les enfants d'Adam ; qu'ils n'aient pu faire leur preuve d'amour à DIEU que l'espace d'un instant, comme les anges ; ou que leur épreuve soit un voyage aussi long ou plus bref que la vie humaine ; que leur premier faux pas soit la chute dans un désastre irréparable, comme les anges prévaricateurs l'ont éprouvé, ou que l'échelle demeure fixée, reliant le fond du gouffre aux rives de l'abîme, offrant ses échelons sauveurs aux efforts de l'âme qui veut remonter à DIEU après la millième chute, comme il en est pour l'homme terrestre racheté : tout cela est affaire à DIEU qui varie, simplifie ses créations à son gré, qui crée des ressemblances, et multiplie les oppositions et les contrastes comme il le veut, souverainement, tantôt pour marquer les ressources de sa sagesse, tantôt pour établir sa maîtrise absolue. Mais le lien de tout cela, le ciment qui ne fait de toutes ces pierres qu'un temple, la ligne d'harmonie qui s'accuse merveilleusement, règle les proportions, et constitue la beauté, la splendeur du travail de DIEU, c'est le CHRIST, le Cœur du CHRIST.

Haussons-nous, mes frères, jusqu'à l'intelligence de la doctrine de saint Paul. Et vous, savants petits à prétentions énormes, qui nous faites la menace de montrer la foi chrétienne, le dogme catholique, cadavre, sinon putride, au moins froid et encombrant, misère dans l'immensité du monde, sorte de momie égyptienne emprisonnée dans la texture de ses multiples linceuls et de ses bandelettes, sous la masse d'inutiles pyramides, consentez à voir la foi de l'Apôtre dans le rayonnement de sa beauté : Le CHRIST, DIEU et Homme ; et, parce qu'il est homme, touchant à tous les ordres d'êtres de l'univers ; le CHRIST, glorificateur de DIEU, suffisant, lui seul, à ce travail ; médiateur entre DIEU très haut et toute créature, misère et petitesse en face de DIEU ; communiquant une portion de sa vie à l'ange et à l'âme raisonnable ; en sorte que, si l'ange tombe, il est traître à la grâce du CHRIST, s'il adore et persévère, c'est par la grâce du CHRIST ; et enfin ce même CHRIST, médiateur entre Adam et le Tout-Puissant, médiateur entre les hommes d'en haut, s'il en existe dans les astres, et l'Éternel, devenant par son sang le Rédempteur d'Adam, de sa race, et des autres êtres intelligents et coupables s'il en est que DIEU ait vus coupables à côté ou au-dessus d'Adam prévaricateur et qu'il ait voulu sauver avec la famille terrestre.

O CHRIST, mon chef, mon frère et mon DIEU ! je suis, ô CHRIST, le pied souillé de boue, la main salie dans le travail et dans le péché ; mais tu es la tête, la tête fière, belle et si bonne ! Tu es le visage de DIEU ! Que d'autres, dans les cieux et les Cieux des cieux, soient les reins et les épaules ; je n'envie rien à l'ange, puisque je suis les pieds et la main du grand corps dont tu es la tête ! O CHRIST, visage débonnaire et si beau du DIEU infiniment saint, et DIEU toi-même ! O CHRIST, cœur du monde, centre vivant, vivifiant, mais surtout immensément aimant, aimant pour ceux qui aiment peu et pour ceux qui n'aiment pas ! O CHRIST, regarde à tes pieds, regarde tes pieds : c'est moi ! Et moi, je vois ton front ! je te vois tête, et par toi, tête, moi qui suis en bas, je touche à DIEU !

Regarde-moi, regardons-nous ! Et ensemble, moi par toi, et toi en moi, aimons, exaltons l'infinie grandeur de DIEU ! O CHRIST, tu l'as aimée, et voilà pourquoi les cieux proclament ta gloire [1], pourquoi le firmament publie l'œuvre de ton Cœur. Le jour au jour jette sa voix retentissante qui te nomme, et la nuit transmet à la nuit ce qu'elle sait de ton amour. Leurs accents vont jusqu'aux extrémités des mondes, jusqu'au plus reculé des êtres. O CHRIST, DIEU a fixé ta tente dans le soleil, et tu en sors, Époux brillant et brûlant des esprits, comme d'une chambre nuptiale,

---

1. *Cœli enarrant gloriam Dei, et opera manuum ejus annuntiat firmamentum. Dies diei eructat verbum, et nox nocti indicat scientiam. In omnem terram exivit sonus eorum, et in fines orbis terræ verba eorum. In sole posuit tabernaculum suum, et ipse tanquam sponsus procedens de talamo suo ; exultavit ut gigas ad currendam viam, a summo cælo egressio ejus, et occursus ejus usque ad summum eius ; nec est qui se abscondat a calore ejus.* (Ps. 18. 2. 7.)

majestueux et radieux, plus fier que le héros transporté d'entrer dans la carrière. Nul n'est à couvert de ton embrasement. Ton point de départ est au sommet des cieux et ta marche aboutit à l'autre extrémité. Tu es le chef, le maître [1], le primat, et sur tous tu tiens le sceptre, parce que la plénitude réside en Toi. *Amen.*

1. *Ipse ut caput corporis Ecclesiæ, qui est principium, primogenitus ex mortuis, ut sit ipse in omnibus primatum tenens, quia in ipso complacuit omnem plenitudinem inhabitare.* (Colos. I. 18. 19.)

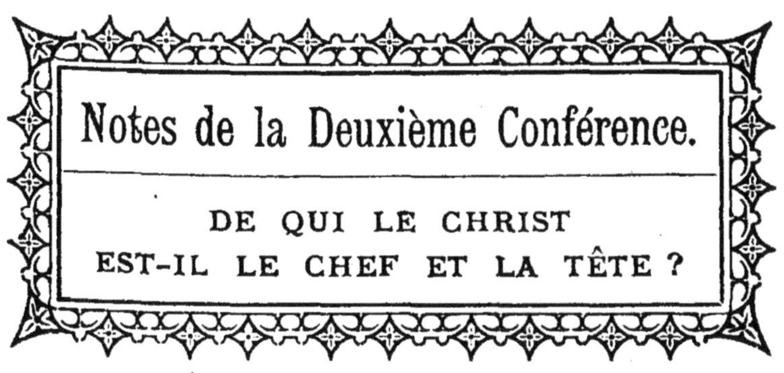

Notes de la Deuxième Conférence.

DE QUI LE CHRIST EST-IL LE CHEF ET LA TÊTE ?

SOMMAIRE DES CITATIONS : *Thomisme et Scotisme comparés : Si le Christ est tête et chef religieux du premier couple humain dans l'état d'innocence ; — du monde angélique ; — des êtres raisonnables, dans l'hypothèse de la pluralité des mondes habités ; — du monde matériel lui-même.*

L'Apôtre (Coloss. I, 12) établit tous les principes et tire les conclusions d'une façon très complète et très nette.

« Gratias agentes Deo Patri, qui dignos nos fecit in partem sortis Sanctorum in lumine : qui eripuit nos de potestate tenebrarum, et transtulit in regnum Filii dilectionis suæ, in quo habemus redemptionem per sanguinem ejus, remissionem peccatorum : qui est imago Dei invisibilis, primogenitus omnis creaturæ, quoniam in ipso condita sunt universa in cœlis et in terra, visibilia et invisibilia, sive throni, sive dominationes, sive principatus, sive potestates : omnia per ipsum et in ipso creata sunt, et ipse est ante omnes et omnia in ipso constant. Et ipse est caput corporis Ecclesiæ, qui est principium, primogenitus ex mortuis : ut sit omnibus ipse primatum tenens. Quia in ipso complacuit, omnem plenitudinem inhabitare, et per eum reconciliare omnia in ipsum, pacificans per sanguinem crucis ejus, sive quæ in terris, sive quæ in cœlis sunt. »

Ce texte régit la matière qui nous occupe. L'École scotiste et l'École thomiste ne l'entendent pas de même façon, et, partant de principes différents, arrivent à des conclusions radicalement opposées. Duns Scot prend le texte de saint Paul comme il sonne, à la lettre, et affirme que le CHRIST, DIEU-Homme, Verbe incarné, est premier dans la pensée divine, et que DIEU a suivi cet ordre dans ses visions et dans ses vouloirs : 1° sa gloire ; 2° le CHRIST pour sa gloire ; 3° les anges et les hommes pour le glorifier avec le CHRIST et par le CHRIST, et pour glorifier le CHRIST ; 4° le monde matériel pour servir le CHRIST et aider les hommes dans cette glorification de DIEU. Tout cela selon l'ordre exprimé d'ailleurs par saint Paul lui-même : Omnia enim vestra sunt ; vos autem Christi : Christus autem Dei. (I Cor. 3. 22. 23.)

Donc le CHRIST, première pensée de DIEU, est la tête de tout ce qui vient après lui et pour lui : tête du monde angélique, tête du monde humain, tête du monde matériel. Le péché d'Adam fut pour lui le second motif de venir, et quand il vint, il entra chez lui, dans son propre domaine : In propria venit, et sui eum non receperunt. (Joan. 1, II.) Les deux mots de saint Paul : « Primogenitus omnis *creaturæ* : omnia in ipso *creata sunt* — et : per eum *reconciliare omnia*, pacificans per sanguinem crucis ejus, sive quæ in terris, sive quæ in cœlis sunt », sont toute la doctrine scotiste.

L'école de saint Thomas part, au contraire, du principe que DIEU n'a vu le CHRIST, Verbe incarné, qu'après la vision de la faute d'Adam, et pour la réparer. A l'aide de cette doctrine, elle tâche d'expliquer le texte de saint Paul, et conclut que le CHRIST n'est ni la tête d'Adam et d'Ève dans l'état d'innocence, ni des anges par une communication de la grâce essentielle et de la gloire. De plus, il ressort, par voie de conséquence logique, que le CHRIST n'est pas non plus la tête du monde matériel.

ÉCOLE THOMISTE.

Saint Thomas, d'une part, dit (S., p. III, q. 1, a. III) : « Convenientiùs dicitur quod, si homo non peccasset, Deus incarnatus non fuisset. » Billuart traduit très justement : « Christus non fuit prædestinatus nisi ex prævisione peccati Adæ. » — D'autre part, saint Thomas affirme : « Accipiendo generaliter secundum totum tempus mundi. Christus est caput omnium hominum, sed secundum diversos gradus (Sum., p. 3, q. 8, a. 3). Sicut hominum ita, et angelorum caput Christus recte appellatur. » (Sum., p. 3, q. 8, a. 4.) Mais de deux choses l'une : ou bien, le CHRIST est prédestiné après l'ange et l'homme, ou il est prédestiné avant. S'il est prédestiné après l'ange et l'homme, il n'est pas la tête qui leur communique la vie de la grâce. Ou s'il est l'unique tête du monde angélique et du monde humain qui communique à l'un et à l'autre la vie de la grâce, il est prédestiné avant celui-ci et avant celui-là. Impossible de concilier les deux textes de saint Thomas sans sacrifier le premier au second ou le second au premier.

Déjà, une école d'admirateurs de saint Thomas oriente (et nous en sommes très heureux) ses commentaires vers la prédestination du CHRIST avant celle des anges et des hommes, fondée sur la parole du Docteur angélique : « Sicut hominum ita et angelorum caput Christus recte appellatur. » Et c'est la thèse scotiste prouvée par saint Thomas. Voir Francesco Risi, de l'Ordre de Saint-Jean-de-Dieu : *Sul motivo primario del incarnatione del Verbo.* Tout le second volume est consacré à l'interprétation de saint Thomas dans le sens de l'École franciscaine.

Mais la vieille École Thomiste a mieux aimé sacrifier la thèse du CHRIST *caput omnium rationabilium* pour maintenir que le CHRIST n'a été prédestiné qu'après le monde angélique et le premier couple humain, seulement à l'occasion de sa chute.

1° Le CHRIST, *caput primorum parentum* dans l'état d'innocence :

Billuart (Dis. IX. Art. II, q. 3.) « Christus non est caput primorum parentum *pro statu innocentiæ.* Est contra Scotistas, Suarem et nostrum Gonet. Probo : Primi parentes prius concipiuntur prædestinati ad statum innocentiæ quam Christus sit prædestinatus : ergo non habent gratiam illius status ex influxu Christi, adeoque nec Christus est illorum caput pro illo statu. Probo : Aut. Christus non fuit prædestinatus nisi ex prævisione peccati Adæ ; nisi enim Adam peccasset, Christus non venisset. »

2° Le CHRIST est-il : *caput angelorum !*

Billuart[1] : « Christum esse caput angelorum aliquo modo, puta, quoad externam gubernationem, sicut Papa dicitur caput Ecclesiæ ; non videtur posse negari sine errore, tum propter apertissima Sanctæ Scripturæ testimonia, Colos. 2, Mat. 4, Heb. 1, Mat. 14, Eph. 1 et SS. Patrum, tum quia esset negare Christum esse prin-

1. Dis. IX. a. III.

cipem ac Dominum Angelorum, atque totius Ecclesiæ triumphantis quæ ex hominibus et angelis constat. Sed difficultas est quomodo sit caput angelorum, an vere et proprie, an tantum improprie ; an influendo in eis gratiam et gloriam essentialem, an tantum accidentalem. Dico 1° : Christus est vere et proprie caput angelorum, tamen minus perfecte quam hominum. Dico 2° Christus sic est caput angelorum, ut in eos ***non influat gratiam et gloriam essentialem***, sed accidentalem tantum.... Probo iisdem rationibus quibus probavimus Christum non fuisse caput primorum parentum. Decretum Incarnationis Christi supponit prævisum Adæ peccatum in executione ; ergo et diabolum suggerentem, in eo enim factum est ; ergo et diabolum prius lapsum atque desertorem gratiæ in qua conditus fuerat ; ergo et angelos bonos in ea gratia perseverantes et glorificatos ; ergo Incarnatio ut prævisa non potuit illis donare hanc gratiam et gloriam. »

Nous sommes peut-être un peu loin de saint Thomas, mais on ne peut reprocher à Billuart de n'être pas conséquent avec lui-même : on ne peut mieux trouver, d'une part, que le CHRIST doit être vraiment la tête du monde angélique, et de l'autre, qu'il ne l'est pas.

3° Quant au monde matériel, le CHRIST en est-il la tête ? Billuart se tait, mais son principe parle pour lui. Non, puisque DIEU avait eu la vision de l'univers créé et ordonnancé avant la vision du péché d'Adam.

En somme, le thomiste Billuart corrige les conclusions de saint Thomas (Sum. p. III, q. 8, articles 3 et 4), conclusions conformes pourtant à la doctrine de saint Paul, afin de rester fidèle au principe de saint Thomas. (Sum. p. 3, q. 1, a. 3.) Il n'eût peut-être été que meilleur de faire le contraire. Ce sera le travail de l'avenir.

ÉCOLE SCOTISTE.

Dupasquier, *Summa Theologiæ Scotisticæ* (Disp. 8, q. 1) : « Ad rationem capitis in corpore mystico requiritur, ut ibi præstet cum proportione munera, quæ caput obit in physico, et præcipue hæc tria, ut sit reliquis membris intime unitum : in alia membra teneat principatum, et illis præemineat ; ut in omnia influat vitam et spiritum et alia bona sibi propria, ut singula munus suum obire possint.

Christus potest spectari ut Deus, et ut homo ; sub primo respectu non est dubium quin sit caput unicum et supremum, non tantum morale, ac mysticum, sed etiam physicum omnium creaturarum quibus præest, et dominatur, et influit omne esse ; sed hic quæritur an, ut homo, dici possit aut debeat caput omnis Ecclesiæ, seu Angelorum et hominum. »

Le Docteur Subtil n'a pas besoin de formuler des conclusions spéciales aux hommes, aux anges, etc., tant ses principes contiennent clairement ce que ses disciples déduiront [1]. « Inter prædestinatos, quibus vult gloriam ordinare (Deus), prius videtur velle gloriam Illi quem vult esse proximum fini ; et ita huic animæ Christi vult gloriam, priusquam ulli alteri velit gloriam. » Le CHRIST est vu et voulu de DIEU le premier.

Conséquence : Tout dérive du CHRIST dans ses membres.

Le V. Scot continue [2] : « De lege ordinaria et secundum leges jam positas a sapientia divina, gratia Christi fuit summa etiam positive, ita ut non possit dari æqualis, quia non erit nisi unum caput in Ecclesia, a quo fit influentia gratiarum in membris. »

1° Le CHRIST, *caput primorum parentum in statu innocentiæ*. Notre Boyvin l'enseigne et le prouve [3] : « Christus est caput, nedum filiorum Adæ, sed etiam primorum parentum. Et ratio quam afferunt Suarez, Lorea et Nostri, est, quia primi parentes pertinent ad Ecclesiam justorum, cujus caput est Christus. Deinde, Christus fuit prædestinatus ut esset caput Angelorum et hominum, *ante primos parentes prævisos et eorum peccatum prævisum ;* ergo in illos influxit fidem et gratiam. Porro, hæc veritas fundatur maxime in eo quod diximus alias, Verbum debuisse incarnari, etiamsi Adam non peccasset, ita quod mens nostra sit dicere : Deum primo prædestinasse Christum, et intuitu meritorum Christi, alios homines et Angelos. Cum ergo Adam sit prædestinatus, consequenter Christus illi meruit gratiam, ac proinde est caput primorum paren-

1. D. 7. q. 3. B. n. 3.
2. *Ibid.* C. n. 5.
3. *Th. quadripartita Scoti. De Incarn.* q. 14.

tum. » Il est à remarquer que le théologien scotiste ne parle pas ici de la satisfaction du CHRIST opérée par sa mort, mais seulement de ses mérites. Ainsi s'écroule l'objection de Billuart [1].

2° Le CHRIST : *Caput Angelorum*.

Boyvin, très catégoriquement, déclare [2] : « Hoc negare habent, qui dicunt Christum ordinatum esse simpliciter ad peccatum hominis reparandum ; nos vero qui credimus Christum esse initium viarum Dei et primo intentum fuisse a Deo, antequam aliud decerneret : habemus consequenter asserere ipsum esse caput angelorum, sicut et hominum. »

Après avoir enseigné : « In ipso condita sunt universa », l'Apôtre continue [3] : « Suscitavit illum a mortuis, et constituit ad dexteram suam super omnem potestatem et principatum et virtutem ; et omnia subjecit sub pedibus ejus. » Cette énumération du second texte répond à l'énumération du premier : « Condita sunt universa in cœlis et in terra, visibilia et invisibilia, sive Throni, sive Dominationes, etc. » Comparez les deux termes : *Condita sunt*, dans la première vision divine ; *Constituit ad dexteram super*, exécution dans le temps. Saint Jérôme comprend saint Paul de cette façon : « Non solum hominum, sed etiam Angelorum, cunctarumque virtutum, et rationabilium creaturarum, Ecclesia intelligi potest. » Saint Augustin n'est pas moins formel [4] : « Caput nostrum Christus est, capitis illius membra nos sumus : numquid soli nos ? Et non etiam illi qui fuerent ante nos ? Omnes qui ab initio fuerunt justi, adjunctis etiam legionibus et exercitibus Angelorum, ut illa una civitas fiat sub uno Rege, et una provincia sub uno Imperatore. »

Boyvin expose ainsi la doctrine scotiste, conséquence fatalement rigoureuse des écrits de saint Paul et des commentaires des Pères de l'Église [5] : « Ratio hujus conclusionis est : primo, quia (Christus) movet Angelos imperio suo ad salutem hominum procurandam ministerio suo ; secundo, quia in gratia antecellit omnes Angelos ;

1. Dis. q. A. 2. § 3. prob. 2.
2. *Ibid.* q. XV.
3. Eph. 1.
4. Serm. 3. in Ps. 36.
5. *Ibid.* q. 15.

tertio, quia meruit gratiam pro omnibus Angelis et hominibus ; propter eum enim omnes Angeli et homines prædestinati sunt, et sic meruit illis gratiam, mediante quâ ad prædestinationis gloriam pervenirent. »

Nous sommes loin de la grâce accidentelle concédée par Billuart qui nie si fortement que le CHRIST ait mérité aux Anges les grâces essentielles.

Frassen, qui cite dans sa superbe dissertation Alex. de Halès, saint Bonaventure, saint Denis Areop., s'exprime ainsi[1] : « Christus Dominus influit in Angelos, non solum illuminationes et beatitudinem accidentalem, sed gratiam sanctificantem et gratiam essentialem... Quia membrum ut membrum debet constitui per formam intrinsecam et essentialem corporis cujus est membrum, et quæ corpori et singulis ejus membris det esse, et non tantum per accidentalem et extrinsecam : sed essentialis forma Ecclesiæ triumphantis, non est sola illuminatio, vel gloria accidentalis, sed gratia sanctificans et gloria essentialis, quia Deus posset alicui extra Ecclesiam triumphantem, imo etiam militantem conferre ejusmodi illuminationes : Ergo. »

Boyvin va au-devant des objections de certains thomistes[2] : « Objicies : Si Christus est caput Angelorum, ergo illos redemit, quod est falsum, quia non perierunt per peccatum. Resp. Christum Angelos redemisse : per præservationem, concedo ; per curationem, nego. Redemit, inquam, per præservationem, in quantum meruit illis gratias quibus peccatum Luciferi vitarent : non vero redemit per curationem, quia non fuerunt antea lapsi. Nec quis dicat sanguinem Christi non lavisse Angelos ; lavit enim per præservationem; nam sicut conservatio creaturarum est quædam continuata creatio, sic conservatio gratiæ est quædam continuata justificatio.— Dices : humanitas Christi est corporea ; ergo non potest influere in angelos. Distinguo : Physice conc., moraliter et meritorie, nego. »

3° *Et le monde matériel ?*

Frassen se demande[3] : « An Christus sit Caput omnis creaturæ ? »

1. *Scotus Academicus.* Tom. 8. tr. 1. d. 3. a. 1. s. 2. q. 3. c. 2.
2. *Loco citato.* q. XV.
3. *Loco citato.* Conf. notes de la 3me conférence.

Boyvin affirme[1] : « Potest etiam dici (Christus) caput omnium creaturarum naturalium, in quantam habet præcellentem dignitatem super omnes creaturas et potest illas movere ad salutem hominum et gloriam Dei. » Frassen est plus explicite encore : « Paulus illud idem confirmat vocans Christum : Primogenitum omnis creaturæ ; non quod in omnes creaturas influat gratiam et gloriam, quippe quorum donorum non omnis creatura est capax, sed vel ratione imperii et dominationis, juxta illud Psalmistæ : « Omnia subjecisti sub pedibus ejus. » Quo sensu S. Hieronymus in C. I. ad Eph. docet Christum etiam esse Caput dæmonum, quia est illorum victor et Dominus ; vel quia omnis creatura per Incarnationem Christi recepit quamdam dignitatem, vel quia creaturis omnibus Christus utitur ad bonorum salutem, vel quia post judicium omnis creatura renovabitur, juxta illud Rom. 8 : « Expectatio creaturæ revelationem filiorum Dei expectat. » Quare Theodoretus in illud ad Heb. 2. « Ut pro nobis gustaret mortem, » dicit Christi mortem « omnibus creaturis emolumentum attulisse. »

Conclusion.

Tout ce qui prouve, dans l'Écriture, les Pères et dans saint Thomas, que le Christ est le chef, la tête des Anges et du premier couple encore innocent, établit du même coup la vérité du principe de notre Docteur Subtil, capital dans son système théologique, savoir : que Dieu a vu et voulu le Christ avant de voir et de vouloir quoi que ce soit, par conséquent que le décret de l'Incarnation du Verbe était porté par Dieu avant la vision de l'existence de l'homme et de sa faute. Si le Christ n'est pas vu et voulu de Dieu avant tout, comment Dieu a-t-il vu et voulu tout le reste en lui et pour lui : *In ipso et in ipsum, et per ipsum ?* Et si le Christ est vraiment la tête du monde angélique, comment nier que le Christ ait été voulu et vu par Dieu avant que le monde angélique ait été vu et voulu ? Il n'y a en Dieu ni avant ni après, mais il y a, dans les décrets divins, l'ordre exprimé dans notre manière de parler : par prévision. Si tout se tient dans le système scotiste,

1. *Loco citato.*

Billuart s'est fort bien aperçu (et il faut l'en louer) que la liaison n'est pas rigoureuse et suffisamment logique dans le système thomiste, qui ne peut faire du CHRIST, vu et voulu de DIEU seulement après la vision de la faute d'Adam et pour la réparer, la tête du monde angélique vu et voulu de DIEU avant le décret de l'existence même de l'homme. Logiquement, dans ce système, le CHRIST ne peut être Caput angelorum. Mais, parce que les arguments scripturaires et patristiques sont trop forts, Billuart accorde que le CHRIST est vraiment caput angelorum, et trouve moyen de nier qu'il le soit, puisqu'il lui refuse d'être la source méritoire de la grâce essentielle communiquée à l'ange.

Que les tenants du système thomiste expliquent comme ils pourront les passages des Pères [1] : Saint Cyrille : « Per Christum omnis fructificatio spiritualis, tum in sanctis Angelis, tum in nobis ipsis insita est. » Et ailleurs [2] : « Verax est Joannes dicens quod ex plenitudine ejus omnes accepimus ; Christi enim est particeps universa visibilis et invisibilis creatura, Angeli et Archangeli... *Non alia ratione sancti sunt, præterquam per solum Christum*[3]. » Saint Thomas lui-même explique le passage de saint Jean dans le même sens que saint Cyrille.

Saint Fulgence est d'une clarté merveilleuse [4] : « Non alia virtus Dei partem Angelorum a ruina potuit custodire, nisi illa quæ lapsum hominem post ruinam potuit reparare. Una est in utroque operata, *in hoc, ut resurgeret, in illo, ne caderet.* »

Notre théologien Vulpes résume Duns Scot et les Pères et saint Paul dans cette conclusion [5] : « Christum vel hominem assumptum fuisse primario a Verbo hypostatice ut esset per modum capitis glorificator Angelorum et hominum. » Donc le premier principe de la théologie scotiste est l'exacte pensée de saint Paul et des Pères.

Terminons par Jérome à Montefortma (Summa J. Scot : p. 3, T. I, q. 8, a. 4) : « Homines et Angeli spectant ad unam civitatem et regnum Christi, unam efficientes congregationem, quam Apos-

1. Lib. 5. in Isa.
2. L. Q. de adore.
3. In Joan. C. 1.
4. Lect. 10.
5. Disp. 30. G. n. 3.

tolus pluries appellat corpus mysticum per comparationem ad corpus naturale ; sed unius corporis decet unum esse caput ; ergo Christus non solum hominum, sed etiam Angelorum est caput.

Respondet dicendum, Christum esse caput Angelorum : nam per prius fuit volita unio naturæ humanæ ad Verbum Divinum et prædestinatus Christus esse Filius Dei, ac fuerit volita gloria quorumcumque Angelorum. Omnis enim ordinate volens, prius vult finem et ea quæ sunt fini immediatiora, et exinde ea quæ sunt ad finem. In illo igitur priori fuit volita animæ Christi plenitudo omnium gratiarum et donorum, ut nihil gratiæ esset unica creatione creabile, quod non fuerit ei animæ volitum et reipsa collatum ; igitur ex ea plenitudine descendit et accipitur quidquid supernaturalium donorum et gratiarum reperitur in omnibus inferioribus ; id est, intuiti summi grati et immediate voliti post volitionem finis datur omne id per quod sunt Deo grata, omnia quæ sunt gratiæ et charitatis capacia. Igitur Christus est caput nedum hominum sed etiam Angelorum, quia omnes per partes acceperunt et accipiunt de plenitudine gratiæ, vel prævisæ, vel collatæ Christo. Et hoc est quod scribit Apostolus ad Ephesios,(I. 20) : Constituens (Christum scilicet) ad dexteram suam in cœlestibus supra omnem principatum et potestatem et virtutem et dominationem et omne nomen quod nominatur non solum in hoc sæculo, sed etiam in futuro, et omnia subjicit sub pedibus ejus et ipsum dedit caput super omnem Ecclesiam. »

L'hypothèse de la pluralité des mondes habités ne dérange rien dans le système scotiste qui fait du CHRIST le médiateur de tous les êtres parce qu'il est leur aîné. Donc l'homme astral est « sub capite Christi. » Et, en supposant que l'homme astral soit pécheur et que DIEU veuille le sauver, pour que le rachat du CHRIST soit efficace dans les cieux, il suffit que DIEU fasse connaître aux hommes d'en-haut les œuvres du CHRIST sur la terre, et qu'ils se joignent au CHRIST par la religion. Est-ce impossible ? Ne savons-nous pas, par la révélation, ce qui est arrivé dans le monde angélique ? Quant au système Thomiste, je ne me charge pas d'expliquer par quelle porte l'hypothèse de l'homme astral pourrait y entrer, puisque le CHRIST n'est que le Sauveur voulu de DIEU, après la chute d'Adam, pour racheter les hommes seuls.

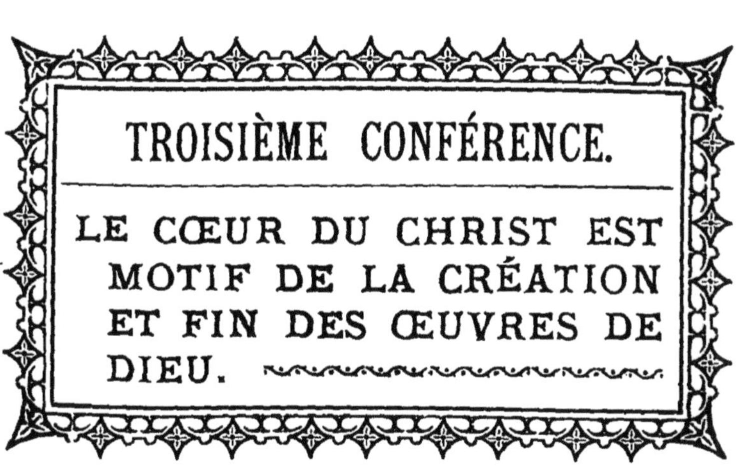

TROISIÈME CONFÉRENCE.

LE CŒUR DU CHRIST EST MOTIF DE LA CRÉATION ET FIN DES ŒUVRES DE DIEU.

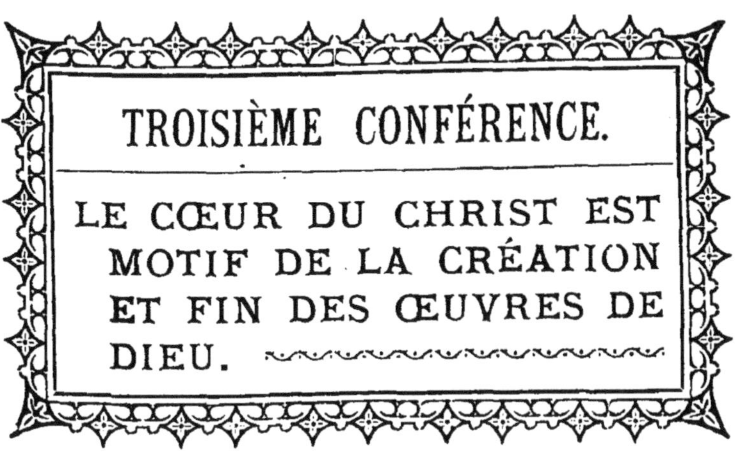

TROISIÈME CONFÉRENCE.

LE CŒUR DU CHRIST EST MOTIF DE LA CRÉATION ET FIN DES ŒUVRES DE DIEU.

Dominus possedit me in initio viarum suarum, antequam quidquam faceret, a principio.

Le Seigneur me possédait au commencement des routes que sa puissance voulait parcourir, dès le principe, avant la création du moindre des êtres.

(PROV. 8. 22.)

LES Chroniques s'écrivent jour par jour ; les faits y viennent s'ajouter aux faits, comme achats et dépenses dans les colonnes d'un registre. L'histoire, elle, juge les événements racontés, les assemble en divers cadres, les groupe enfin autour de la cause qu'elle leur soupçonne. Si les annalistes n'ont besoin que d'une mémoire fidèle et d'un calendrier, il n'est pas d'histoire sans philosophie. On compte les clairvoyants qui, sous la surface mêlée, à travers l'enchevêtrement des choses, ont vu quelqu'une des causes maîtresses des événements. Étrange vision, bien faite pour donner la leçon à notre orgueil, qui montre l'influence des plus fiers génies longue sur l'histoire de leur pays et des autres patries, autant que l'ombre de leur stature sur le chemin poudreux ! Et encore, à peine sensible ou s'en allant sur le sol en allongements fantastiques, cette ombre dépend plutôt du soleil. N'est il pas seul maître de l'orienter comme il veut, de la raccourcir, de la supprimer tout à fait s'il se cache derrière un nuage ?

Il est encore facile de suivre la trame des événements humains, nous tenons le fil quand nous nous engageons dans les ténèbres des événements géologiques. Arrivés à la brusque coupure, le pied posé sur le premier créé, de ce promontoire avancé sur le rien, il est facile de crier : DIEU ! DIEU ! La philosophie pousse ce cri-là. Mais, aujourd'hui, nous voulons aller en DIEU chercher la raison de son travail, le pourquoi de tout ce qu'il a fait. Nous n'en sommes plus aux chroniques ni à l'histoire.

Ce pourquoi, cause finale et déterminante qui a poussé DIEU a faire les choses, le pourrons-nous saisir? Isaïe, le Sage et l'Apôtre jettent à nos téméraires investigations d'ironiques défis. « Le Conseiller de DIEU [1], où est-il ? Avec qui a-t-il organisé son plan ? Qui aidera l'esprit de DIEU dans ses concepts ? Qui pourrait savoir ce que DIEU veut ? O sublimité de la sagesse de DIEU ! qu'ils sont incompréhensibles ses plans, et impénétrables à tout autre les chemins où il marche ! » Nous cherchons l'orientation, le tracé, le point de départ de la route de DIEU, le mot qui explique tout son plan. N'est-ce pas courir au plus lamentable des échecs ? Que l'intelligence humaine dispose devant le secret divin ses raisonnements, et la longue théorie de ses hypothèses ; qu'elle les place comme autant de béliers et de catapultes devant la forteresse des conseils de DIEU : la muraille ne sentira pas la secousse. Pas une pierre ne tombera, le ciment ne tressaillira point. La fissure ne se fera pas dans la muraille et nulle lueur ne poindra. Si DIEU s'est tu, nul ne sait.

Mais DIEU, qui a délibéré chambre close, peut ouvrir une fenêtre dans le mur épais. Nul ne peut entrer au conseil de

1. *O altitudo divitiarum sapientiæ, et scientiæ Dei : quam incomprehensibilia sunt judicia ejus, et investigabiles viæ ejus? Quis enim cognovit sensum Domini? Aut quis consiliarius ejus fuit?* (Rom 11,33. Sap. q. 13. Isaïe, 40,13.)

DIEU, non ; mais qui peut mettre à ses lèvres une serrure, s'il lui plaît de parler ? DIEU s'est-il tu ? DIEU a t-il livré le mot de son secret ? Tout est là. Eh bien, mes frères, DIEU, qui pouvait poser le Cœur du CHRIST sur Adam, a posé Adam, l'Univers, les Anges, tout enfin sur le Cœur de JÉSUS. DIEU a dit cela, donc DIEU a fait cela.

I.

La question, mes frères, est nettement posée. Dans la multitude des existences qui pouvaient venir, DIEU nous voyait : le Cœur du CHRIST, et le mien. Est-ce vers le CHRIST que DIEU marche tout droit ? Est-ce l'amour qui montera du Cœur de JÉSUS, que DIEU ambitionne quand il se décide à faire le monde ? — Ou bien est ce à mon cœur que le chemin de DIEU-Créateur aboutit ? Est-ce pour l'amour de mon cœur d'homme que DIEU a construit toutes choses ?

Admettons, un instant, l'hypothèse que la route des vouloirs divins aboutit à l'homme. DIEU veut Adam. La fidélité d'Adam le contente et le rassasie de gloire. Adam reste saint, c'est assez. Pas de CHRIST. Le Cœur d'un Homme-DIEU ne bat point le rythme des amours que des millions de mondes et des milliards de cœurs créés donnent à DIEU. La persévérance d'Adam ferme au CHRIST la porte royale de l'Univers. S'il vient, ce ne pourra jamais être que par la porte basse et honteuse du péché. DIEU veut le cœur d'Adam fidèle, s'en contente, l'établit base du monde. Mais DIEU prévoit que la base, fragile, croulera sous le faix, et, réorganisant tout, utilisant les derniers débris de cet ouvrage trop faible, DIEU pose le Cœur du CHRIST sur les ruines d'Adam tombé.

De cette façon, le grand chemin des dessins de Dieu va droit à l'homme et bifurque pour atteindre au CHRIST. Si

DIEU tient en réserve le Cœur de JÉSUS comme raison définitive de son ouvrage, la raison première du monde est le cœur d'Adam, puisque son amour, s'il eût persévéré, eût suffi. Le monde repose sur Adam, et le CHRIST est voulu de DIEU en Adam. Adam d'abord, le CHRIST après.

A l'appui de cette thèse, trouvons-nous dans l'Écriture, où les dires de DIEU sont consignés, quelque trace du contentement primitif qu'auraient apporté au Très-Haut les hommages des cœurs fidèles ? Parce que l'Infini n'a besoin de rien, DIEU peut se contenter de ce qui est presque rien, des amours humains, fleurs et feuilles de nénuphars collées à la surface de l'étang, si bien qu'on les distingue à peine. Pour continuer l'image, le lac serait le néant. Encore faut-il, répétons-le, que DIEU nous dise clairement son estime pour nos saintetés humaines, s'il faut croire qu'il s'en contente. L'Écriture est pleine du contraire.

« La voix disait[1] : Crie. Et moi, Isaïe, je répondis : Que crierai-je ? — Dis : Tous les hommes sont les herbes d'un champ. Leur gloire tout entière est la fleur champêtre. Le souffle de DIEU est venu, l'herbe a séché, la fleur est tombée. Vraiment l'humanité est du foin que juin a séché sur la prairie. Voici les peuples comme la goutte d'eau qui pend aux lèvres d'une coupe ; comme le grain de poussière qui incline la balance. Les continents et les îles sont une poussière légère semée sur les flots. » N'est ce pas l'affirmation très énergique de la misère que nous sommes ? Les quarante millions de Français et une goutte d'eau qui pend à l'extrémité recourbée d'une feuille d'herbe ! Que dis-je ? les peuples de l'Europe, l'Asie et ses trois cents millions d'Indous et de Chinois, tous les peuples, tous, et ceux qui seront, et ceux

1. *Vox dicentis : Clama. Et dixi : Quid clamabo ? — Omnis caro fænum, et omnis gloria ejus quasi flos agri. Exsiccatum est fænum et cecidit flos... Vere fænum est populus. Ecce gentes quasi stilla situlæ, et quasi momentum stateræ reputatæ sunt : ecce insulæ quasi pulvis exiguus. Omnes gentes quasi non sint, sic sunt coram eo, et quasi nihilum et inane reputatæ sunt ei.* (Is. XL, 6, 7, 15, 17.)

qui, déjà, ont engraissé le sol de leurs os, tous sont devant DIEU « comme s'ils n'existaient d'aucune façon ». Ne crions pas à l'hyperbole ! Pour DIEU, ces masses d'êtres humains sont « le rien et le vide ». Déjà, parce que nous voyons peu ou mal, les cent millions de mondes qui constituent le firmament, ne nous paraissent qu'une poignée de grains de sable brillants qui flottent là-haut ; DIEU, parce qu'il nous voit tels que nous sommes, nous sait « le rien et le vide ».

Encore s'il oubliait qu'il est l'infini, pour voir une moindre distance entre nos petites vies et son être incommensurable ! Non. « A qui m'avez-vous fait ressembler ?[1] A quelle image attachez-vous ma ressemblance ? » Pourtant les païens font monter leurs pensées pour atteindre à Baal, à Jupiter, à Teutatès, au Destin ! Si hautes que paraissent aux idolâtres les majestés de leurs dieux, ce n'est rien comparé à l'infini vrai du Créateur. « Qui a mesuré les eaux, enveloppant les mers dans sa poignée ? Qui a pesé les cieux dans la paume de sa main ? Qui tient la masse de la terre et des mondes suspendue à trois doigts ? Qui donc a équilibré les montagnes au juste poids, et les collines dans la balance ? Habitants de la terre, je vous vois comme des sauterelles. J'ai étendu les cieux comme un rien. Vos savants, vos génies, vos caractères, vos politiques, je les ai faits « chose vaine ». Où est-il mon égal ? J'ai soufflé. L'ouragan emporte le fétu. Levez les yeux. Voyez au Ciel l'armée de mes œuvres et connaissez-moi. »

L'abîme est infini entre le tout de DIEU et le rien que nous sommes. Les hommages de la création ne seront point le pont bâti sur cette coupure. « Le Liban et ses forêts de

1. *Cui ergo similem fecistis Deum ? Aut quam imaginem ponetis ei ? — Quis mensus est pugillo aquas, et cælos palma ponderavit ? Quis appendit tribus digitis molem terræ, et libravit in pondere montes, et colles in statera ? — Qui dat secretorum scrutatores quasi non sint, judices velut inane fecit. Et cui assimilastis me, et adæquastis, dicit Sanctus ? Levate in excelsum oculos vestros, et videte quis creavit hæc, qui educit in numero militiam eorum.* (Isaïe IX. 18. 12. 23. 25. 26.) *Libanus non sufficiet...*

cèdres ne suffiraient pas au feu de mon autel. Tous les animaux de la terre immolés ne feraient pas un digne holocauste. »

Ce n'est pas, mes frères, sur le visage de DIEU un geste de dégoût, exprimé par caprice, en passant. Un sacrilège seul pourrait dire que le Très-Haut était de méchante humeur le jour où il fit au prophète sa confidence. Mille fois non. Toute l'Écriture fait écho à ce passage du Prophète-évangéliste. Le monde doit adorer : or, il est si petit qu'il ne peut même dire : Je m'abaisse ! Que courberait-il ? Et pourrait-il se prosterner plus bas qu'il n'existe ! Trop petit pour descendre devant DIEU : voilà l'homme ! Voilà le monde !

II.

Si DIEU, mes frères, n'avait pas déclaré lui-même : « Les nations devant moi ne sont pas, » la raison, pesant notre cœur, eût abouti à la même conclusion. Mon cœur, expliquer l'univers ! Son rôle est de donner une voix à la terre qui me porte, au platane qui me prête son ombre, à l'étoile qui m'indique le chemin, au soleil qui fleurit le printemps et mûrit les grappes sur les pampres, au vent qui enfle ma voile, au nuage qui tombe doucement sur ma prairie. « Toutes les œuvres de DIEU, je vous y convie, bénissez le Seigneur [1]. » Vous aboutissez au cœur de l'homme, et la mission de mon cœur est d'aimer le Créateur bon et puissant, de l'aimer en mon nom et pour toute la création qui ne peut pas aimer. C'est là mon sacerdoce.

Tout fier de ce rôle, je rentre en moi-même et je commande à mon cœur, puisque sa raison d'exister est cela : aimer. Et voilà que mon orgueil tombe quand je constate quel triste amour je puis donner à DIEU ! Mon cœur

1. *Benedicite omnia opera Domini Domino.* (Dan. 3.)

d'homme, centre de la création, raison qui a motivé les choses ! Cette qualité de Pontife suffit à ma gloire : pontife de la nature entière ! Mais je ne vois pas bien la gloire que DIEU trouve dans la misère de mon cœur. Et c'est pour cet amour souillé, distrait, essentiellement petit, c'est pour cela que le bras tout-puissant aurait étendu les cieux, qu'il balance les grandes vagues des vastes océans, qu'il peuple leurs abîmes d'une flore que je ne vois même pas, et de poissons que je soupçonne seulement ! Pour cela qu'il fait voler sur l'écume des flots, aujourd'hui, la brise légère, demain, le cyclone impétueux ! Dix lieues d'horizon suffisent à mon œil, un champ de blé me nourrit une année, et l'aile d'un papillon empêcherait cent ans mon admiration de languir ! Et DIEU a fait les déserts, les savanes, les plaines de glace, la flore équatoriale, nos grands fleuves, nos vallons, nos Alpes, cinq océans, tout cela pour mon cœur, pour avoir mon amour ! Je ne comprends pas.

Lorsque lentement nous avons gravi les hauteurs de Montmartre, arrivés au porche élégant de la basilique majestueuse, avant de pénétrer sous ces voûtes d'aspect si large et si grave, nous nous retournons vers Paris. Là, sous nos yeux, jusqu'à l'horizon lointain, dans ces demeures, dans ces palais dont la masse inégale ferait penser à la vague qui rebondit sur la crête du rocher à fleur d'eau, si elle ne témoignait de la diversité profonde des conditions sociales ; oui, sous ces toitures vulgaires, à l'ombre de ces monuments célèbres qui ont difficulté à émerger, dans ces rues ombreuses, larges comme les anciens remparts de Babylone, un peuple vit, un peuple pense et travaille. Est-ce pour les trois millions de Parisiens que DIEU a fait soixante-quinze millions d'étoiles, soixante-quinze millions de mondes plus considérables que la Terre ? Et pourtant, Paris, à lui seul, vaut la Belgique ou le Portugal. Mettez à sa place toutes les nations : je vous dis que ces millions de cœurs valent le mien. Passez outre et affirmez que dans toutes les familles grandissent des puretés rivales des sainte Cécile et des sainte Agnès, que toutes les grandes dames sont des Françoise Romaine ou valent sainte Jeanne de Chantal ; peuplez nos églises de nouveaux saint Vincent de Paul, les cloîtres d'autres saint Bernard, que les grandes écoles comptent, professeurs et étudiants, d'innombrables saint Bonaventure, que les gouvernements soient aux mains des rivaux de saint Louis dans la sainteté, et pensons que la justice n'est rendue que par des Thomas Morus. Que tous les hommes soient des saints. Ne dites point que, rapetissés par la déchéance originelle, nos saints sont fatalement de stature inférieure, vous n'arriveriez pas à démontrer que la grâce de l'Adam du Paradis doive l'emporter fatalement sur la vertu d'un saint Paul, d'une sainte Thérèse ou d'un séraphique saint François.

J'ai beau rassembler tous les siècles, ne faire qu'un peuple des empires disparus et de nos sociétés vivantes, et des nations dont les os, dans cent ans, blanchiront nos vallées : j'ai beau penser que tous les hommes sont des saint Paul, des saint Augustin, des saint Bernard, des saint Louis, je ne vois pas que leur amour puisse contenter DIEU. Ah ! savez-vous ce qu'est DIEU ? DIEU, l'avez-vous mesuré ? DIEU, mais il remplit le monde, et au-delà des frontières de la création. DIEU déborde à l'infini ! Nous sommes, anges, hommes, mondes, la petite gourde qui pend à son épaule ! O DIEU, nous ne sommes rien pour vous désaltérer. Et vous avez soif d'amour !

A tout prendre, DIEU n'ayant besoin de personne, s'il ne veut qu'une goutte d'amour, nous pouvons lui suffire. Mais non ; il secoue la tête en nous voyant : *Nihilum et inane.* Vide et rien. (Is. 40. 17.) Impuissant à créer un monde infini, DIEU s'est vengé en créant, par milliards, des petitesses. Tout cela : le vide et le rien.

III.

Ecoutez, à présent, les enthousiasmes de DIEU, et voyez la singulière opposition de ses sentiments sur nous et sur son CHRIST. Quand paraît dans le silence des mondes attentifs l'Œuvre divine, lorsque le Cœur de l'Enfant-JÉSUS vibre du premier battement, et que l'amour, avec le regard de ses yeux qui s'essaient à voir, monte de son berceau jusqu'à l'infini de la majesté divine, dans les cieux des cieux, alors, moment solennel dans la série des siècles, s'accomplit la parole d'Isaïe : « La gloire de DIEU se révèle, marche, brille, dans le sentier de DIEU, à travers les choses. [1] » Le point de départ est le Cœur de cet Enfant qui frémit de son premier battement. Depuis neuf mois, l'âme de JÉSUS aimait, dans le mystère, à côté du cœur de Marie, dans la nuit de ses entrailles ; mais il fallait l'expression, comme le sacrement, à cet amour, par la mise en mouvement du cœur de chair, et voici que, au premier coup d'archet, l'amour vibre en cantique de gloire. Et cette harmonie tient les mondes en silence. Et la première note de l'hymne qu'éternellement le CHRIST chantera, est saluée par l'Ange dans le firmament, par Marie dans l'étable : *Gloria in altissimis Deo.* La gloire est à DIEU dans les hauteurs ! Elle est montée ! Et la vibration sacrée, amoureuse, qui va jusqu'aux frontières des êtres, emplissant les mondes de ses harmonies, part de ce Cœur d'enfant qui bat pour la première fois.

Vous l'avez entendue, ravis, la musique des bourdons et des cent cloches qui, s'éveillant dans les vieilles tours, jettent leurs notes de joie par les mille rosaces des clochers. Elle vous saisit, la voix puissante et suavement ondulée,

1. *Parate viam Domini, rectas facite in solitudine semitas Dei nostri... Et revelabitur gloria Domini, et videbit omnis caro pariter quod os Domini locutum est.* (Is. 40. 35.)

vibrante, et sonore, et religieuse de la cloche. Pensez donc, mes frères, que chaque pierre des maisons de la cité est une harmonie, que les rameaux des arbres, que chaque feuille a les voix de l'airain, que les ailes de l'oiseau, battant les airs, font résonner le vent sur nos têtes. Que parlé-je de maisons, de clochers, de pierres, de rameaux, de papillons et d'aigles? Tout : la terre, les montagnes, les étoiles, les cieux, tout vibre, tout résonne, tout donne sa voix, sa note, son cri, sa strophe de l'hymne ! Et le balancement de toutes ces cloches, l'ébranlement harmonieux des mondes accompagne la voix de cet Enfant qui dit : « DIEU, je vous aime ! Mon Père, je vous aime ! je vous aime ! »

Je ne suis surpris nullement de l'exclamation de l'Ange : La gloire est à DIEU ! L'Univers avait donné, par instants, quelques vibrations, bientôt finies, et le silence avait suivi, dans la tour, les deux ou trois tintements, présage menteur d'une cantilène qui ne s'achevait pas en poème de véritable religion. Mais la première note du CHRIST ravit les Anges, et, par milliards, ils viennent s'ajouter au-dessus de ce cœur. Comme d'autres cordes ils s'étagent au-dessus de la première corde d'harmonie, dans la courbe gracieuse d'une harpe aussi grande que la création. Elle s'est avancée, elle a monté, la gloire de DIEU ! Et vous, peuples, rois, bergers, hommes, venez voir le Sauveur divin qui donnera la paix aux bonnes volontés. *Salutare Dei !* Sa paix est à vous, hommes de bon vouloir, qui aimez avec lui.

Le colloque durait depuis trente années entre la Majesté créatrice et son Œuvre, et, à part la révélation de la première journée, le mystère enveloppait leurs effusions d'amour. Les extases ne sont pas, d'ordinaire, retentissantes. Or, c'est DIEU qui rompt le silence.

Large est le cadre : collines lointaines qui élèvent l'horizon sans presque le rétrécir ; interminable vallée sans brusques tournants ; limpides nappes du Jourdain qui vient, tout droit, se pressant, du lac de Tibériade ; bordure de roseaux qui agitent sur une tige flexible leur panache, saluant ainsi les flots qui passent : tout est propice pour un rendez-vous religieux.

Les hommes sont venus, appelés par le fils de Zacharie ; ils sont peuple, peuple pénitent et priant. La Trinité, elle aussi, est venue. Et une voix des Cieux.... *Vox de Cœlo !* Oubliez, mes frères, les voix de la nature, de la brise à travers le feuillage au printemps, de l'oiseau qui chante ses amours, de la mère se mirant dans les yeux de son enfant. Quelle voix, Seigneur, quelle voix prenez-vous quand vous parlez ; et quand vous parlez d'amour, et quand vous dites votre amour à l'unique Fils, Œuvre achevée de vos mains créatrices ! L'entendez-vous, mes frères, la voix ? Vous êtes transportés, ravis, silencieux, perdus en vous-mêmes. Approchez-vous, penchez l'oreille, écoutez encore les dernières syllabes, l'écho des derniers sons [1]. « Tu es mon Fils aimé ! très aimé ! mon bien-aimé ! Je me suis plu à moi-même en Toi [2]. »

A qui donc va la voix ? Est-ce au Verbe ? A JÉSUS-CHRIST, Verbe-Homme ! A lui dont les pieds sont caressés par les flots du Jourdain ! A lui qui baisse le front sous la main de Jean ! A lui dont les épaules ruissellent de l'eau bénie ! A lui dont le cœur est transformé en prière [3]. Que disait-il ce cœur ? Quel chant, quel hymne, quel cri montait en lui, lorsque le Père lui répondait : « Tu es mon Fils aimé ; c'est bellement que je me plais en Toi » ? Songez que l'Esprit-Saint, que la grâce pénètre tout ce Cœur, l'emplit, déborde, envahit son âme, alors que la colombe symbolique l'ombrage de ses ailes déployées.

Vous l'avez entendu, Juifs de Jérusalem, et vous aussi, soldats enrôlés en Thrace, en Numidie, ou dans les Gaules

1. *Extremæ terræ obstupuerunt, appropinquaverunt et accesserunt* (Is. 41. 5.)

2. *Tu es Filius meus dilectus, in te complacui mihi.* (Luc. 3. 22.)

3. *Jesu baptizato et orante.* (Luc. 3. 21.)

sous les enseignes de Rome, et qui, passant sur le chemin de Jéricho, avez fait un détour aux appels de Jean. La voix qui caresse : « Je me suis plu en toi, » c'est la même voix qui tonnait : « La fournaise que produiraient tous les cèdres du Liban entassés, je la dédaigne ! Fi de l'holocauste où toutes les bêtes de la terre me seraient immolées ! » La parole divine a tracé sur le livre de la création un trait bien net, très accentué, entre les ouvrages de DIEU et l'Œuvre de DIEU, le Cœur de JÉSUS.

Et pourtant, elle se renouvelle, la scène du Jourdain. La manifestation solennelle prend sur la montagne un caractère plus grandiose. DIEU insiste, j'allais dire, DIEU s'opiniâtre à nous montrer son Œuvre. Pourquoi, sinon pour nous faire pénétrer plus avant dans ses desseins ? Ces apôtres qui gravissent le Thabor, montent en DIEU, s'élèvent dans la pensée divine. Et si les choses créées s'étagent dans le plan divin, vraiment la place du CHRIST est au sommet, sur la cime de l'Univers. Ses pieds mêmes se détachent de la dernière poussière, il fait lui seul un monde à part. Moïse, le législateur, Élie, le prophète et le convertisseur futur, l'escortent, lui parlent. Le CHRIST était la tête du monde qui l'attendait. Pierre, Jacques et Jean sont le monde nouveau. Une nuée lumineuse les enveloppe tous, les patriarches, les apôtres, et le CHRIST, et DIEU avec eux. Oui, et DIEU même, puisque du front de la nuée, symbolique manteau, la voix du Père retentit. Nous la connaissons depuis le Jourdain. Alors elle murmurait, caressante, le mot d'amour qui allait à l'aimé. Ici, elle retentit, elle révèle, elle désigne, elle montre.[1] « Celui-ci est mon Fils aimé : tous mes plaisirs sont en lui. »

Nous savons, certes, que DIEU le Père s'est plu à lui-même, engendrant dans la contemplation de sa beauté son Verbe éternel. Mais le « Hic est » s'adresse, au Thabor, à l'homme joint au Verbe et transfiguré, à l'œuvre des mains Toutes-

1. *Hic est Filius meus dilectus, in quo mihi bene complacui : ipsum audite.* (Mat. 17. 5.)

Puissantes, au Fils aîné de la grande famille des choses créées.

Les apôtres, futurs docteurs de l'univers, tremblent quand la nuée les enferme avec le CHRIST dans l'embrassement des amours de DIEU. Regardons-le, nous autres. La beauté de son visage est une autre beauté. Sa robe a des reflets d'éclair. Mais le CHRIST est devenu soleil par sa prière, et la prière montait de son Cœur où son amour se disait à DIEU. L'œuvre divine, le Cœur du CHRIST, est le flambeau brillant que DIEU montre dans la nuée. « Celui-ci qui prie, qui aime, qui n'est que rayons devant moi, celui-ci, soleil incomparable, a brillé dans mes desseins quand je pensais à fabriquer les choses. Je me suis plu à moi-même dans ses amours. Mon fils, il est mon fils aimé, premier de la grande famille des créatures. J'ai voulu que ses amours, moisson que son cœur porte, apparussent à vos yeux, et que ses rayons, aveuglants, traduisissent la tendresse qu'il me donne et qui me ravit. Je me plais à moi-même en lui, bellement. »

Savait-on, mon DIEU, avant ce « bene complacui », que l'Immuable connaît les transports ? Théologiens, apôtres, fidèles du CHRIST, enfonçons les pieux, raidissons les cordages, étendons la toile, fixons les anneaux, bâtissons nos tentes sur la montagne de la révélation du Cœur sacré. Hâtons-nous, mes frères, pour être là longtemps, toujours, puisque DIEU nous y montre l'Œuvre qu'il ne cesse pas lui-même de voir, le Cœur du CHRIST, son ravissement. « OPUS EJUS CORAM ILLO. [1] » Vanité, vide, rien, souillure que le monde, les peuples et les saintetés ! Mais ce Cœur est les plaisirs de DIEU ! Transfiguré, il éclaire pour nous la nuée des conseils éternels.

---

1. *Ecce Dominus Deus in fortitudine veniet, et brachium ejus dominabitur : Ecce merces ejus cum eo, et opus illius coram illo.* (Is. 40 10.)

IV.

Quand je lis : « Toutes les nations sont pour moi le néant et le vide, » ma pensée répugne à dire : Les hommes et les amours de leurs cœurs sont le pourquoi du monde. Mais si j'entends DIEU proclamer trois fois sur le Cœur du CHRIST : « Tous mes plaisirs sont là ! » violent serait l'effort qu'il me faudrait faire pour affirmer : Le pourquoi du monde n'est pas l'amour du Cœur de JÉSUS.

Ce pourquoi des mondes ne saurait être que JÉSUS ou Adam. Est-ce moi ? Est-ce le CHRIST ? Si le grand chemin des desseins de DIEU s'oriente droit au Cœur du CHRIST, il est, ce Cœur, la raison de l'Univers, et cette base-là peut porter le poids des mondes ! La gloire d'être premier couronne le CHRIST, et ma dignité d'homme y trouve aussi son compte. Posés sur le Cœur du CHRIST, construits sur lui, ajoutés à lui, nous formons ensemble le temple grandiose de la Religion. Quoi ! il n'y aurait pas honneur à suivre, quand celui qui ouvre la marche s'appelle JÉSUS-CHRIST ? Anges, Adam, hommes, notre rien s'explique joint à la sublimité de JÉSUS. Mais, Adam premier, et le CHRIST, second ! Adam, pierre de l'angle ! DIEU serait venu au CHRIST par Adam ! Le CHRIST, simple épisode dans l'histoire commencée sans lui ! Et, quand il vient, trop grand pour le cadre que nous lui sommes !

Quand Richelieu malade accomplit dans les provinces méridionales de la France le voyage suprême au bout duquel une fosse se trouva préparée, il se fit porter en litière. Chambre pour dormir, salle pour manger, cabinet pour expédier les affaires du royaume, la litière de Richelieu devait avoir décors somptueux et vastes proportions. Elle les avait. Les portes des villes n'étaient pas assez larges. Devant le roi, elles s'ouvraient ; devant Richelieu, on les abattait. Les échevins éventraient les profondes murailles des remparts, et le Cardinal passait. Le voyage de Richelieu fut un épisode marquant dans l'histoire de la France, mais un épisode.

Le CHRIST, mes frères, ne saurait être un épisode dans l'histoire du monde. On ne voit pas DIEU faisant une brèche dans l'Univers pour y introduire son Verbe humanisé.

Essaiera-t-on d'insinuer que DIEU, sachant, dès l'éternité, la faillite du cœur d'Adam, avait réservé une place au CHRIST dans un monde qui reposait sur Adam peccable ?

DIEU sait tout, mais la science divine n'enlève rien aux rapports des êtres, pièces diverses dans son architecture. Et si le CHRIST n'est CHRIST que pour refaire l'œuvre d'amour qui manquera en Adam : dans la pensée divine comme dans la réalisation historique, le CHRIST rédempteur est posé sur Adam pécheur. L'œuvre du CHRIST, qui ne peut avorter, celle-là, n'est posée que sur les ruines de l'œuvre d'Adam manquée. DIEU voit tout dans son éternité, et les choses et les liens des choses, et les rapports de celles-ci à celles-là ; DIEU sait, DIEU voit s'il veut Adam pour le CHRIST, le CHRIST pour Adam ; si Adam doit au CHRIST, aux hommages que le Cœur du CHRIST rend aujourd'hui à DIEU, d'avoir, lui Adam, été voulu de DIEU comme prolongement du CHRIST, sous son influence, sous sa grâce, enveloppé dans sa prédestination — ou si le CHRIST, qui n'avait pas de place dans un monde où la persévérante fidélité d'Adam eût donné un fruit de gloire savoureux, doit à la prévision de la honteuse faillite d'Adam, d'avoir une place dans la création ; si le CHRIST enfin doit bénir la révolte d'Adam qui a fait, dans la muraille du monde, la trouée par où il a passé avec tant d'humiliations et de meurtrissures. DIEU sait s'il a posé d'abord le CHRIST, le Cœur du CHRIST, et si les amours immenses du CHRIST prévu, ont valu, à lui CHRIST, le cortège des anges et des hommes créés sur lui, en lui, et pour lui ; ou s'il a posé l'ange et Adam, et le CHRIST sur Adam. DIEU sait cela ; DIEU seul le sait. Qu'il parle ! La gloire du Cœur de JÉSUS, totale explication de l'Univers, ou seulement explication définitive après une explication qui a manqué en Adam, dépend d'une parole. Dites-la, mon DIEU, dites-la, que nous acclamions le Cœur de votre CHRIST, premier, et dernier, et seul pourquoi du monde.

V.

« Moi, Paul, la Providence divine m'a posé pour que je dise complètement la parole de DIEU [1]. Le mystère caché dès l'origine des siècles, caché durant les générations, le mystère aujourd'hui déclaré aux saints, c'est le CHRIST et la prédestination du CHRIST. DIEU a voulu montrer aux saints et dans les nations les richesses de gloire de son secret, de son sacrement, le CHRIST, qui est pour vous l'espérance de la gloire. Nous l'annonçons, nous l'enseignons à tout homme. »

Écoutez, mes frères, écoutez. La gloire du Cœur du CHRIST est la suprême ambition de DIEU. Le Verbe n'a disette de rien, puisqu'il est DIEU ; mais au CHRIST, à l'humanité jointe au Verbe, à la meilleure portion de l'humanité de JÉSUS, c'est-à dire à son Cœur, « pour que pas une supériorité ne lui manque [2], » DIEU a donné d'être voulu le premier, d'être la tête du corps de l'Église, d'être la base sur qui tout repose, d'être l'exemplaire de tous les êtres, d'être le motif de leur existence et le but de leur vie.

C'est formel, et c'est tout l'enseignement de saint Paul. Il est facile de lire son texte, tant sont accentuées les précisions de sa littérature. Saint Paul a devant les yeux, non

1. *(Christi) factus sum ego minister secundum dispensationem Dei, quæ data est mihi in vos, ut impleam verbum Dei. Mysterium quod absconditum fuit a sæculis et generationibus, nunc autem manifestatum est sanctis ejus, quibus voluit Deus notas facere divitias gloriæ sacramenti hujus in gentibus, quod est Christus, in vobis spes gloriæ* (Colos. I. 25.)

2. *Ut sit in omnibus ipse primatum tenens.* (Colos. I. 18.)

pas seulement le Verbe divin, mais le Verbe humanisé, selon l'expression des Pères d'Éphèse : *In humanum Dei Verbum.* La preuve, c'est l'appellation que saint Paul a soin d'écrire : *Primogenitus ex mortuis.* C'est bien l'homme qui, dans le CHRIST, est le premier des ressuscités. *Primogenitus omnis creaturæ.* Et encore l'homme qui est engendré le premier de toute créature. Y aurait-il un doute, le Concile le dissipe, comme le soleil de mai dissipe la traînée de brume que la nuit avait oubliée sur le fleuve. « Le Fils *unique* est devenu le Fils *aîné* quand DIEU l'a voulu homme semblable aux hommes [1]. » Est-ce DIEU ou l'être humain qui est, dans le CHRIST, la tête du corps de l'Église ? Splendeur éternelle de la gloire du Père, comme Verbe, le CHRIST est encore l'image visible, comme homme, des perfections invisibles de DIEU. Homme, il est le raccourci de DIEU, le visage de DIEU, le sourire de DIEU : il nous montre DIEU, lui, le DIEU-Homme.

C'est donc bien l'Homme-DIEU que saint Paul aperçoit. Et l'Apôtre part d'un principe aussi net qu'il est magnifique : DIEU veut que le Cœur de JÉSUS tienne — où ? Partout, en toutes choses. — Quoi ? — La primauté : *Ut sit — in omnibus — ipse — primatum tenens.* Axiome de philosophie, théorème géométrique, rayon lumineux, cette parole n'a pas besoin de commentaire ; pourtant saint Paul entend lui donner un nouvel éclat [2] : « Il plaît à DIEU de poser toute plénitude dans le Cœur du CHRIST. » Laissons à la logique du Docteur le soin de conclure. La plénitude, la primauté du CHRIST, Homme-DIEU, est réalisée d'une admirable façon. Nous, humanité, nous le contiendrions, lui, JÉSUS CHRIST, dans nos frontières ? Loin de là ! Toutes choses [3] sont et vivent dans le CHRIST.

1. *Factus autem Unigenitus primogenitus quando homo nobis similis factus est.*

2. *Ut sit in omnibus ipse primatum tenens, quia in ipso complacuit omnem plenitudinem habitare.* (Colos. I. 18. 19.)

3. *Omnia in ipso constant.* (Colos. I. 17.)

Adam serait la pierre d'angle, et le CHRIST serait édifié sur l'homme dès que la pensée divine voit la pierre première s'effriter en Adam, s'effondrer sous les coups de marteau de la tentation diabolique ? — Non, la pierre angulaire, c'est le Cœur indéfectible de JÉSUS, et sur la base de son amour qui ne peut manquer, DIEU veut et fait toutes les créatures célestes[1], terrestres, visibles, invisibles, anges, hommes, toutes choses.

DIEU a vu dans son Verbe les exemplaires de toutes les créatures, et, parmi ces types des êtres à venir, Adam et JÉSUS. Est-ce par l'idée qu'il a d'Adam que DIEU fait le CHRIST ? Non. Mais par l'idée du CHRIST[2], semblables à l'âme de JÉSUS, DIEU fait les âmes humaines et les esprits angéliques ; et il apparente au corps du CHRIST nos corps et tous les êtres matériels.

Donc, le Cœur de JÉSUS est voulu avant que DIEU décrète que nous serons ? Oui. Il est avant toutes choses dans le plan divin[3]. Il est premier.

Et, voulus après lui, nous sommes voulus à cause de lui[4], en merci de son travail de glorificateur de DIEU ? Oui encore.

Les libertés ont leurs tempêtes. C'est le Cœur du CHRIST que DIEU regarde quand il crée pour les esprits d'En-Haut les moyens de salut ? Oui. Si la tourmente s'élève parmi les Anges aux prises avec le danger de l'épreuve[5], le CHRIST

1. *In ipso condita sunt universa in cælis et in terra, visibilia et invisibilia, sive throni, sive dominationes, sive principatus, sive potestates.* (Colos. I. 16.)

2. *Qui est imago Dei invisibilis, primogenitus omnis creaturæ.* (Colos. I. 15.) — *Prædestinavit conformes fieri imaginis Filii sui, ut sit ipse primogenitus in multis fratribus.* (Rom. 8. 29.)

3. *Ipse est ante omnes.* (Col. I. 17).

4. *Decebat enim eum, propter quem omnia, et per quem omnia, qui multos filios in gloriam adduxerat, auctorem salutis eorum, per passionem consummare.* (Hebr. I. 10.)

5. *Complacuit per eum reconciliare omnia in ipsum, pacificans per sanguinem crucis ejus sive quæ in terris, sive quæ in cælis sunt.* (Col. I. 20).

soutient les bons, et les mauvais sont traîtres à sa grâce. Faire passer du péril de l'épreuve à la sécurité du triomphe s'appelle-t-il sauver? Le CHRIST est le Sauveur des bons anges et le pacificateur des Cieux.

La grâce du CHRIST inonde l'âme d'Adam et le cœur d'Ève pour les empêcher de faillir. Il est Sauveur avant d'être Rédempteur, Sauveur de toutes les libertés angéliques et humaines auxquelles DIEU demande de se donner à lui par un acte souverain, Rédempteur d'Adam coupable et de ses fils déchus.

Me sera-t-il permis de clore ce discours en rapprochant du plan de DIEU les conceptions d'un homme? Les deux situations ne vont pas sans quelque analogie lointaine [1]. Depuis trois ans Napoléon disait : Je descends en Angleterre. Ses armées, déployées sur un immense front de bandière, font enfin face aux Anglais. A l'aile droite, en Hanovre, Bernadotte ; en Hollande, Marmont ; Davout est à Bruges ; Ney, Soult et Lannes tiennent le centre à Boulogne, d'où Napoléon contemple la ligne des côtes anglaises qui émergent des flots comme un défi. Augereau commande, à Brest, l'aile gauche. Spectacle splendide que cette armée ! Il ne manque sous les ordres de Napoléon que Jean Bart, car il y a un obstacle, la mer. « Amiral Villeneuve, prends soixante vaisseaux de ligne, cours aux Antilles, et pendant que les Anglais te chercheront à la Martinique, reviens, voiles déployées, couler dans la Manche leurs quinze navires de haut bord qui empêchent mes péniches et mes soldats de passer. »

Tout ce plan repose sur Villeneuve, et Villeneuve se fait bloquer dans la rade de Cadix. Avec Jean Bart, Napoléon eût débarqué. C'en est fait de la victoire de Londres; mais il y aura victoire. Napoléon a fait un second plan. La grande armée se retourne. D'aile gauche, en Bretagne, Augereau

1. *Mémoires du général Marbot*, Tome I, chapitre XXII.

devient l'aile droite. Marmont et Bernadotte sont l'aile gauche. Et Napoléon marche à la gloire d'Austerlitz. Fausse manœuvre : il y va par Boulogne. De Paris ce n'est pas la ligne droite. Le second plan le conduit à la victoire : mais il y a deux plans, parce que Napoléon ne savait pas ! DIEU a-t-il eu deux plans ? Adam serait-il le Villeneuve du premier, et l'Eden, le camp de Boulogne du Créateur ?

Non, DIEU n'a qu'un plan et si parfaitement concerté que l'indignité d'Adam n'empêche pas le CHRIST de venir ! Qui, pourtant, mieux que l'indignité de l'homme, pourrait empêcher le Verbe de se faire homme ? Obstacle, nos fautes ? Oui, comme une traînée d'écume pour arrêter une escadre.

Sur le livre des plans de DIEU, l'Ecclésiastique et les Proverbes ont vu, bien avant le nom d'Adam, avant l'ange, en tête de la première page, premier de tous, le nom de JÉSUS. Mon CHRIST est le CHRIST du Sage. Il se joue dans les desseins du Créateur avant que soit posée la première pierre de la maison du monde où il doit aimer [1].

Isaïe surprend le Seigneur dans son travail de création, le regard fixé sur le CHRIST alors qu'il étend les cieux et consolide la terre, et disant : Voici mon élu, je le prendrai pour moi ; il est mien. Mon CHRIST est le CHRIST d'Isaïe, qui, Œuvre de DIEU parmi les ouvrages divins, demeure sans cesse devant les yeux de DIEU et les ravit [2].

La voix crie : « Abaissez les montagnes, comblez les vallées, rectifiez les chemins qui s'égarent, donnez l'aplanissement aux voies raboteuses. » Le nivellement gigantesque s'opère, les montagnes hautes sont renversées dans les abîmes profonds. Elle est nivelée, droite, spacieuse, la voie royale du

1. *Ab initio et ante sæcula creata sum.* (Eccli. 24. 14.) *Dominus possedit me in initio viarum suarum, antequam quidquam faceret a principio. Ab æterno ordinata sum. Cum eo eram cuncta componens, et delectabar per singulos dies, ludens coram eo omni tempore.* (Prov. 8. 22. 30.)

2. *Hæc dicit Dominus Deus, creans cælos et extendens eos, firmans terram... dans flatum populo. Ecce servus meus, suscipiam eum ; electus meus, complacuit sibi in illo anima mea.* (Isaï. 42. 5. 1.) *Opus illius coram illo.* (Is. 40. 10.)

CHRIST. Ce n'est ni le sentier qui serpente, ni le chemin qui bifurque. Mon CHRIST est le CHRIST d'Isaïe et de Jean-Baptiste. Avec les créatures intelligentes, échelonnées par groupes et chœurs, ou par générations, des deux côtés de la route, humbles fleurs accrochées aux talus, accessoire dans le plan divin, j'entends le Précurseur, héraut qui enfle la voix pour annoncer le cortège : « Voici DIEU, votre DIEU ! voici le Cœur de DIEU [1] ! »

Le premier chapitre du quatrième Évangile porte en lettres étincelantes que le CHRIST, prenant pied sur la terre, n'est pas entré dans le domaine de l'homme, mais que l'homme est logé dans la maison de JÉSUS et mange des mets de son festin. Mon CHRIST est le CHRIST de saint Jean. Son cœur est le premier mot de l'amour et la dernière note de l'hymne amoureux ; tout est pour lui, tout sort de lui, tout va vers lui [2].

L'Apôtre nous voit, hommes, usufruitiers du monde ; il salue le CHRIST, propriétaire de notre substance ; et sur le Cœur du CHRIST il voit DIEU exerçant le haut domaine, moissonnant l'amour. Mon CHRIST est le CHRIST de saint Paul. Il est aujourd'hui, il sera éternellement quand le jour de l'épreuve en sera venu au soir, il était hier dans la préparation des choses qui devaient être. L'amour du CHRIST remplit tout [3].

Moi, Pierre, j'étais sur la montagne ! J'ai vu le CHRIST recevoir de DIEU honneur et gloire. J'ai entendu la voix qui

1. *Vox clamantis in deserto : Parate viam Domini, rectas facite semitas ejus. Omnis vallis implebitur, et omnis mons et collis humiliabitur ; et erunt prava in directa, et aspera in vias planas, et videbit omnis caro salutare Dei.* (Luc. 3. 4. 5. Isaias. 40. 3.) *Super montem excelsum ascende... Dic civitatibus Juda : Ecce Deus vester.* (Is. 40. 9.)

2. *In propria venit, et sui eum non receperunt. Deum nemo vidit unquam : unigenitus Filius qui est in sinu Patris ipse enarravit.* (Jo. 1. 11. 18.) *Ego sum α et ω, primus et novissimus, principium et finis.* (Apoc. 22. 13.)

3. *Omnia vestra sunt, vos autem Christi, Christus autem Dei.* (I Cor. 3. 22.) *Jesus Christus heri et hodie : ipse et in sæcula.* (Hebr. 13. 8.)

tombait des cieux du milieu d'un appareil de splendeur incomparable. Mon âme est pleine encore des mots divins : Celui-ci, mon Fils, JÉSUS, Verbe humanisé, je l'aime, et son amour est tous mes plaisirs. Écoutez-le. — Notre CHRIST est le CHRIST de saint Pierre. Je vous écoute, ô battements du Cœur de JÉSUS ! Quand tu vibres, ô Cœur ! le monde a donné son fruit. Mon cœur, à moi, ne valait pas d'être fait ; le tien, ô CHRIST, monde à part, explique tout le créé. Ton Cœur, ô CHRIST, est la raison d'être de toutes choses, le pourquoi du monde, parce qu'il est à lui seul, DIEU l'a dit, tous les plaisirs de DIEU [1].

1. *Non enim doctas fabulas secuti notam fecimus vobis Domini Nostri Jesu Christi virtutem et præsentiam, sed speculatores facti illius magnitudinis. Accipiens enim a Deo Patre honorem, et gloriam, voce delapsa ad eum hujuscemodi a magnifica gloria : Hic est filius meus dilectus, in quo mihi bene complacui, ipsum audite. Et hanc vocem nos audivimus de cælo allatam, cum essemus cum ipso in monte sancto.* (2 Pet. I. 16. 18.)

Notes de la Troisième Conférence.

LE CHRIST EST-IL PRÉDESTINÉ APRÈS ADAM OU AVANT LE MONDE ?

SOMMAIRE DES CITATIONS : *Thomisme et Scotisme comparés : Billuart, Macedo et saint François de Sales avec d'autres modernes.*

I.

ÉCOLE THOMISTE.

Billuart. (De motivo Incarnationis. dist. art. 3.) Dico : Unicum motivum Incarnationis fuit redemptio generis humani : unde Adamo non peccante, Verbum non fuisset incarnatum vi præsentis decreti.

ÉCOLE SCOTISTE.

Scotus : Non propter istam *solam causam redemptionis* videtur Deus prædestinavisse illam animam (Christi) ad tantam gloriam, cum illa redemptio non sit tantum bonum quantum est illa gloria animæ Christi. Nec est verosimile summum bonum esse tantum *occasionatum*, scilicet propter minus bonum. Deus (igitur) prius vult animæ Christi gloriam quam prævideat Adam casurum.

II.

Dans les deux doctrines, Thomiste et Scotiste, le plan de DIEU comporte deux décrets, ou deux points dans un seul et même décret. Au sens Thomiste : 1° DIEU décrète le monde sans le CHRIST ; voit le péché des anges et le péché d'Adam, et 2° décrète le CHRIST pour la réparation du seul péché de l'homme. Le CHRIST est voulu en Adam, pour Adam, et bâti sur Adam.

D'après les Scotistes : DIEU décrète le CHRIST, d'abord, pour sa gloire, et le reste pour le CHRIST. Il voit le péché des anges et le péché d'Adam et impose au CHRIST de racheter l'homme seul dont il a la nature. Ainsi le CHRIST est la base, et Adam est voulu dans le CHRIST ; il est bâti sur le CHRIST.

Les Thomistes ne nient pas que la place du CHRIST soit autrement grande dans le système Scotiste que dans leur doctrine, mais ils font plusieurs objections, dont deux sont ici à leur place. Le système scotiste, disent-ils, implique deux décrets contradictoires, incompatibles avec la science de DIEU : Avant la prévision du péché d'Adam : CHRIST impassible ; après la prévision de la faute de l'homme : CHRIST passible. Or, DIEU voit tout, d'un coup. Les Scotistes répondent : C'est vrai, DIEU voit tout, d'un coup. DIEU ne fait pas le décret d'un CHRIST impassible pour décréter ensuite un CHRIST passible, ce qui impliquerait une lacune dans la science divine. DIEU n'a pas voulu, mais aurait voulu le CHRIST impassible s'il avait vu la persévérance d'Adam. Donc, voyant tout à la fois, DIEU veut le CHRIST d'abord, pour le motif de sa gloire, et le veut passible, pour le second motif de la réparation du péché de l'homme. Le même décret a deux motifs que DIEU voit et veut en même temps dans un même acte.

Et les Scotistes prenant l'offensive déclarent aux Thomistes : La même objection se retrouve dans votre système. Deux décrets : le monde sans le CHRIST, avant la prévision du péché d'Adam ; le monde avec le CHRIST, après cette vision. Si DIEU voit tout d'un coup, ce qui est vrai, il n'en est pas moins certain que le CHRIST est second dans votre système, puisqu'il n'est voulu que comme Rédempteur, ce qui implique un pécheur préexistant et prédestiné avant lui.

La seconde objection des Thomistes porte sur ce point que, si l'Incarnation a un motif autre que le rachat de l'homme, ce rachat n'a plus la même importance. Le Rédempteur est diminué d'autant. Les Scotistes répondent que la glorification de DIEU est, en effet, chose plus grande que la rédemption de l'homme. Mais le Rédempteur, disent-ils, se trouve grandi, au lieu que son rôle soit diminué. Car, ou le décret de la Rédemption tombe sur une personne capable de recevoir un ordre, ou sur une personne incapable de précepte. Si DIEU veut l'incarnation du Verbe pour la seule rédemption de l'homme, quand le Verbe se fait homme, il ne mérite point en acceptant d'être Rédempteur, puisqu'il est constitué Rédempteur, lui, Verbe, étant, comme Verbe, incapable de précepte et de mérite. Au contraire, si le Verbe doit s'incarner pour glorifier DIEU, dès qu'il est homme, il peut mériter en acceptant le rôle douloureux de Rédempteur qui n'est pas sa raison première d'être homme.

III.

Macedo, scotiste, l'explique de bonne façon.

Christus venit in mundum ex præcepto Patris sui, missus ad hominem redimendum. Hoc autem præceptum cadebat super aliquam jam constitutam personam capacem præcepti. Igitur quando fuit præceptum hoc impositum, jam decretus erat Christus, cui imponebatur. Etenim si tunc Christus primo decernebatur passibilis, satis erat decretum sine præcepto ad patiendum, et non erat opus novo præcepto ad id quod decernebatur instituta de novo persona passibili, quæ ex vi decreti erat passura, et per passionem mundum redemptura. Unde apparet præceptum supposuisse personam jam decretam, super quam caderet, capacem illius, quod de novo aliquid præciperet ultra id quod erat de illa persona prius decretum. Hoc autem erat præceptum de illa extractione a statu impassibilitatis et gloriæ, et dejectione ad alium statum de passibilitate ; et quia res erat ardua et difficilis descendere de illo culmine immortalitatis et beatitatis ad miseriam mortalitatis et passionis, præceptum intercedere debuit ad majus meritum et satisfactionem ; non quod quicumque actus esset satis, sed quod respectu nostri ille modus redimendi pretiosior et copiosior videbatur : unde præceptum illud fuit conveniens ut illa persona ex altissimo statu ad miserrimum deveniret et quidem ille excessus redemptionis ad laudem divinæ misericordiæ referebatur. Ecce et rationabilis causa præcepti et nova solutio argumenti, imo et in adversarios retorsio. Hoc quidem sonant illa verba Pauli gravissima. Heb. I. *Qui cum esset splendor gloriæ et figura substantiæ ejus, portans omnia verbo virtutis suæ*, quæ continent nostram sententiam exaggerando illam mutationem ex beatissimo statu gloriæ ad miserrimum passionis, eoque testimonio magnus nostræ sententiæ splendor accedit. . . .

Dicendum itaque venturum Verbum in substantia, ex secundo fine et motivo tanquam altero totali, ut exemplo declaratum est. Neque Scotus hic expressit solum modum, imo perspicue dixit : *Non propter solam istam causam videtur Deus prædestinavisse illam animam ad tantam gloriam.* Ubi loquitur de anima in substantia et quamquam supra dixisset : *Non venisset ut Redemptor nisi homo accidisset, neque forte ut passibilis*, non excludit substantiam, sed eam conjungit cum Redemptione et id significat vox *passibilis.* De toto quippe homine loquitur in concreto : Nec enim utitur voce *passibilitatis* in abstracto, qua semper abstinuit. Igitur substantiam significavit et sensit venturum fore ex eo motivo redimendi Filium Dei ad salutem hominis etiam in substantia. Quod autem timet et tandem negat Mastrius duos fines illos totales concurrere ad eamdem actionem, scrupulum evello dicendo : Deum pro primo signo motum fuisse a gloria et præstantia mysterii quod erat in hac sententia decretum diversum a secundo, vel inadæquatum ab alio inadæquato suo modo distinctum, quod erat motivum pro illo signo totale, sed inadæquatum, et non totale respectu secundi signi in quo Deus vidit futurum peccatum : nam tunc voluit adæquate Incarnationem ad remedium peccati, diversa quoad nos voluntate, ac proinde non fuit unus actus propter duos fines totales, sed unus effectus exterior, qualis fuit Incarnatio propter duo decreta, vel unum inadæquatum correspondens duobus motivis, sive finibus diversis et totalibus, singulis sufficientibus, ut Incarnatio ex vi illorum fieret. Ac ita manet expedita difficultas.

Addo, quod a nemine video observari, idque rogo lectores attente considerent, causam veniendi ex secundo decreto, vel ex inadæquata secunda parte decreti, fuisse præceptum obediendi impositum Christo a Patre, quemadmodum superius diximus : ex quo sequitur intervenisse novam causam, et novum motivum petitum a præcepto, quod satis erat ad veniendum in substantia tanquam ex integro motivo. Manent igitur motiva distincta, et distincta decreta, et nulla apparet discrepantia nec dissonantia in doctrina Scoti. Quæ sane videtur idonea ad rationem mysterii : nam sicuti in eo duæ naturæ in unum coeunt ratione personæ, et ambæ unitæ unum compositum efficiunt, ita in Scoti doctrina duo motiva concurrunt ad Incarnationem efficiendam, ut ex iis consurgat unum aptum, perfectumque judicium, in quo unum et alterum contineatur. (Collationes doctrinæ Thomæ et Scoti. col. 2. dif. 4.)

IV.

Saint François de Sales professe, avec une rigueur d'expression toute théologique, la doctrine scotiste sur l'Incarnation (Traité de l'Amour de DIEU, ch. IV et V).

Tout ce que DIEU a fait est destiné au salut des hommes et des anges ; mais voici l'ordre de sa Providence pour ce regard selon que, par l'attention aux saintes Écritures et à la doctrine des Anciens, nous le pouvons découvrir et que notre faiblesse nous permet d'en parler.

DIEU connut éternellement qu'il pouvait faire une quantité innumérable de créatures en diverses perfections et qualités, auxquelles il se pourrait communiquer ; et considérant qu'entre toutes les façons de se communiquer, il n'y aurait rien de si excellent que de se joindre à quelque nature créée, en telle sorte que la nature fût comme entée et insérée en la Divinité pour ne faire avec elle qu'une seule personne, son infinie bonté, qui de soi-même et par soi-même est portée à la communication, se résolut et détermina d'en faire une de cette manière, afin que, comme éternellement il y a une communication essentielle en DIEU, par laquelle le Père communique toute son essence infinie et indivisible au Fils en le produisant, et le Père et le Fils produisant le Saint-Esprit lui communiquent aussi leur propre et unique divinité, de même cette souveraine douceur fût aussi communiquée si parfaitement hors de soi à une créature, que la créature créée et la

Divinité, gardant une chacune leur propriété, fussent néanmoins tellement unies ensemble qu'elles ne fussent qu'une même personne.

Or, entre toutes les créatures que cette souveraine puissance pouvait produire, elle trouva bon de choisir la même humanité qui, depuis, par effet, fut jointe à la personne de DIEU le Fils, à laquelle elle destina cet honneur incomparable de l'union personnelle à sa divine Majesté ; afin que, éternellement, elle jouît par excellence des trésors de sa gloire infinie. Puis, ayant ainsi préparé pour ce bonheur l'humanité sacrée de notre Sauveur, la Providence disposa de ne point retenir sa bonté en la seule personne de ce Fils bien-aimé, ains de la répandre en sa faveur sur plusieurs autres créatures ; et sur le gros de cette innumérable quantité de choses qu'elle pouvait produire, elle fit choix de créer les hommes et les anges, comme pour tenir compagnie à son Fils, participer à ses grâces et à sa gloire, et l'adorer et louer éternellement. Et parce que DIEU vit qu'il pouvait faire en plusieurs façons l'humanité de son Fils en le rendant vrai homme, comme, par exemple, en le créant de rien, non seulement quant à l'âme, mais aussi quant au corps ; en lui formant le corps de quelque matière précédente comme il fit celui d'Adam et d'Ève ; ou bien par voie de génération ordinaire d'homme et de femme ; ou bien enfin par génération extraordinaire de femme sans homme, il délibéra que la chose se ferait en cette dernière façon, et entre toutes les femmes qu'il pouvait choisir à cette intention, il élut la Très Sainte Vierge Notre-Dame, par l'entremise de laquelle le Sauveur de nos âmes serait non seulement homme, mais enfant du genre humain. Outre cela, la sacrée Providence détermina de produire tout le reste des choses naturelles ou surnaturelles en faveur du Sauveur, afin que les anges et les hommes pussent, en le servant, participer à sa gloire ; en suite de quoi, bien que DIEU voulût créer tant les anges que les hommes avec le franc arbitre, libres d'une vraie liberté pour choisir le bien ou le mal, si est-ce néanmoins que pour témoigner que de la part de la bonté divine ils étaient dédiés au bien et à la gloire, elle les créa tous en justice originelle, laquelle n'était autre chose qu'un amour très suave qui les disposait, contournait et acheminait à la félicité éternelle.

Mais parce que cet amour originel ne forçait point la volonté, il prévit qu'une partie, mais la moindre de la nature angélique, quittant volontairement le saint amour, perdrait par conséquent la gloire. . . Il prévit bien aussi que le premier homme abuserait de sa liberté, et quittant la grâce perdrait la gloire ; mais il ne voulut pas traiter si rigoureusement la nature humaine, comme il délibéra de traiter l'angélique. C'était la nature humaine de laquelle il avait résolu de prendre une pièce bienheureuse, pour l'unir à sa divinité. . . Afin que la douceur de sa miséricorde fût ornée de la beauté de sa justice, il délibéra de sauver l'homme par voie de rédemption rigoureuse ; laquelle ne se pouvant bien faire que par son Fils, il établit qu'il lui rachèterait les hommes, non seulement par une de ses actions amoureuses, qui eût été plus que suffisante à racheter mille millions de mondes, mais encore par toutes les innumérables actions amoureuses et passions douloureuses qu'il ferait et souffrirait jusqu'à la mort et la mort de la croix.

Or disant, Théotime, que Dieu avait vu et voulu une chose premièrement, et puis secondement une autre, observant ordre en ses volontés, je l'ai entendu selon qu'il a été déclaré ci-devant, à savoir, qu'encore que tout cela s'est passé en un très seul et très simple acte, néanmoins par icelui l'ordre, la distinction et la dépendance des choses n'a pas été moins observée que s'il y eût eu plusieurs actes en l'entendement et volonté de Dieu. Étant donc ainsi que toute volonté bien disposée, qui se détermine de vouloir plusieurs objets également présents, aime mieux et avant tout celui qui est le plus aimable, il s'ensuit que la souveraine Providence faisant son éternel projet et dessein de tout ce qu'elle produirait, elle voulut premièrement et aima par une préférence d'excellence le plus aimable objet de son amour, qui est notre Sauveur ; et puis, par ordre, les autres créatures selon que plus ou moins elles appartiennent au service, honneur et gloire d'icelui.

Ainsi tout a été fait pour ce divin homme, qui pour cela est appelé aîné de toute créature, possédé par la divine Majesté au commencement des voies d'icelle avant qu'elle fît chose quelconque ; créé au commencement avant les siècles : car en lui toutes choses sont faites, et il est avant tous, et toutes choses sont établies en lui, et il est chef de toute l'Église, tenant en tout et partout la primauté. (Col. I. 15 ; Prov. VIII. 32 ; Eccli. XXIV. 14.) On ne plante principalement la vigne que pour le fruit, et partout le fruit est le premier désiré et prétendu, quoique les feuilles et les fleurs précèdent en la production. Ainsi le grand Sauveur fut le premier en l'intention divine, et en ce projet éternel que la divine Providence fit de la production de ses créatures ; et en contemplation de ce fruit désirable, fut plantée la vigne de l'univers, et établie la succession de plusieurs générations, qui, à guise de feuilles et de fleurs, le devaient précéder, comme avant-coureurs et préparatifs convenables à la production de ce raisin, que l'épouse sacrée loue taut ès Cantiques, et la liqueur duquel réjouit DIEU et les hommes. (Cant. I. 15 ; Es. CIII. 15.)

V.

Ou le CHRIST est prédestiné avant tout, et tout est sur lui, recevant tout de lui, par lui, pour lui, ne faisant avec lui qu'un grand organisme religieux ; — ou le CHRIST n'est prédestiné que sur Adam pécheur, et il ne verse la grâce essentielle que dans la famille humaine déchue; et si les êtres, alors, deviennent ses sujets, ils le deviennent parce que, DIEU-Homme, il leur est supérieur ; ils *le deviennent*, mais ils n'étaient pas prédestinés ses sujets : ils ne sont pas *nés*, dans la prédestination divine, sujets et membres du CHRIST. Donc ou la grâce du CHRIST sanctifie les anges, et il est prédestiné avant eux ; ou elle ne va pas jusqu'à eux, et le CHRIST est prédestiné sur Adam tombé.

A la lumière de cette distinction, on peut voir sous quelle bannière se rangent les prédécesseurs de Duns Scot. Ne peut-on pas dire que l'ère des théologiens commence au VIIe siècle ? Nous aimons mieux [1] citer les anciens dont les passages sont plus difficiles

1. Camus, évêque de Belley: Esprit de S. François de Sales, p. XIII. sect. IV. Cardinal Deschamps : La nouvelle Ève, ch, II. p. 11. La divinité du CHRIST. Cardinal Pie : IIIe Instruct. Synodale. § XVI.
Landriot : Le CHRIST et la Tradition, conf. V et VI.

à rencontrer. Il nous suffit d'indiquer sommairement [1] les auteurs récents qui sont dans toutes les mains.

St Maxime, abbé et martyr (662).

« Christi mysterium Scripturæ textus Christum appellavit, palamque ostendit magnus Apostolus, cum ita ait : Mysterium a sæculis et a generationibus absconditum, nunc patefactum est, (Eph. 3. 2), idem scilicet ac Christum, Christi vocans mysterium... Istud nimirum magnum illud est et absconditum mysterium. *Iste beatus finis ob quem cuncta condita sunt.* Hic divinus scopus origini rerum præcognitus, quem definiendo esse dicimus *finem cujus gratia omnia*, ipse vero *nullius gratia.* In hunc *finem respiciens*, Deus rerum naturas produxit. Hic vero Providentiæ finis, et eorum quæ Providentiâ reguntur, secundum quem ea quæ a Deo condita sunt *in ipsum colliguntur.* Istud Mysterium *omnia circumscribens tempora*, superinfinitumque, ac infinities infinite sæculis præexistens, manifestans *magnum Dei consilium* (Eph. 1. 10) cujus nuntius ipse per essentiam Dei sermo factus homo (Is. q. 6.), ipsumque (si fas loqui) *penitissimum paternæ Bonitatis fundum* manifestans, *inque Illo finem* ostendens, *ob quem* plane quæ facta sunt *principium essendi* acceperunt. Nam *propter Christum, sive Christi mysterium*, omnia sæcula, et quæ in ipsis sæculis sunt, *principium et finem, ut essent, in Christo nacta sunt.* Prior enim sæculis concepta Unio : ipsa finis nulloque fine terminabilis, mensuræ et immensitatis, termini et infiniti, Creatoris et creaturæ, quietis et motus in Christo novissimis temporibus manifestato facta existit. (Comment. sur les paroles : In quos sæculorum fines devenerunt. I Cor. 10. 11.)

St Ildephonse, archevêque de Tolède. †. 669.

Quapropter, secundum id quod Unigenitus est, non habet fratres ; secundum id autem quod Primogenitus est, fratres vocare dignatus est *omnes* qui *post* ejus et *per* ejus *primatum* in Dei gra-

1. Mgr de Ségur : JÉSUS-CHRIST (Bethléem. § V) : La Sainte Vierge dans l'Ancien Test.

Mgr Bougaud : Le Christianisme et les temps présents : t. 3. p. 2. ch. V.

Mgr Gay : Thèse tout au long dans son livre : La vie et les vertus chrétiennes.

tiam renascimur per adoptionem filiorum Dei. — Quia enim Dei Patris Verbum, et hoc ipsum Deus, per quod *Angeli* et omnia facta sunt, caro factum est in hominibus, caput Ecclesiæ, qui erat *initium angelicæ creaturæ*, ac proinde, sicut Deus et homo, in unitate Personæ caput unus est Christus, ita illi esset *ex Angelis et hominibus* Ecclesiæ unum corpus. (De cognitione Baptismi, c. 39. 133.)

Elie de Crète. †. 804.

Christus caput hominum et *angelorum*, visibilium et invisibilium, præclarum Ecclesiæ eorum qui *in ipsum crediderunt*, corpus continens. Hi omnes sunt membra Christi, fidelium cœtus qui a Christo in unum corpus compingitur et conciliatur juxta *omnem connexionem in spiritu*. (Éloge de St Grégoire de Nazianze, n. 169.)

Alcuin † 804.

Sion universalis est Ecclesia in Angelis beata, in habitatoribus terræ peregrina, quæ et ipsa ventura est (futura) beatitudinis Angelicæ. Et hæc est habitatio Dei in æternum. Quos elegit *in Christo* Deus, præelegit, id est, prædestinavit ante constitutionem sæculi, juxta Apostolum dicentem : quia quos vocavit, hos et prædestinavit. (Rom. 8. 30.) (Diabolus) in veritate non stetit. (Jo. 8. 44.) Si ergo iste in veritate stetisset, *in Christo stetisset.* C'est aussi la doctrine de saint Augustin. (Tr. 42. in Jo. c. 8. n. 11.)

Aimon, évêque d'Alberstad † IXe siècle.

Sic benedixit nos, sicut elegit nos et prædestinavit, et præordinavit in ipso ; hoc est *in Christo...* Per Hierusalem vult intelligi cœlestem patriam. Ecclesiam videlicet supernam, quæ constat *ex Angelis et hominibus justis*, ad quam acceditur *fide et desiderio.* Et accessistis ad frequentiam, sive multitudinem multorum millium *angelorum, consociati illi in fide, consociandi iterum in gloria*, juxta quod dicit Dominus : Erunt (electi) sicut angeli Dei in cœlo. (Mat. 22. 30.)

Mgr Bertrand : dans toute sa prédication.
Dom Guéranger : Année liturgique, 8 déc. Immaculée-Conception.
Combalot : La Connaissance de Jésus-Christ, ch. 2.
Martinet : La science de la vie, lec. 28.

Raban Maur, évêque de Mayence † 856.

« Superædificamini in domos spirituales. » Ita fieri illos domos spirituales dicit, cum sit una Domus Christi ex *Angelis et Hominibus* collecta, quomodo sit una Ecclesia catholica toto orbe diffusa, sæpe pluraliter appellantur ecclesiæ.... » (Migne. T. CX.)

Florus, diacre de Lyon, † 860.

« *Per quem* majestatem tuam laudant *Angeli*..... quatenus per eumdem Mediatorem laudet, adoret et contremiscat Majestatem Dei Patris non solum Ecclesia hominum in terris, sed etiam *Angelorum* in cœlis.... Merito enim laudant cui ministrant et dant gloriam in excelsis Deo, quia Illa debent quod sunt ; Illi debent quod vivunt ; Illi debent quod juste vivunt ; Illi debent quod beate vivunt : ne putemus hominum solum pertinere ad gratiam Dei. » (Exposition de la messe, n. 24. sur la préface.)

Antoine, évêque de Verceil † 245.

Ecclesiæ caput est Christus ; si tamen Unum sentiant *cœlestes et terreni*, ut sint Ecclesia, hoc est minus fidei. — Omne mysterium Sacramenti Dei in *Christo est*. (I Col. c. 1. v. 18 — c. 2. v. 2.)

Saint Ignace, martyr, dit dans le même sens : Hic est enim *Unus*, in quo omnis creatura, nisi speraverit, peribit.

Saint Pierre Damien, évêque, † 1072.

In hujus utero (virginis) majestas Altissimi liquefacta, sicut adipe et pinguedine *replevit terras*, *infudit cœlos*, inferna respersit. (Serm. II. de l'Annonciation.)

Saint Bruno, † 1101.

Ipse est ante omnes dignitate secundum *utramque* naturam ; licet enim multi sancti carnem Christi præcessissent tempore, nunquam tamen salvarentur, nisi per fidem membra essent capitis Christi. (Sur le verset Colos. c. 1. v. 17.)

Primogenitus, quia ipse habet omnem hæreditatem Patris. Et

Pauvert : La nature et la grâce, liv. 4. ch. 40.

Doublet : S. Paul étudié en vue de la prédication, ch. 2. § 1.

Bize : Vérité et vraie raison du christianisme, tom. I. ch. 42.

quicumque inde aliquid habet, oportet ut ab illo habeat. Sicut Primogenitus Filius habet omnem hæreditatem Patris, et *nemo quidquam nisi ab eo*... Et ita Primogenitus, ut ipse sit tenens primatum *in omnibus creaturis*..... Vos estis repleti omnibus bonis in Illa, id est *per Christum*... Qui Christus est Caput, id est principium et regimen omnis *Principatus et Potestatis.* Per hos duos ordines reliquos accipiamus. In his verbis ostendit posse Christum omnia replere ; quia si Angelos (replevit), haud de hominibus dubium est... Ipse est in omnibus omnia, id est *omni perfectio* in omnibus.

VI.

Si le CHRIST est prédestiné le premier de tous les êtres créés, *primogenitus omnis creaturæ*, non seulement tous les autres qui sont prédestinés après lui, sont prédestinés sur lui, et à cause de lui ; mais, de plus, son existence de CHRIST n'est pas à la merci d'une faillite dans une liberté créée ; son existence est assurée. Cette seconde conclusion commence à se formuler au douzième siècle. Mais ce n'est qu'un corollaire, qu'une déduction logique de la grande thèse de la prédestination *primaire* du CHRIST. Nous trouvons la formule nouvelle sous la plume de Rupert.

Rupert, abbé d'Ypres. † 1135.

Religiose dicendum, reverenter est audiendum quia, propter istum Filium hominis gloria et honore coronandum, Deus omnia creavit. — Hic primum illud quærere libet utrum iste Filius Dei, de quo hic sermo est, etiam si peccatum propter quod omnes morimur, non intercessisset, homo fieret, an non. Nam de eo quod *mortalis* homo non fieret, quod *mortale corpus* non assumeret, nulli dubium est, nulli nisi infideli incognitum est. Illud quærimus utrum hoc futurum, et humano generi aliquo modo necessarium erat ut

Bonal : De Incarn. c. 3. a. 3. § IV.
Buathier : Le Sacrifice : ch. 2. § III.
Deidier et Pin : JÉSUS-CHRIST dans le plan divin de la Création. — Avant-propos.

Deus homo fieret, caput et Rex omnium, ut nunc est. Et quid de hoc respondebitur? Nimirum de omnibus sanctis et electis omnibus, dubium non est quia nati fuissent omnes, et soli si non accidisset illud peccatum primæ prævaricationis. — Cum ergo de sanctis et electis omnibus dubium non sit quod nascituri forent omnes usque ad præfinitum numerum, secundum propositum Dei... et absurdum sit putare quod, propter eos ut nascerentur, peccatum necessarium fuerit : quid de isto Capite et Rege omnium electorum et hominum sentiendum, nisi quod et ipse maxime *causam necessariam* non habuerit *ipsum peccatum* ut homo fieret ex hominibus, delicias suæ caritatis habiturus cum filiis hominum? (Prov. 8. 31.) Ipse est enim sapientia Dei quæ de isto suo proposito dicit : Dominus possedit... Tantæ caritatis propositum quo proposuerat Deus Dei Verbum deliciari cum filiis hominum, formam habendo circumscriptam ex natura humana in medio Angelorum et hominum, mirum et adoratione dignum, quia non evacuavit ex adverso veniens peccatum. Imo jam tunc factum est illud quod alibi sive aliunde dictum est : Ubi autem abundavit delictum, superabundavit gratia (Rom. V. 20)... Gratiosum accessit præceptum ad caritatem Filii obedientis quatenus ipse Filius talis fieret absque peccato quales nos propter peccatum facti fueramus, id est non solum nostram quam proposuerat assumere naturam offensus non refugeret, verum etiam, propter nos, usque ad mortem nostram descenderet.

Honorius, prêtre d'Autun. † 1152.

Utrum Christus incarnaretur si homo in paradiso perstitisset. Dans le dialogue, le disciple pose cette question. Le maître répond : *Peccatum* primi hominis non fuit *causa* Christi incarnationis ; sed potius fuit causa mortis et damnationis. Causa autem Christi Incarnationis fuit prædestinatio humanæ deificationis. Ab æterno quippe erat prædestinatum ut homo deificaretur, dicente Domino : Pater, dilexisti eos ante constitutionem mundi (Jo. 17. 23. 24),

---

Le P. J. Chevalier : Le Sacré-Cœur de Jésus dans ses rapports avec Marie, ch. 3. § 1.

P. Giraud : Prêtre et hostie, liv. I. ch. VI et préface.

P. Corne : Le mystère de Notre-Seigneur Jésus-Christ, première partie.

subaudi : per me deificandos. Sicut autem Deus est immutabilis, ita et prædestinatio Dei est immutabilis. Oportuit ergo Hunc incarnari ut homo posset deificari. Et ideo non sequitur peccatum fuisse causam ejus Incarnationis ; sed hoc magis sequitur : peccatum non potuisse propositum Dei immutare de deificatione hominis. Si quidem auctoritas Sacræ Scripturæ et manifesta ratio declarat Deum hominem assumpsisse etiam si homo nunquam peccasset. Denique provida Scriptura ante peccatum hominis promittit Christum dicens : Relinquet homo patrem et matrem et adhærebit uxori suæ, et erunt duo in carne una (Gen. 2. 24). Hæc Apostolus exponit ita dicens : Sacramentum hoc magnum est, ego dico in Christo et in Ecclesia (Eph. 5. 32). Ecce nullum peccatum ab homine committitur et Christi et Ecclesiæ conjunctio in carne prædicatur. Unde idem Apostolus : Deus, inquit, ante mundi constitutionem elegit nos in Christo (Eph. 1. 4)... Igitur Christi *Incarnatio* fuit humanæ naturæ *deificatio ;* ejus *mors* nostræ mortis *destructio ;* ejus *resurrectio* vitæ nostræ *reparatio.*

St Bernard. †. 1153.

Qui erexit hominem lapsum, dedit stanti Angelo ne laberetur ; sic illum de captivitate eruens, sicut hunc a captivitate defendens. Et hac ratione fuit æque utrique redemptio, solvens illum, servant istum. Liquet ergo Dominum Christum fuisse redemptionem sicus justitiam, sicut sapientiam, sicut sanctificationem ; et, nihilominus tamen, hæc ipsa quatuor esse factum, *propter homines,* qui invisibilia Dei nonnisi per ea quæ facta sunt intellecta conspicere possunt. (Rom. 1. 20.) Sic ergo omne quod erat Angelis, factus est nobis. L'argument que les thomistes essaient de forger avec le *propter nos homines descendit* du Credo, s'évanouit devant l'argumentation de St Bernard.

Arnaud, abbé. †. 1156.

Ab *illo (Christo) velut ab arce* omnium rerum in proximos Angelos descendit affluentia gratiarum. (Hom. sur le Ps. 132. n. III.)

P. Chrysostome d'Ithorrots : Verbe incarné premier-né des créatures.

P. Marie-Bonaventure dans son ouvrage très documenté : l'Eucharistie et le mystère du CHRIST.

Pierre Lombard. †. 1160.

Qui Christus est caput non modo hominum, sed etiam Principatus et Potestatis angelicæ. Et *vos* ergo replere potest qui *supernos cives* replet. — Imago Dei est qua præest homo cæteris animalibus ; quæ creata in agnitione Dei, postquam peccato desipuit in eadem renovatur, ut incipiat illa imago ab *Illo* renovari a quo formata est. (Sur les vv. 23. 24. du ch. IV aux Eph.)

Adam Scot, de l'Ordre de Prémontré, évêque. †. 1180.

Quid enim habent ipsi (Cherubim) quod non acceperunt ? Quod si acceperunt, imo quia acceperunt, a quo acceperunt nisi a Dei sapientia, *Christo*, quæ ex ore Altissimi (prodivit) Primogenita ante omnem creaturam ? (Eccli. 24. 5).... Quomodo per sanguinem illum ea quæ in cœlis sunt pacificantur, nisi quia qui hominem lapsum sua gratuita gratia ad amissam pacem revocavit, ipse stanti Angelo eadem gratuita gratia, *ne eam amitteret*, dedit. Igitur per gratiam Salvatoris nostri salvati sumus, et *nos* qui longe fuimus et *illi* qui prope inventi sunt. (Serm. XXII. n. 7.)

Philippe de Harveng, abbé de Prémontré. †. 1182.

Illis (angelis) qui steterunt dedit oleum hoc (nomen Jesu) sentire, quos ne simul caderent, dignatus est misericorditer custodire, augens eis et apponens tam efficax hujus olei lenimentum, ut ab eo acciperent *certum standi et indeclinabile* firmamentum. (Cant. des C. c. I. v. 2.)

Thomas le Chartreux. †. 1189.

O dulcis olei offusio (nominis Jesu), inebrians *Angelos*, satians sanctos ! etc. (Ibid.)

Pierre de Blois. † 1200.

Ante nativitatem vocat eum angelus Salvatorem ; homo vero vocat eum Salvatorem post nativitatem ; nam qui *Angelos* ab initio salvaverat, a tempore Incarnationis hominem salvat. (Serm. 8. de Circ. 2)

Picus : Esther.
Hettinger : Apologie du christianisme. t. 3. ch. 3.
Cerri : Triump. B. M. Vig.

VII.

Pendant le douzième siècle, il y a deux manières de poser la question ; l'une, nouvelle, est de Rupert, d'Honorius d'Autun ; l'autre, ancienne, qu'emploient saint Bernard et les abbés Arnaud, Adam Scot, Philippe de Harveng, etc. Durant la période des grands scolastiques, c'est la formule de Rupert qui prévaut, à tort, selon nous. Se prononcent pour l'affirmative : Alexandre de Halès, Albert-le-Grand ; hésitent : Saint Thomas, saint Bonaventure [1]. La thèse est soutenue par le V. Duns Scot, mais il revient à l'ancienne formule et, dans ses deux ouvrages d'Oxford et de Paris, il lui donne toute l'ampleur qu'elle comporte. Saint Thomas demande : *Utrum, si homo non peccasset, Deus incarnatus esset ?* Duns Scot intitule la question : *Utrum Christus prædestinatus fuerit esse filius Dei ?*

Les théologiens des Ordres de saint François suivent Duns Scot : Mastrius, Faber, Rada, Lichetus, Pontius, Boyvin, Henno, Macedo, Rubeus, Dupasquier, Frassen, Herinx, etc. ; Maclantus, Catharin, dominicains ; Suarez, Salmeron, jésuites ; Isambert, Abelly, etc. ; le P. Amelotte et en général les premiers Pères de l'Oratoire.

Citons encore parmi les anciens : Denys-le-Chartreux, Guillaume de Paris, saint Bernardin de Sienne.

Terminons par les réflexions d'un contemporain.

Mgr Bonomelli, évêque de Crémone, traducteur italien des œuvres du R. P. Monsabré, après avoir discuté et contesté la force des arguments tirés de la Sainte Écriture et de la tradition et invoqués par le T. R. Père, s'exprime ainsi : « Le mystère de l'Incarnation, comme le dit énergiquement le P. Monsabré, est le point central de toute l'économie actuelle : tout se groupe autour de ce mystère, par lui tout s'éclaircit et s'explique. Comment croire que la base de tout le plan de l'économie révélée dépende

1. Voir les notes de la sixième conférence où la thèse de chacun de ces Maîtres est citée à peu près intégralement.

Faber : Le précieux sang, ch. I et III. Le Saint-Sacrement, l. I et l. IV.

Newman : Conférences, conf. 17e et 15e.

du péché d'Adam et entre dans cet immense drame, comme qui dirait, par accident? Qui oserait dire que l'existence de l'Homme-DIEU est due à un acte d'Adam et que le CHRIST, comme homme, doive dire au premier père : « C'est à toi que je dois l'existence ? » Le CHRIST est non seulement le chef de l'humanité, mais encore de tous les anges. Tout Lui est ordonné ; tout dérive de Lui et tout est achevé en Lui ; comment pourrions-nous affirmer que ce mystère n'eût pas existé si Adam n'eût pas péché ? La création des anges, des hommes, de toute la matière, l'élévation à l'ordre surnaturel, la chute d'une partie des esprits célestes, la glorification adéquate que DIEU reçoit de la création, ne trouve d'explication que dans ce mystère de l'Incarnation ; nous sommes donc forcés de l'admettre comme la fin suprême, et non comme un moyen voulu par DIEU. Cette opinion gagne tous les jours du terrain, et il viendra peut-être un jour où l'École Scotiste, qui a triomphé de l'École Thomiste au sujet de l'Immaculée-Conception de Marie, aura aussi la victoire sur cette question qui sourit merveilleusement. (Il pulpito di Nostra-Douna di Parigi, carème 1877, pag. 47. 48.) — Voir l'Eucharistie et le mystère du CHRIST par le P. Marie-Bonaventure, ch. XXIX. p. 454.

Ventura : La raison philososophique, c. VIII. p. 1. ; c. IX. p. 2.

Francesco M. Risi. *Sul motivo primario della incarnatione dei Verbo.* 4 volumes. Cet ouvrage mérite une mention spéciale et par sa richesse de citations, et par l'explication qu'il donne des passages de saint Thomas. *Roma. Desclée, via S. Chiara. 20.*

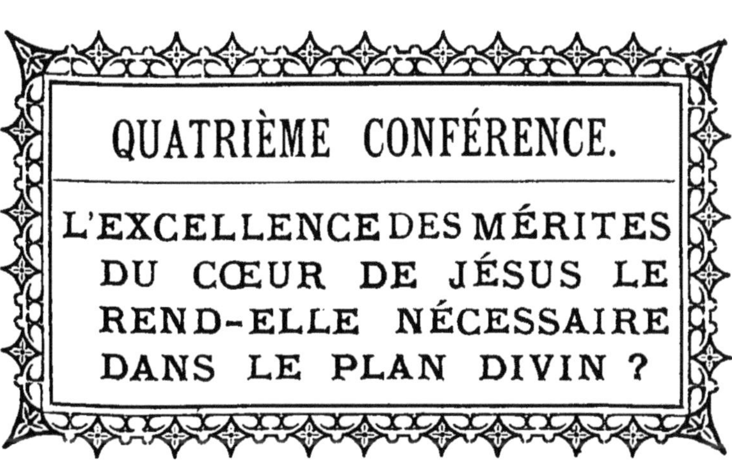

QUATRIÈME CONFÉRENCE.

L'EXCELLENCE DES MÉRITES DU CŒUR DE JÉSUS LE REND-ELLE NÉCESSAIRE DANS LE PLAN DIVIN ?

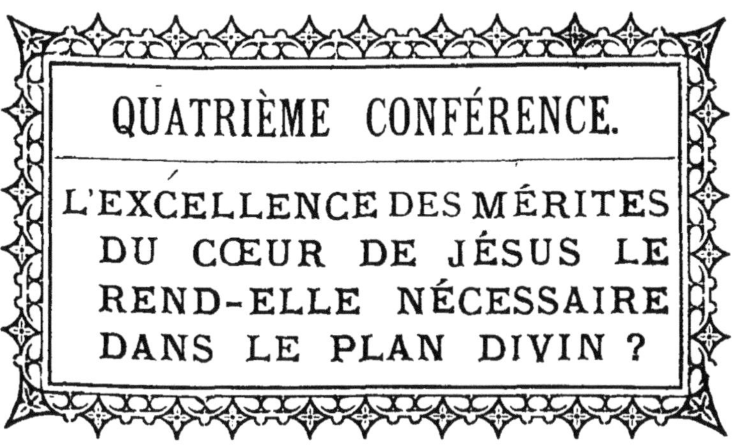

QUATRIÈME CONFÉRENCE.

L'EXCELLENCE DES MÉRITES DU CŒUR DE JÉSUS LE REND-ELLE NÉCESSAIRE DANS LE PLAN DIVIN ?

Hæc est vita æterna : ut cognoscant te solum Deum verum et quem misisti Jesum Christum.

Vous connaître, vous, seul vrai DIEU, et savoir celui que vous avez envoyé, JÉSUS-CHRIST, c'est la vie éternelle.
(S. JEAN. 17. 3.)

APERCEVONS-NOUS, Messieurs, une œuvre d'art dans un cadre proportionné : la beauté qui jaillit de l'ensemble nous éblouit, nous cache ce qu'il a de caduc et d'emprunté. Volontiers nous écrivons au-dessous : chef-d'œuvre nécessaire. Un Louvre sans ses tableaux et ses marbres, un Paris sans le Louvre, la coupole des Invalides sans le tombeau de Napoléon ! Qu'est ce que Versailles, si l'on supprime le palais de Louis XIV ? La perspective des Champs-Élysées et de l'Arc de Triomphe est si pleinement la beauté, et cette beauté est si nécessaire, que tout manquerait à la gloire de Paris si la majestueuse silhouette de la porte Napoléonienne ne se profilait pas sur la hauteur, en face du palais des rois de France. Un château féodal, bien campé sur une crête, un pont à l'endroit précis où convergent des groupes de chemins, et, dans l'histoire, un homme qui personnifie son siècle, la diplomatie, la littérature, un inventeur, un savant, tout, choses et hommes, par la place qu'ils tiennent dans nos habitudes ou dans nos admirations, tout nous paraît exister nécessairement.

Que serait l'art d'exprimer par les couleurs les belles actions si Raphaël, Michel, Rubens, Murillo et Vélasquez n'étaient venus manier le pinceau ? Il n'y a plus de peinture sans ces génies nécessaires ! Quand nous avons vu le soleil, pourrions-nous arriver à nous persuader que le soleil n'est pas nécessaire ? Et nous-mêmes ? D'instinct nous jetons l'ancre dans cette conviction que nous ne pouvions pas ne pas venir. Dès que nous avons salué parmi les ouvrages de DIEU le Cœur de son CHRIST, il nous apparaît si beau, si bon : sa perfection est si bien ajustée aux organes et aux beautés du monde, qu'il ne serait pas malaisé de conclure : le Cœur du CHRIST est nécessaire. Nous autres, hommes de la terre Anges des cieux, nous ne valons rien. Nous sommes les copeaux tombés de l'établi de DIEU sous le tranchant de son outil ; nous sommes les rognures détachées de la tranche du livre, le déchet de terre glaise enlevé par l'ébauchoir. Mais lui, le Cœur du CHRIST, est la sculpture, le livre, l'œuvre divin, et il est nécessaire. Quelques-uns sont allés jusqu'à cet excès de dire que DIEU n'aurait pu s'abstenir de faire le Cœur du CHRIST, indispensable couronnement du monde, ou remède nécessaire.

Avec une ardeur égale, les deux Écoles catholiques se sont déclarées contre cette fausseté. Ce que DIEU a fait de plus magnifique, le Cœur de JÉSUS, elles le saluent et s'applaudissent de leurs hommages. Mais la liberté divine leur paraît la chose la moins susceptible d'être garrottée. DIEU, souverain, montre sa maîtrise par l'exercice de son intangible liberté. Il vous plaira sans doute, dans cette conférence, de les voir, chacune avec ses propres armes, batailler pour la meilleure gloire du Cœur de JÉSUS-CHRIST, et opposer, l'une aux arguments de l'autre, comme fin de non-recevoir, le principe de la souveraine liberté de DIEU. Notre enseignement tient dans cette formule : La qualité de Premier glorificateur, si considérable pour l'honneur du CHRIST, ne touche pas au principe de la liberté de DIEU ; mais les mérites du Cœur Sacré pourraient l'entamer, s'ils étaient l'infini absolu.

I.

Les deux Écoles n'ont qu'une âme pour admirer la marche de DIEU dans ses ouvrages et sa loi qui est de tout enchaîner, le sublime au moindre, le plus petit au plus parfait.

Au commencement, DIEU crée le ciel et la terre; Cœlum : le ciel, les esprits séparés, les anges, la créature moins éloignée de lui, le pôle supérieur du monde. DIEU fait cela d'abord et d'un coup. Esprit pur, il crée les esprits à la portée de sa main. Et dans le second acte créateur, il fait ce qui est le plus éloigné de lui, ce qui tranche davantage avec sa nature spirituelle et simple ; DIEU crée l'autre pôle du monde, la matière, inerte, divisible, froide, tout ce qui peut être imaginé de plus irréductiblement le contraire de l'esprit, la matière.

DIEU étend la matière, comme un tapis, sous ses pieds. Et le mouvement, la séparation en astres de trois genres, étoiles, comètes et planètes, les clartés attachées aux flancs de quelques mondes, le partage des éléments, l'apparition des montagnes, les eaux qui s'en vont à côté, dans les déclivités, pour être les océans : tout cela n'est que broderies au tapis de DIEU.

Après, DIEU étage les vies dans la matière pour l'approcher de lui. De la terre inerte, nous passons à la terre qui grandit en façon de feuilles, de tige, de tronc, de rameaux, qui affecte mille formes, se pare de mille couleurs, répand les plus suaves parfums. C'est le mieux, que cette vie végétale, sur la terre qui est le moindre.

Et dans la même terre, DIEU introduit, sous d'autres formes, aussi variées, sous des aspects innombrables, la joie, la douleur, et une certaine connaissance grossière, avec je ne sais quelle source de mouvement qui n'est pas simplement mécanique : la vie animale, c'est l'étage supérieur, c'est le mieux au-dessus du mieux qu'était déjà le germe végétal dans la terre froide.

Et, toujours dans cette même terre, taillée d'une autre façon, DIEU crée, Anges, regardez : DIEU crée la pensée. Les deux pôles se rejoignent dans l'homme, les deux inconciliables sont conciliés, l'esprit dans la matière, le simple dans la multitude séparable des grains de poussière, l'impalpable, l'impondérable dans les dimensions de haut, de large, de pesant ; la pensée dans l'argile, le vouloir, cette suprême grandeur des esprits, la liberté, la royauté sur soi, la possession de soi, le don de soi, l'amour, dans un organe de chair que les vers guettent, et qui s'appelle le cœur. N'est-ce pas le parfait posé le meilleur? De même que les eaux, parties d'un sommet, gardent, en filtrant, en glissant dans les veines du sol, le souvenir des hauteurs où elles sont nées, et y remontent dans un irrisistible élan dès que le canal qui les emprisonne s'est orné d'une fissure : ainsi la puissance de DIEU, partie de la création des esprits purs, descendue à la matière, remonte à la création des esprits. Il paraît que la source est toujours plus haute que la plus élevée des gouttelettes dans la gerbe des eaux jaillissantes : aussi, l'esprit humain est un peu plus bas que l'esprit angélique [1].

Si l'esprit humain est constitué maître des ouvrages de DIEU sur la terre, le possesseur des bœufs et des brebis, le chasseur des oiseaux et des poissons, le dompteur des

1. *Minuisti eum paulo minus ab angelis, gloria et honore coronasti eum, et constituisti eum super opera manuum tuarum. Omnia subjecisti sub pedibus ejus, oves et boves universas, insuper et pecora campi, volucres cœli et pisces maris.* (Ps. 8. 6. 8.)

fauves, les deux ordres d'esprits, angéliques et humains, n'en sont pas moins séparés, les deux montagnes inégales n'ont leurs sommets reliés par aucun ouvrage.

Et à qui appartiennent tant de mondes dont les esprits purs n'ont que faire et que nous, hommes, nous n'atteignons avec nos yeux qu'à grand'peine ? Suivant toujours la logique de sa création, DIEU, qui a posé dans la matière la vie végétale, la vie animale, la vie spirituelle, y place, en couronnement, sa vie de DIEU.

Par un dernier ouvrage, lui qui a joint la matière et l'esprit dans l'homme, il sait relier l'homme à lui-même. Ainsi le monde, jeté loin de DIEU, est rattaché à DIEU, et le pont dont la pile de droite repose sur l'infini, et la culée de gauche sur le limité, le pont, c'est le Cœur du CHRIST. Tout se tient par le Cœur du CHRIST, sanctuaire du vouloir éternel, autel du vouloir créé, chambre nuptiale où s'accomplit le mariage du précepte et de l'obéissance.

II.

Arrivées au CHRIST, les deux théologies le saluent au rang suprême. Leurs mains entrelacées se desserrent dès qu'il s'agit de déterminer par quel chemin le Cœur du CHRIST est venu au faîte du monde. — Une pièce a manqué, le cœur d'Adam, et DIEU libéral l'a remplacée par un organisme meilleur, le Cœur du CHRIST. Je constate le fait, et ne veux rien de plus. C'est assez pour la gloire du CHRIST qu'il soit aujourd'hui le sommet du monde. Qu'importe hier, pour son honneur, si son rang est, aujourd'hui, incomparable ?

Et notre théologie réplique : L'honneur du Créateur et l'honneur du Cœur de JÉSUS sont engagés dans cette recherche. Vous dites qu'il y a retouche dans le plan divin et que ses premiers moyens ont manqué en Adam.

L'architecte avait conçu pour son édifice une voûte en berceau. Le maçon élève les murs, l'architecte regarde l'effet. Sa pensée change. Un trait sur le premier projet. « Point de voûte en berceau : je le vois, des arêtes feront seules la voûte convenable : elle s'impose ; faisons les arcs doubleaux et les arêtes. » Pauvre homme, il lui a fallu voir le commencement pour savoir la fin ! La première partie de son œuvre le mène à la deuxième. Mais qu'il est bien établi que son intelligence est courte ! Voudrait-on nous dire que le Cœur de JÉSUS-CHRIST s'est imposé de cette façon ? que de création en création, de travail en travail, DIEU, par ses débuts, aurait été amené nécessairement à produire le Cœur du CHRIST, seul achèvement digne des premières assises de l'ouvrage commencé ? Singulière façon de prôner l'habileté de DIEU que de dire : Il a fait des épures, construit des maquettes, et leur comparaison a décidé pour lui des lignes harmonieuses du CHRIST. DIEU achèverait son plan en l'exécutant ! le corrigerait, le mettrait au point, le modifierait en cours d'exécution ! Cet artiste-là s'appelle Phidias, Michel-Ange, Antonin Mercié ou Monsieur Abadie.

La foi, mes frères, ne voit pas DIEU, sortant, architecte indécis, dans son ouvrage pour se rendre compte, par l'examen des substructions du monde, de quelle œuvre finale il conviendrait qu'elles soient couronnées et arrivant à dire : C'est le Cœur de mon CHRIST qui est la perfection et l'achèvement.

Voit-on mieux l'architecte éternel, dans la chambre de son conseil, amené par ses premiers crayons à rencontrer le chef-d'œuvre, le Cœur du CHRIST ? Que de vulgaires bâtisseurs, tâtonnant sur des croquis informes, rencontrent, sans savoir par quelle route, de belles lignes architecturales ; que d'honorables artisans de cabinet, faisant, savamment, tournoyer leur compas sur un dessin, composent un chef-d'œuvre, je le comprends. Mais il ne sied pas à DIEU d'aller à la découverte du Cœur de JÉSUS-CHRIST, en tâtonnant sur des cartons comme un simple Raphaël. Au-delà d'un certain rayon, le beau est enveloppé de je ne sais quelle indécision de lignes ; ses contours sont vaporeux devant les regards du génie. L'intelligence de DIEU lui défend de voir mal, de voir par comparaison et succession. DIEU voit tout ce qu'il peut faire, complètement et d'un seul regard. Entre l'exécution et le plan, il y a simplement son vouloir tout-puissant. Ce pouvoir-là, infini, vaut bien les maçons, leurs manœuvres, les marteaux, les truelles, les échafaudages et grues. Constructeur sur le chantier du Temps, son pouvoir accomplit exactement le plan que son vouloir d'architecte avait tracé dans l'éternité.

Donc, voulu de DIEU, puisqu'il a été fait dans le Temps, connu dès que DIEU voit, depuis l'éternité, le Cœur de JÉSUS est écrit sur le plan de DIEU.

Les deux théologies se donnent le baiser sur cette conclusion.

Mais y est-il tracé en écriture première, ou par rature et surcharge? L'École Thomiste s'empresse d'affirmer : « Par surcharge. Mais qu'importe, puisqu'il est écrit ? » — Qu'importe ? répliquons-nous. Mais la gloire du Cœur de JÉSUS repose dans cette priorité. Vous dites : Il est voulu éternellement, et cela suffit. Nous sommes aussi voulus de DIEU éternellement, et nous voilà, en ce sens, les égaux du CHRIST. Plus grands que lui, si nous sommes l'écriture première de DIEU ! Nous l'emportons sur le Cœur de JÉSUS s'il n'est que la surcharge sur la rature faite au plan divin par la prévision du péché d'Adam.

On peut formuler, en style de théorème, la double loi de la primauté, dans l'ordre des travaux accomplis, et dans l'ordre des plans concertés : — Sur le chantier du Temps, « venir après » ne répugne pas avec « tenir le sang suprême. » Le CHRIST est venu dans le monde après l'esprit, après la matière, après leur mariage dans l'homme, et, créé le dernier, le Cœur de JÉSUS l'emporte sur toute créature. —

Mais, au conseil de l'architecte, « tenir le sang suprême » ne s'accommode que d'une chose : « venir avant, être voulu le premier. » Supposons la querelle des pylônes avec le tablier du pont de Rouen. « Nous l'emportons, crient, des deux côtés de la Seine, les huit pyramides métalliques ; nous l'emportons, parce qu'on nous a posées les premières. — Erreur profonde, riposte le tablier d'acier. On m'a voulu, moi, d'abord, à cinquante mètres au-dessus du fleuve, et, pour m'y établir plus haut que les grands mâts, on vous a voulus, vous, qui n'existez que pour moi. »

Quand l'évêque bénit la première pierre d'un temple, la liturgie enfonce une croix où devra s'élever plus tard l'autel. N'oubliez pas cette croix.

La tribu des bâtisseurs s'avance. Ils portent sur l'épaule leurs outils de maçons, de raboteurs de pierres, ciseaux, truelles, équerres et marteaux. C'est merveille de voir leur entrain. « Qui êtes-vous, braves gens, et d'où venez-vous ? — Nous venons de Normandie en pays chartrain, pour bâtir une cathédrale. » Les travaux commencent. Jusqu'à l'enfant manœuvre qui peut porter un sac de terre, remuer une pierre ou battre le mortier, tous travaillent. Les cantiques et les vivats pieux se mêlent aux coups sourds de la pioche creusant les fondations, aux grincements de la scie dont le va-et-vient saccadé, strident, est vainqueur de la pierre, aux coups secs et sonores des marteaux polissant les angles ou abaissant les arêtes. La terre est ouverte à des profondeurs qui étonnent ; les blocs descendent, prennent leur place, s'ajustent ; les voilà, assis sur le rocher, prêts à porter l'édifice. Les murs sortent de terre, par assises régulières, s'élèvent, flanqués de contre forts massifs. Les ouragans ne renverseront pas l'autel ; le bruit de leur passage, musique religieuse des choses, n'y arrivera qu'affaibli.

De larges baies se dessinent, dans lesquelles la pierre, se pliant aux formes les plus gracieuses, soutiendra les verrières.

étincelantes. Le rayon de soleil pourra venir caresser la porte du tabernacle.

Et les clochetons, à l'extérieur, couronnent les piliers, et les arcs-boutants, comme autant de bras gigantesques, harmonieusement courbés, s'élèvent, tendus, jusqu'à la ligne supérieure de l'édifice dont il faut soutenir le prodigieux élancement. Au dedans, en effet, les colonnes, les multiples colonnettes, les pieds posés sur la solidité de larges socles, dressent, collées aux murailles, leur svelte élégance. Leurs épaules sont encore droites, mais leurs cous flexibles, sortant des sculptures des chapiteaux, s'inclinent, deux à deux, montant toujours, l'un vers l'autre, avec une grâce majestueuse, et s'arrêtent enfin dans un baiser, à des hauteurs qui charment nos yeux. Les profondeurs infinies du firmament sont repliées aux mouvements de la voûte, pour que les yeux de la foule ne quittent pas le Dominateur des cieux rapetissé sur l'autel.

Au-dessus de ce berceau renversé, de ce navire dont la quille est devenue la crête du toit, le clocher prend son élan, monte encore, et ne se résigne enfin à rétrécir ses contours que pour dresser plus haut, pyramide grandiose, son front couronné de la croix. Il marque au dessus des palais, au milieu de l'encombrement des maisons, les points d'atterrissement du divin, les hôtelleries de DIEU.

La cathédrale est debout, avec sa masse imposante, ses lignes pures, ses élégances sculpturales. Elle défie les travaux de l'antiquité qui n'avait su, comme l'Américain de New-York, bâtir que des colosses. Tout est achevé. Les croyez vous? Nos maîtres maçons ont-ils voulu seulement faire un édifice étonnant, lutter de génie avec les bâtisseurs des Pyramides, du Parthénon ou du Colisée ? « Nous sommes les logeurs du bon DIEU. » Leur nom même réclame un autel, sur l'autel un tabernacle, un ciboire, et dans le ciboire une hostie consacrée.

Vous souvenez-vous, mes frères, de la croix plantée parmi

les fondations, à l'endroit marqué pour l'autel futur ? L'autel est venu après tout, mais il était voulu avant tout. Et si les fondations sont pour les colonnes, les colonnes pour la voûte, la nef pour l'abside, fondations, piliers, colonnes, verrières, voûte, chapiteaux, sculptures, tout est voulu pour l'autel. Construit le dernier, il est voulu le premier. Et c'est lui la raison de tout l'édifice. Les maçons pensaient à lui en donnant le premier coup de pioche, et ils y pensaient encore en couronnant les clochers. Répétons-le, mes frères, sur le chantier du Temps, « venir après » s'accorde bien avec « tenir le rang suprême », tandis que le rang suprême, au conseil de l'architecte, ne s'accorde que d'une place : venir avant, être voulu le premier, être la raison de tout l'édifice. L'importance d'être voulu le premier est-elle assez considérable ? En faites-vous honneur au Cœur de JÉSUS-CHRIST ?

Ici, mes frères, l'École Thomiste passe outre aux hésitations de son chef et se cantonne dans une négation intransigeante et opiniâtre. « Nous avons peur d'insinuer que la perfection du CHRIST a séduit DIEU même. » Si petit le monde où le CHRIST manque, et si beau le monde avec le Cœur de l'Homme-DIEU, que nous craignons pour la liberté de DIEU. Nous ne voyons pas bien DIEU se refusant à faire un si beau plan. Et, pour sauver sa liberté, nous disons qu'il ne l'a pas fait. Et s'il déclare, lui, l'avoir concerté ! En reste-t-il moins qu'il l'a voulu en pleine et souveraine liberté ?

DIEU prêche qu'il n'a créé le monde que pour y loger son Verbe incarné, pour y enchâsser le Cœur de son CHRIST. « Moi, la Sagesse, Verbe éternel joint à un cœur d'homme, moi l'Amour créé vibrant dans un cœur de chair sous la personnalité divine du Fils unique de DIEU. » La Tradition catholique [1] entend de cette façon le passage des Proverbes,

1. Saint Épiphane déclare (Hæresi. 69. num. 24.) : *Nonnulli orthodoxorum patrum locum illum Salomonis de Incarnatione Christi interpretati sunt : « Dominus possedit me et fundavit » : estque hic demum sensus pietati consentaneus.* Saint Augustin prononce à son tour (Lib. I. de Trinitate. cap. 12.) : *Secundum formam servi dictum est : Dominus crexvit me initium viarum suarum.*

que l'hérésiarque Arius travestissait en blasphèmes contre la génération éternelle du Verbe. « Moi, la Sagesse vibrant en amour dans le cœur de chair du CHRIST, le Seigneur m'a possédée au commencement de ses voies, m'a engendrée au départ de ses chemins. Dès l'éternité, j'ai été établie, solidement posée, avant qu'il fît quelque chose dans le principe, dès les temps anciens. » N'est-ce pas le langage de la croix d'autel plantée sur le lieu du futur tabernacle, avant que l'évêque ne bénisse les fondements de la cathédrale ? J'ai vu s'élever les murs, se dresser les colonnes, s'asseoir les voûtes. Et le Cœur du CHRIST : « Les abîmes n'étaient pas encore, et moi, j'avais été engendré déjà. Avant que la terre fût faite, les sources des eaux n'avaient pas encore jailli, la pesante masse des montagnes ne s'affermissait pas, et moi, avant les collines, j'étais engendré. Il n'avait pas encore fait la terre et les fleuves, et les pôles du globe ; quand il préparait les cieux, j'étais présent ; quand il posait des lois aux abîmes et les environnait de frontières, quand il affermissait la voûte éthérée, et mettait en équilibre les sources des eaux ; quand il élevait autour de la mer des limites, imposait des règlements aux vagues de l'océan ; quand il posait les fondements de la terre : j'étais avec lui (moi, la Sagesse, moi la Charité du CHRIST), disposant toutes choses. Je me réjouissais chaque jour, me jouant, en tout temps, devant lui, me jouant dans les orbes des mondes, et mes délices sont d'être avec les fils des hommes. » (Prov. VIII. 31.)

Ah ! si nous disions, pour établir que le plan divin s'ouvre par le Cœur de JÉSUS-CHRIST, si nous disions que DIEU est astreint à la loi du plus parfait ! L'argumentation serait facile, mais elle n'aurait que la valeur d'un sophisme, parce qu'elle placerait sous une loi la liberté divine qui n'en a pas. Loin de là : nous nous contentons de trouver le plan divin dans les paroles sorties de la bouche de DIEU.

DIEU pouvait constituer le monde sans le Cœur du

CHRIST, encore que le monde, sans ce Cœur, pût devenir, par le naufrage des libertés angéliques et humaines, une opération manquée. DIEU pouvait bâtir l'univers avec les proportions d'un ouvrage colossal et ne lui donner que le maigre couronnement des hommages, toujours révocables, de cœurs fragiles. Tels les Manceaux qui ont égaré un clocheton de dix pieds sur l'angle de leur tour qui réclamerait une flèche grandiose ! L'absence du Cœur de JÉSUS-CHRIST dans le monde eût été l'avortement de la création ? Et après ! DIEU, qui n'a besoin de rien, peut se contenter de la misère que nous sommes. Et voilà le principe de la liberté divine bien au large, en pleine lumière.

Et nous disons : Il a plu à DIEU Créateur de ne pas creuser un port de Boulogne où, derrière une colossale digue de douze cents mètres, cent cuirassés s'abriteraient en eau profonde, si l'autre bras protecteur n'avait pas été construit à Calais.

Il a plu à DIEU de vouloir d'abord l'excellence incomparable du Cœur de JÉSUS, *Primògenitus omnis creaturæ ;* d'écrire en deçà de ce chef-d'œuvre : Commencement des voies divines ; de l'autre côté : La perfection est achevée. *Principium et finis.*

Il a plu à DIEU de vouloir d'abord la pièce maîtresse qui, dans l'organisme de monde, marquera l'heure de sa gloire infailliblement. DIEU a fait cela puisqu'il a dit cela. Quoi ! le plus parfait serait-il interdit à la liberté divine pour qu'il soit dûment prouvé que le bien moindre peut, lui aussi, tomber sous son choix ?

III

La liberté de DIEU ! Est-elle intacte dans le système des mérites infinis du Cœur de JÉSUS, si cet infini est absolu[1] ? Peut-être espère-t-on, par l'infini des mérites du CHRIST, compenser l'honneur de primauté qui ne couronne pas son Cœur dans le plan divin. Mais la liberté de DIEU, base nécessaire, est-elle sauvée dans ce système ? Il est un argument capable d'emprisonner la liberté divine, c'est l'argument de l'infini. DIEU n'a qu'une loi, mais il en a une, la loi de l'infini. Et il est soumis à cette loi, parce que l'infini c'est lui, et, tout-puissant au dehors, il ne peut rien contre lui-même. DIEU est l'infini, et tout ce qui est infini est DIEU, et parce que DIEU est nécessairement, tout ce qui est infini ne peut point ne pas exister. Nécessaire le Cœur du CHRIST si la donation que DIEU y fait de soi est l'infini, et si les mérites qui montent de ce Cœur à DIEU sont, eux aussi, l'infini.

DIEU et le Cœur du CHRIST sont liés par deux mouvements. Les océans portent leurs vagues à la ligne des rivages et les ramènent dans les profondeurs. Le flux, c'est le mouvement de DIEU vers le Cœur du CHRIST, par l'épanchement de sa nature divine ; le reflux, c'est le mou-

1. Dans une colonne, Billuart enseigne : Operationes Christi non solum ex extrinseca Dei acceptatione, sed etiam, ab *intrinseco*, fuerunt valoris *simpliciter* infiniti. C'est bien entendu : meritum valoris *simpliciter* infiniti ab *intrinseco*. Dans la colonne suivante : Duplicem valorem debere dinstingui in actionibus Christi : unum qui petitur ab objecto, et ille est finitus ; alium qui petitur a subjecto eliciente, et hunc ratione suppositi dicimus esse *moraliter* infinitum. Est-ce que *moraliter* s'accorderait avec *simpliciter* ? A cause du suppôt, mérites *moraliter* infinis. Est-ce que le suppôt, le Verbe, n'est que *moraliter* infini ? Non ; il est *simpliciter* infini. Vous aviez donc bien dit, dans la première colonne : mérites *simpliciter* infinis. Mais comme ce qui est infini *simpliciter*, l'est sans distinction, voilà les actes du CHRIST de même valeur que les actes du Verbe, infinis *simpliciter*. Actes du Verbe, actes du CHRIST, actes également infinis *simpliciter* dans leur valeur. Pourtant... Revenons à l'infini *moraliter*. Et pourquoi *moraliter*, si le suppôt infini *elicit*, fait les opérations lui-même ? Donc, il ne les fait pas, mais on les lui attribue. Et nous voilà dans le mérite *ab extrinseco* infini. Fera-t-il violence à DIEU ? Non, il faut que DIEU l'accepte. Et nous voilà avec Duns Scot disant : meritum Christi fuit *quasi infinitum, infinite acceptatum propter* infinitatem personæ merentis. En résumé, Scot : mérite du CHRIST quasi infinitum. Billuart : moraliter infinitum. Scot : propter infinitatem personæ merentis. Billuart : ratione suppositi. Scot réclame l'acceptation de la part de DIEU ; Billuart ne voit pas cela nécessaire.

vement du CHRIST vers DIEU, portant à sa majesté la moisson d'actes glorificateurs. Aller de DIEU au Cœur du CHRIST, retour du Cœur de JÉSUS à DIEU ; si l'infini se rencontre vraiment dans l'épanchement de DIEU vers le CHRIST, ou dans le mouvement de glorification qui monte du Cœur de JÉSUS à DIEU, l'existence de ce Cœur sacré est rigoureusement nécessaire. Il n'est pas de réplique à l'argument de l'infini.

La lumière jaillit du front des soleils, et s'en va dans l'espace, s'élargissant en orbes immenses, avec l'allure de l'amour qui rêve. Jusqu'où ne vont-elles pas ces ondes lumineuses qui, nées de foyers multiples, se rencontrent dans l'éther, sans se faire obstacle l'une à l'autre ? La lumière se répand. L'amour, aussi, s'épanche ! Un cœur généreux, une âme bonne s'en va, s'écoule, jusqu'à n'être plus que vide de soi. Et s'il y a une limite au versement de la bonté sur autrui, la seule limite est ceci : le vide de soi. DIEU bon est communicable par sa bonté même. Bon sans mesure, infiniment bon, DIEU est communicable sans mesure. Diffusion de la clarté des soleils, épanchement des cœurs humains, qu'il ne soit plus fait d'allusions à vous, mouvements limités, qui devant DIEU sembleriez le rétrécissement de l'égoïsme. DIEU est infiniment communicable. Dans le Cœur de JÉSUS-CHRIST, n'est-ce pas le mariage de la nature divine avec la nature humaine, sous la personnalité du Verbe ? La nature divine tout entière se donne : n'est-elle pas infinie ? La personne du Verbe, n'est-ce pas encore l'infini ? Donc, nature divine infinie, personne du Verbe infinie, voilà le mouvement qui va de DIEU au Cœur du CHRIST. Le flux des océans est fait d'une immense vague qui va du détroit de Behring au cap Horn baiser les rivages des deux Amériques. Le mouvement de DIEU se donnant au Cœur du CHRIST a l'étendue de l'infini.

L'infini, je le vois dans le CHRIST, c'est le Verbe apportant la nature divine, mais à qui ? La donation suppose quelqu'un qui donne quelque chose à quelqu'un. Le Verbe est quelqu'un, d'une taille infinie, oui ; qui apporte la nature divine, infinie elle aussi, oui ; mais à qui ? L'autre quelqu'un recevant le don du Verbe, où est il ? Je vois bien quelque chose : l'humanité. Mais une personnalité humaine recevant le don infini que lui apporte le Verbe, cet homme, je ne le vois pas.

Jamais le CHRIST n'a été une personne humaine, jamais. Dans la plus parfaite des donations terrestres, la formule invariable que DIEU même a dite, comporte ce double quelqu'un : ils seront deux dans une même chair. Une personnalité ne se marie pas à une chose : et le mariage cesse entre l'époux et le cadavre de sa femme. Le souffle qui disloque l'un des deux êtres et emporte sa personnalité, détruit le contrat qui les joignait.

La donation ne va pas de quelqu'un à quelque chose. Or, dans le CHRIST, la nature humaine, individuelle, pas un seul instant n'a été quelqu'un, et même ne pouvait l'être. Voit-on le Verbe apportant à un homme sa nature de DIEU ! Et comment le don se ferait-il ? Ou cet homme reste un homme, et il pourrait, personne humaine, posséder une nature de DIEU sans devenir DIEU ! Ou il cesse d'être un homme quand le Verbe lui apporte la nature divine : ce n'est plus quelqu'un recevant quelque chose de quelqu'un. Si, dans le CHRIST, un élément est divin, le Verbe et sa nature, la donation n'est pas infinie, par le simple motif que la donation n'existe, en vérité, pas ; il manque un élément essentiel, la personnalité recevant. C'est bien plutôt le Verbe qui saisit l'humanité et l'amène à lui, et se l'adjoint dans une intimité, merveilleuse sans doute, mais qui n'est pas, et ne peut être de personne à personne. En DIEU seul le bien suprême est infiniment communicable. L'infini qu'est la nature divine va, là même, du Père dans le Verbe, les joignant, eux qui sont : le Père quelqu'un et le Verbe quelqu'un.

Mais DIEU ne sort pas pour poser, hors de soi, dans un

cœur humain, un infini distinct de lui-même qui serait un second Dieu hors de DIEU.

L'infini serait-il dans le mouvement glorificateur qui monte en obéissance et en amour de ce Cœur du CHRIST? L'infini dans les œuvres du CHRIST, ce serait le CHRIST nécessaire, ce serait le Cœur de JÉSUS s'imposant au vouloir divin, éternellement, ne pouvant point ne pas être.

Taisez-vous, pauvres voix des hommes, taisez-vous, leurs cantiques et leurs hymnes sacrés, que nous mesurions les notes et les amours du Cœur de JÉSUS-CHRIST. Des notes et des notes, des amours et des amours, des prières et des prières, des battements et des battements, et les parties multiples de la grande louange s'étagent et se groupent sur les lignes de la portée musicale, qui s'appellent les époques, les siècles, les années, les mois et les jours. Premier sourire de JÉSUS à Bethléem, dernier adieu sur le Calvaire ; tous les instants mesurent, chacun ou à peu près, une œuvre du CHRIST, un travail, une parole, une affection. Et chacun de ces actes d'amour forme, par soi-même, un tout complet. De combien d'infinis serait donc pleine la vie du CHRIST? Est ce que le véritable infini n'est pas unique, précisément parce qu'il est véritable?

Additionner des infinis ne serait qu'une besogne facile en comparaison de cette autre : mesurer les distances des infinis entre eux. Un acte du CHRIST serait infini : commander à ses lèvres altérées de ne pas aller, sur la margelle du puits de Jacob, jusqu'à la gorgée d'eau fraîche qui dépasserait l'apaisement de sa soif. Et ce pas résolu qui, après une nuit et un jour de tourments, franchit la dernière distance pour poser la croix près du trou béant où, gibet d'infamie, elle va tout à l'heure être plantée ; ce pas, ce regard, l'acte d'amour qui les inspira, c'est encore l'infini. Et entre l'arrêt devant la gorgée d'eau fraîche qui serait sensualité, et ce pas vers l'immolation sanglante, je vois une différence : y aurait-il un espace entre deux infinis véritables? Les actes du CHRIST seraient des notes inégales, celles-ci dans le grave de l'adoration, celles-là au vibrant, au sonore de l'amour : notes inégales et toutes infinies?

Quoi! le premier battement amoureux du Cœur de JÉSUS mériterait une récompense infinie! Et la deuxième louange? et la millième prière? Faisons de ces infinis divers un infini global : voilà que DIEU ne peut pas lui donner une récompense proportionnée. DIEU est vaincu, parce que sa toute-puissance ne peut créer une béatitude qui soit infinie. Seul le bonheur que DIEU goûte en soi n'a pas de bornes. DIEU ne peut payer à leur valeur des mérites infinis.

Mais ce mot « mérites » qui sonne à mon oreille, appelle mon esprit aux réflexions graves. Mériter, n'est-ce pas la même chose que : être digne d'obtenir? Obtenir : mais, dans le CHRIST, qui donc peut obtenir? Le Verbe! Et de qui est-il l'inférieur pour obtenir? Le Verbe-DIEU obtiendrait de DIEU, de lui-même? Le Verbe ne peut mériter rien. Les actes, dans la création, lui sont communs avec le Père et le Saint-Esprit. DIEU serait digne d'obtenir de DIEU! Mériter, mais c'est parce qu'il ne peut mériter comme DIEU, que le Verbe prend des genoux qui se plieront, des mains capables de se joindre, des yeux qui implorent, un front qui s'abaisse, des lèvres qui chantent, un cœur qui aime, un vouloir qui obéit. Ah! si les mérites du CHRIST pouvaient être l'ouvrage du Verbe tout seul! Mais le Verbe est trop haut pour obtenir! La personnalité du Verbe a sa part morale dans les actes saints et méritoires du CHRIST, mais elle n'a qu'une part. Et si, du fait de cette part, tous les actes méritoires du CHRIST sont dans la sphère divine et y sont égaux et infinis, les mêmes actes du Cœur de JÉSUS-CHRIST, de par la faculté créée qui opère, de par la grâce créée qui la soutient, les objets, la difficulté, la durée, l'importance du précepte, sont finis, sont inégaux en valeur et créés. Ils ont une petitesse physique et un infini moral.

Eh quoi! le CHRIST est-il simplement infini? La foi ne

répond qu'armée d'une distinction. Le quelqu'un divin, le Verbe participant de la nature divine, oui ; mais son corps, son âme et son cœur, non. Le CHRIST est incréé et créé, infini et fini. Et les actes du CHRIST qui procèdent et du corps et de l'âme et du quelqu'un divin à la fois, seraient infinis, simplement, sans distinction ! La vérité, elle, ne confond point une génuflexion, et une génuflexion habillée du manteau rouge, un agenouillement, et un agenouillement d'empereur, un compliment, et un éloge de l'Académie, un salut, et la salutation d'un front qui porte la tiare. Dans la glorification qui monte à DIEU du Cœur de JÉSUS-CHRIST il y a de l'infini, parce que le Verbe y participe : mais ce n'est pas l'infini, parce que l'humain s'y trouve essentiellement mêlé. Actes de DIEU, oui, mais non pas actes divins.

Il y a de l'infini : ne craignez pas que les amours des hommes entassés sur les charités des anges et des mondes s'élèvent à la hauteur des amours du Cœur de JÉSUS-CHRIST : l'ordre des actes de DIEU n'est pas envahissable. Mais ce n'est pas l'infini : les actes du Cœur du CHRIST ne se confondront pas avec les opérations de DIEU en DIEU qui le font Trinité. Il y a de l'infini : le vêtement de gloire est à la taille de DIEU et drape majestueusement ses épaules. Il est digne de DIEU. Mais ce n'est pas l'infini : la tête de DIEU reste droite, fière, au-dessus de ce vaste manteau, ne portant qu'une seule couronne qui aille à la largeur de son front : la couronne de gloire intérieure qu'il est à lui-même. Il y a de l'infini dans cette glorification : DIEU peut dire, sans déroger : « Elle est mon plaisir, je l'accepte. » Mais ce n'est pas l'infini. Donc elle n'est pas nécessaire : DIEU a pu, jusqu'à Bethléem, s'en passer. Le Cœur du CHRIST et ses mérites seraient l'infini ! Étrange contradiction : il s'imposerait nécessairement à la liberté de DIEU, il devrait être créé, et voilà qu'il ne peut être créé, parce que l'infini est DIEU, et DIEU est incréable.

Amours du CHRIST, battements sacrés de son Cœur,

louanges, prières, parfums d'immolations qui montez à DIEU de cet autel vivant, vous atteignez l'infini! DIEU se voit personnellement mêlé aux actes petits et saints qui jaillissent pressés, innombrables du Cœur de JÉSUS CHRIST. DIEU ne les fait pas, mais il y est mêlé, parce qu'ils se font sous la personnalité du Verbe. Croyez vous, vraiment, que DIEU n'ait pas en singulière estime des actes qu'il couvre de son nom, qui se font en territoire divin, et qu'il peut, qu'il doit appe'er siens? Le pavillon de la personnalité du Verbe couvre les amours et toutes les œuvres du Cœur de JÉSUS-CHRIST.

Que les peuples s'assemblent, que les millions de vivants, à l'unisson, renforçant leur voix par la voix des choses, d'un coup, s'exclament : Amour ! Amour ! Gloire ! Empire à DIEU ! Cette grande voix des intelligences et des libertés, avec l'accompagnement des tempêtes et des brises, soutenue par tous les chants de l'oiseau et la musique des vagues, et l'harmonie des astres glissant sur les lignes de l'espace comme des doigts sur les cordes d'une harpe mondiale, cette grande acclamation et ces accords des choses s'éteignent sous les voûtes basses du fini ! La résonnance des voix et de l'orgue, splendides dans la cathédrale, meurt le long du fragile obstacle d'un vitrail. Plus haut, en plein ciel, la cloche, les cloches, les bourdons vibrent, sonnent, chantent. O CHRIST, tels les battements de votre Cœur. Le plus petit de vos vouloirs, le moindre de vos amours atteint la sphère de l'infini !

Comprenez-vous, mes frères, l'excellence unique du Cœur sacré? Non pas que, ayant de l'infini, les actes, les mérites du CHRIST soient l'infini lui-même ! l'infini qui ne peut point ne pas être ! Non, puisque les actes du CHRIST et de son Cœur n'ont pas toujours été ! Que d'autres affirment l'infini absolu des mérites de JÉSUS et nous expliquent, ô merveille ! que JÉSUS n'était point dans la première partie du plan divin, où l'ange et l'homme tenaient toute la place !

Non ; la liberté de DIEU domine, souveraine, au-dessus du CHRIST même ! Mais cette liberté, conduite par une sagesse qui a laissé aux hommes les essais et les tâtonnements, cette liberté souveraine et sage, par honneur pour la majesté infinie de DIEU, a voulu d'abord et posé au seuil des mondes le Cœur du CHRIST, seul capable, et capable à lui tout seul, par un simple battement amoureux, d'offrir un hommage infini qui puisse être tout plaisir à DIEU, l'infini.

Voilà ce que nous enseignent les Écritures et où nous mènent, pour la gloire de DIEU et l'honneur du Cœur de son CHRIST, les termes de notre serment : « Quand il s'agit du CHRIST et de sa louange, si l'ignorance devait me faire trébucher dans quelque erreur, j'aime mieux excéder que défaillir. »

Notes de la Quatrième Conférence.

LES MÉRITES DE NOTRE-SEIGNEUR.

SOMMAIRE DES CITATIONS : *Thomisme et Scotisme comparés. Les deux thèses des mérites du Christ — infinis* simpliciter — *infinis* secundum quid — *mises en regard.*

La meilleure façon de saisir les deux systèmes catholiques, Thomiste et Scotiste, sur la question si grave et si ardue des mérites de Notre-Seigneur, est de les mettre en parallèle, et de noter, point par point, les différences. Nous mettons en regard un Thomiste distingué et un Scotiste authentique.

I.

PRINCIPE GÉNÉRAL (MASTRIUS).

Le Verbe, comme personne divine, est incapable de mériter.

Christum per operationes divinas ab humana ejus voluntate independentes non meruisse, nec mereri potuisse compertum est in omni Schola. Sicut nec Deum sua voluntate operantem posse mereri. Ratio siquidem meriti in universum dicit respectum aliquo modo *inferioris ad superiorem*, a quo remuneratio expectatur ; non ergo Christus, quatenus Filius, et per velle divinum apud Patrem mereri potest, quia neque ut sic inferior est illo neque aliam habet voluntatem, nec alias operationes a voluntate et operationibus Patris. C'est comme homme que le CHRIST a une seconde volonté, comme homme qu'il est l'inférieur de DIEU, et le Verbe divin s'est fait homme pour pouvoir mériter. Tout le monde est d'accord.

II.

Les opérations du Christ, comme homme, sont physiquement limitées et finies. Tout le monde d'accord.

Billuart : In operibus Christi hominis nullam esse infinitatem physicam, quia omnia principia quo, sc. natura, potentiæ, habitus, sunt physice finita.

Mastrius : (Ex intentione operis, duratione, loco, objecto ipsius actionis et aliis), quæ cum finita sint et limitata....

III.

La valeur, le mérite des actions humaines du Christ leur vient de leur union avec le Verbe. Les deux camps sont d'accord.

Billuart : Operationes Christi habent valorem infinitum ex unione ad Verbum.

Mastrius : Scotus concedit opera Christi ex circumstantia divini Suppositi (Verbi) quamdam contrahere infinitatem.

IV.

Comment le Verbe qui donne la valeur aux opérations du Christ a-t-il sur elles une influence ? Physiquement ? Non. Moralement ? Les deux camps l'admettent.

Billuart : Non suppositum influit physice in illas operationes alia virtute aut causalitate quam ipsius naturæ cujus est suppositum.

Mastrius : Non igitur ad attribuendum ejusmodi valorem operationibus Christi requiritur peculiaris concursus effectivus ac physica efficientia ex parte personalitatis divinæ, sed sufficit quod personalitas Verbi terminet naturam humanam quæ est principium talium operationum. Eo enim ipso operationes illæ dicuntur deificæ, ac theandricæ, quia persona operans moraliter est quasi forma propriæ actionis : unde sufficit moralis influxus personæ in opera, etiam si personalitas physice in ea non influat.

V.

Quelle valeur l'influence morale de la personnalité du Verbe donne-t-elle aux opérations humaines du Christ ? C'est ici que les deux écoles se partagent. Les mêmes principes donnent naissance à des conclusions opposées.

THOMISTES.

Billuart, de l'influence morale du Verbe, conclut d'abord à l'infini moral de la valeur des actions méritoires du CHRIST. Duplicem valorem debere distingui in actionibus Christi : unum qui petitur ab objecto, et ille est finitus ; alium qui petitur a subjecto eliciente, et hunc, ratione suppositi, dicimus esse moraliter infinitum.

SCOTISTES.

Mastrius conclut également à une valeur infinie, non simpliciter, sed secundum quid. Licet ex vi unionis hypostaticæ non diceretur Christus operari ut Deus, nec ut persona divina, adhuc tamen dicebatur operari ut homo Deus, quod sufficit ad refundendam talem infinitatem in ejus opera, qualis nunquam reperiri poterit in operibus puri hominis ; reddenda est igitur ratio cur hæc infinitas non sit dicenda simpliciter et absoluta, sed tantum secundum quid.

Le *moraliter infinitum* de Billuart et *l'infinitum secundum quid* de Mastrius se valent. Jusque-là mêmes principes, mêmes conclusions. Et pourtant non. Mastrius conserve dans toute son argumentation son infinitum secundum quid, et, au contraire, par un tour de passe-passe, l'infinitum *moraliter* de Billuart devient un infinitum *simpliciter.*

Billuart : Operationes Christi non solum ex extrinseca Dei

Mastrius : Dicendum est meritum Christi Domini ex infinita

acceptatione, sed etiam ab intrinseco, fuerunt valoris simpliciter infiniti, tam ad merendum quam ad satisfaciendum.

dignitate personæ merentis non reddi simpliciter et absolute infinitum, sed tantum secundum quid.

VI.

Pourquoi l'influence morale *de la personne du Verbe sur les opérations finies de l'humanité, produit elle l'infini absolu, au lieu de l'infini moral ou secundum quid dans les mérites du Christ ?*

THOMISTES.

Thèse de Billuart : Æstimabilitas moralis, seu valor meritorius actionum, non solum petitur ex objecto aut ex principio quo, sed etiam et maxime ex dignitate personæ operantis ut quod, eoque magis crescit quo major est dignitas personæ ; atqui persona Christi est infinite digna ; ergo ejus operationes, licet ex conditione objecti et principii *quo* sint finiti valoris, ex dignitate tamen infinita personæ a qua procedunt, habent infinitam *æstimabilitatem moralem*, valoremque tam ***meritorium*** quam satisfactorium ***simpliciter ; pars enim infinita non finitatur ex comparte finita***, sicut nec totum inde conflatum, ut patet in aggregato ex Deo et mundo.

SCOTISTES.

Thèse de Mastrius : Ratio præcipua et adæquata... est illa quam tangit Doctor (Scotus), quia nimirum quantitas meriti, vel satisfactionis non oritur præcise ex sola operantis dignitate, sed etiam ex aliis circumstantiis, ut ex intentione operis, duratione, loco, objecto ipsius actionis et aliis quæ, cum finita sint et limitata, limitationem quoque causant in opere, ut non sit ordinabile ad omne præmium. Quando enim ad unum effectum præsertim moralem plura concurrunt, licet unum sit infinitum, si tamen alia sint finita, effectus non erit ***infinitus simpliciter***, sed finitus, quia limitatur ab aliis principiis finitis. Cum igitur in proposito ad meriti constitutionem non tantum concurrat dignitas personæ merentis, sed etiam aliæ circumstantiæ, nec dignitas personæ sit adæquata ratio constituens meritum, quia meritum, ut meritum, conflatur etiam ex bonitate morali operis, et potest ex hoc capite constitui in genere meriti imperfecti, quia talis bonitas finita est, ac limitata; plane ex hoc deducitur quod ex infinitate personæ non infinitabitur in genere valoris simpliciter, sed *secundum quid* in genere valoris imperfecti.

L'argument de Billuart que, dans une opération commune où deux agents, l'un infini, l'autre fini, opèrent de concert, la partie finie ne limite pas l'effet de la partie infinie, cet argument, dis-je, s'évanouit devant ce dilemme : Vel pars *infinita* agit *physice*, et effectus procedens ex ea non limitatur a parte finita. Je concours avec la puissance de DIEU pour produire la transsubstantiation : il est clair que, la puissance infinie de DIEU agissant physiquement, la transsubstantiation est une œuvre infinie en dépit de la part que moi, prêtre, j'y prends. Vel pars *infinita* influit tantum *moraliter*, et pars *finita* agit *physice*, et tunc effectus procedens in suo esse physico a causa limitata, limitatur a parte finita causante, licet nobilitetur moraliter a parte infinita influente moraliter. — Billuart argumente comme si la partie infinie pouvait mériter d'elle-même, quand le Verbe ne peut mériter que par l'humanité finie.

VII.

Conclusions des deux Écoles.

THOMISTE.

La valeur des opérations méritoires du CHRIST étant infinie *simpliciter*, les mérites du CHRIST n'ont pas besoin de l'acceptation de DIEU pour être de Condigno, pour avoir un droit strict à la récompense : ils s'imposent à DIEU par eux-mêmes. Si le mérite des actes du CHRIST est simpliciter infi-

SCOTISTE.

L'infini *secundum quid* de la valeur des œuvres du CHRIST le constitue en elles-mêmes, avant toute acceptation de DIEU, un mérite de Congruo ; elles n'ont un mérite de Condigno que par l'engagement libre que DIEU prend de les accepter telles.

Quia ergo ab æterno intercessit factum divinum quo Deus

nitum, et le mérite absolument infini s'impose nécessairement à DIEU, on pourrait être amené à se demander si ce qui produit ces actes n'est pas nécessaire lui-même. Nous avançons vers le CHRIST nécessaire.

decrevit se velle acceptare meritum procedens a voluntate Christi supposito divino unita pro infinitis, ut meritum de Condigno : ex tali promissione et acceptatione, quæ in gratia unionis, ex natura rei, erat sola congruitas, evasit de facto condignitas ad infinitum præmium syncategorematice.

Et l'argument se résume ainsi : Ou le Verbe agit physiquement, et l'œuvre est infinie *simpliciter*, mais elle appartient aux trois personnes divines et ne peut mériter rien. Ou le Verbe influe moralement, et l'œuvre n'a qu'une valeur d'*infini secundum quid*, limitée qu'elle est par sa cause efficiente finie ; or, il n'y a que l'infini absolu qui puisse s'imposer à DIEU sans pacte d'acceptation préalable.

VIII.

Comment la doctrine Scotiste est rapportée par Billuart.

Billuart : Volunt operibus Christi non inesse valorem infinitum ab intrinseco et ratione suppositi Divini — sed tantum ab extrinseca acceptatione Dei acceptantis illa ad valorem et præmium infinitum.

Mastrius : Opera Christi ex vi illius antecedenter ad acceptationem divinam actualem habeant valorem infinitum modo jam declarato, et condignitatem ad redemptionem.

Macedo dit très bien : Illud animadvertendum Thomistas in eo vulgo labi quod putent Scotum totam rationem meriti in acceptatione Dei collocare, cum Scotus non auferat valorem operum ; sed ultra illum exigat acceptationem, tanquam illius complementum, quod oritur ex suprema Dei majestate qui liberaliter acceptat quod omnibus titulis suum est, et vertit in meritum debitum sibi obsequium.

En reprenant le texte de Billuart, avec quelques modifications, on aura la doctrine scotiste : Volunt operibus Christi non inesse valorem infinitum ab intrinseco, *sed* cum acceptatione Dei et *ratione* suppositi Verbi divini. D'ailleurs, il n'est pas inutile de juger Duns Scot sur ses propres paroles.

IX.

Thèse du Docteur Subtil.

Le Docteur Subtil traite, dans son Commentaire d'Oxford et de Paris (Lib. III. dis. XIX, quest. unic.), cette grande question des mérites du CHRIST. Nous citons son texte parisien. (Reportata parisiensia, lib. III. d. 19. q. unica.)

Ad istam quæstionem dicunt quidam : Meritum Christi habet infinitatem quamdam ex supposito Verbi, quod *eliciebat et exercuit* operationes illius naturæ assumptæ ; quia ergo elicit omnes actus convenientes utrique naturæ, ideo virtute illius naturæ et suppositi operationes sunt infinitum bonum ; ideo mors et passio, et aliæ operationes habuerunt infinitatem quamdam... Similiter meritum pensatur secundum dignitatem personæ merentis, quæ est et fuit infinita ; ergo infinitatem merebatur.

Voilà bien l'objetion, ou la doctrine adverse, exposée par notre docteur. Il y répond immédiatement : Contra hunc modum dicendi arguo quod dicta illa quibus dicitur : Vita Christi fuit ita excellens ut haberet quamdam infinitatem, etc., videntur esse hyperbolica et exponenda. Il faut expliquer cela, il faut s'entendre, *exponenda ;* parce que le CHRIST est Verbe increé et homme créé, qu'il a deux natures et une seule personnalité divine, il ne faut ni confondre, ni séparer, comme l'ont fait Eutychès et Nestorius. Sous prétexte d'exalter, dans le CHRIST, le DIEU, il ne faut pas oublier l'Homme qui s'y trouve aussi réellement. Donc : Exponenda, quia loquimur, pro nunc, de *bono velle* Christi quo meruit, et (cujus) acceptavit Deus passionem pro omnibus.

Dans le CHRIST, il y a le *bonum velle Verbi* et le *bonum velle naturæ humanæ assumptæ.* Dans les opérations ad extra, le *bonum velle Verbi* est commun à toute la Trinité. Or, la Trinité ne peut mériter aux yeux de la Trinité. C'est donc le *bonum velle naturæ assumptæ* qui est méritoire. Et le Docteur Subtil pose son argument : Non fuit *Homo iste* infinitus formaliter ; cum ergo humanitas illa immediate unita illi personæ (Verbi) fuit causa meriti, ergo nec meritum fuit in se infinitum. Le CHRIST ne mérite que par son vouloir d'homme ; or son vouloir humain est fini ; donc son mérite est *en soi* limité.

Præterea, per se principium illius *velle*, cum omnibus quæ concurrunt ad rationem principii illius actus, est finitum ; nam gratia et voluntas ejus finita est, si sumitur cum omnibus et quibuscumque respectibus ad Verbum ; ergo et *velle* fuit finitum formaliter et limitatum, et per consequens finite acceptatum. Non moins que le vouloir humain du CHRIST, la grâce immense qui l'inonde, est limitée : donc, de ce chef encore, le mérite du CHRIST est dans les bornes du fini.

Mais, dira-t-on, les actions appartiennent aux suppôts : *actiones sunt suppositorum ;* or, le suppôt ou la personne, dans le CHRIST, est le Verbe, qui est infini ; donc les actions du CHRIST sont infinies. Malheureusement, qui prouve trop ne prouve rien. Les actions sont *attribuées* à la personne : oui. Les actions, toutes les actions sont *accomplies* par la personne : non. Ainsi, les opérations du principe végétatif en nous, la digestion, la croissance, sont actes d'homme et non pas actes humains.

Un acte est de DIEU dès qu'il peut être attribué à une personne divine. Un acte n'est divin que s'il est accompli totalement par DIEU seul. Et voilà pourquoi tout acte divin est infini par lui-même ; tandis qu'un acte de DIEU, par le fait de la cause créée qui coopère avec DIEU, n'est pas formellement infini.

Les actes du CHRIST accomplis par son vouloir créé sous la personnalité du Verbe, sont attribués au Verbe qui est DIEU et sont des *actes de Dieu ;* mais ces mêmes actes ne sont pas des *actes divins*, parce que leur cause efficiente n'est pas DIEU seul.

Un acte de DIEU, comme une parole, un regard, un pas de JÉSUS-CHRIST, n'est pas infini. Quel est, en effet, le rôle de la personne divine sur ces actes du vouloir humain dans le CHRIST ? Nec habuit Verbum aliquam causalitatem super illud *velle (naturæ humanæ)* quam non habuit tota Trinitas, parce que c'est une opération *ad extra.* Mais, quand bien même cette influence spéciale serait, par impossible, admise : Et si detur quod (Verbum) habuit specialem efficaciam super actum, il n'en reste pas moins indéniable que : adhuc actus formaliter infinitus et infinite acceptatus non potest essentialiter dependere ab aliquibus principiis finitis in perfectione, cum causa finita. Dico : non potest essentialiter dependere, ita quod creatum habet *essentialem* causalitatem, non *accidentalem* tantum, sicut habuit super *velle Verbi* natura (humana) assumpta.

Voilà bien la différence entre : acte de DIEU et acte divin. Acte divin n'a qu'une cause : DIEU. Acte de DIEU peut comporter deux causalités : DIEU et la créature. Or, partout le créé laisse sa trace. C'est par les actes de son vouloir humain et essentiellement par ces actes-là, que le CHRIST mérite. Quand bien même la personne du Verbe aurait une part active dans ces actes accomplis, de toute nécessité pour être méritoires, par l'humanité de JÉSUS, il n'en est pas moins vrai que ces actes du CHRIST, manger, parler, prier, marcher, aimer, sont des actes où une cause finie agit de concert avec une cause infinie. Actes d'un DIEU, et non pas actes divins. Ergo adhuc est quod si Verbum specialiter egerit ibi aliter quam Trinitas, non sequitur quod actus iste habeat unde infinite acceptetur.

Qu'on veuille bien réfléchir maintenant sur ce principe qui exalte si grandement le domaine de DIEU sur toutes choses, savoir : Nullus actus finitus formaliter habet rationem meriti, *nisi voluntate divina acceptante.* Un acte est fini ou infini ; pas de milieu. Les actes du *velle naturæ humanæ assumptæ*, seuls méritoires dans le CHRIST, sont finis ; mais ils sont enveloppés d'une circonstance qui leur donne valeur et les rend acceptables. Ils sont, en effet, attribués, *denominative*, à la personne divine du Verbe, sans toutefois être faits, *elicitive*, par elle. Jusqu'où va cette acceptabilité, cette valeur extrinsèque ? Est-elle infinie ? Duns Scot répond : Si *bonum velle Christi (creatum)* tantum fuit acceptatum, quantum erat persona Verbi : tunc, cum persona illa sit infinita simpliciter, infinite fuit *bonum velle ejus* acceptatum. Sed Deus non acceptat aliquid nisi quantum de acceptabilitate ; ergo bonum velle illius naturæ (humanæ) respectu suppositi (Verbi), habuit infinitam rationem acceptabilitatis. Et tunc in acceptabilitate (in valore) non esset differentia inter *velle Verbi*, et *velle illius naturæ (humanæ)* in Verbo, quia ex parte acceptabilitatis non est major acceptabilitas. Ergo Verbum voluntate bona, circumscripta natura assumpta, potest mereri, quod falsum est.

Et ultra sequitur quod, si passio Christi tantum sit acceptata a Trinitate quantum persona ejus diligitur, Trinitas tantum diligeret *velle naturæ assumptæ*, sicut *velle Verbi increati*, quod nihil est dicere, quia hoc non est nisi ponere creatam diligibilitatem sicut increatam.

Et comment ce mérite, s'il était infini, pourrait-il être récompensé? Præterea, non est velle hujus plus acceptatum quam est bonum. Si ergo in infinitum sit acceptatum pro infinitis, tunc velle illud (creatum), cum respectu naturæ ad suppositum Verbi, fuit formaliter infinitum; ergo, *isto velle*, cum tali respectu, potuit anima Christi frui Deo, sicut Verbum, *velle proprio sibi*, quod nihil est, nisi ponendo animam esse Verbum.

En quel sens la valeur des actes méritoires du CHRIST peut-elle être présentée comme infinie?

Cum actus merendi Christi fuit formaliter finitus, nullus respectus fundatus in eo potuit dare ei infinitatem formaliter, quia tunc non potest esse meritum plus secundum velle creatum quam increatum. Sed sciendum quod, cum nullus actus finitus formaliter habeat rationem meriti, nisi voluntate divina acceptante, pro tot potest esse sufficiens pro quot divina voluntas potest, vel vult acceptare; et pro tot est actu sufficiens, pro quot a voluntate divina actu acceptatur. Et quia omne aliud a Deo est bonum, quia a Deo est volitum et acceptatum, ideo pro aliqua conditione personæ merentis, quæ est formaliter conditio actus merendi, potest acceptari illud meritum pro infinitis. Et sic meritum Christi fuit *quasi infinitum*, non tamen *formaliter infinitum*, sed ut infinite acceptatum pro infinitis, quod non fuisset si fuisset purus homo, quia *ut infinitum (Trinitas) acceptavit*, propter *infinitatem Personæ merentis*.

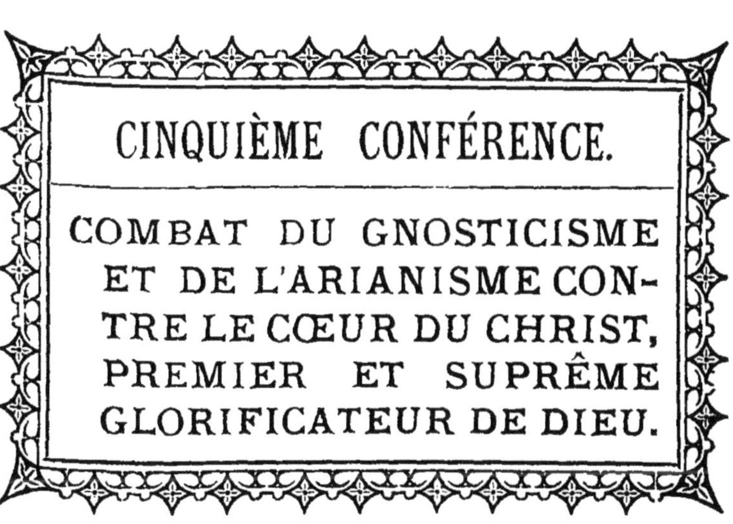

CINQUIÈME CONFÉRENCE.

COMBAT DU GNOSTICISME ET DE L'ARIANISME CONTRE LE CŒUR DU CHRIST, PREMIER ET SUPRÊME GLORIFICATEUR DE DIEU.

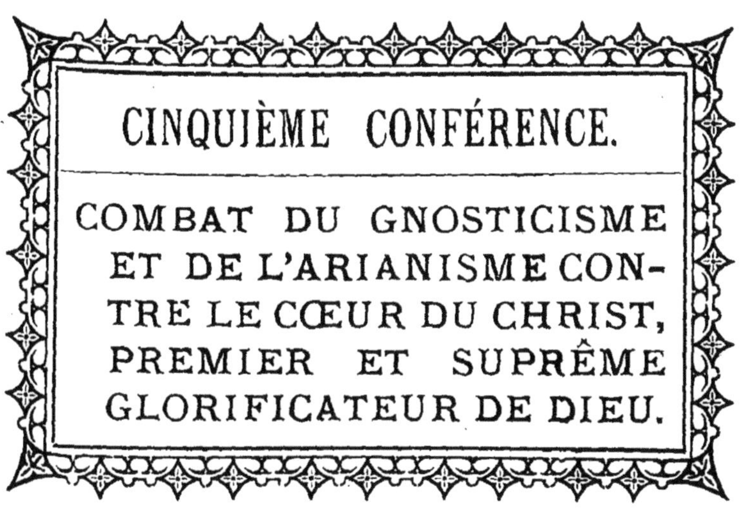

CINQUIÈME CONFÉRENCE.

COMBAT DU GNOSTICISME ET DE L'ARIANISME CONTRE LE CŒUR DU CHRIST, PREMIER ET SUPRÊME GLORIFICATEUR DE DIEU.

Et usque ad cœlum attingebat stans in terra.

Les pieds sur la terre, debout, il atteignait de son front les cieux.

(SAGESSE, 18, 16.)

DANS la plénitude de sa liberté souveraine qui commence parce qu'elle veut, et qui achève parce qu'elle peut, qui va de la base au sommet, qui relie le porche et l'abside, et dresse le dôme, avec l'aisance d'un pouvoir supérieur à tout, l'Amour de DIEU bâtit le Temple du monde pour que quelqu'un, à l'autel, chante dignement le cantique de l'amour. Et DIEU bâtit en DIEU, avec l'immensité pour mesure et la profusion pour règle de la beauté.

D'un geste, il trace l'orbe qui enfermera toutes choses ; c'est la place des murailles. L'enceinte est vaste. Mesurez la terre et les cieux. Sous le choc de son ordre la lumière jaillit des soleils, pénètre les espaces et remplit le Temple où commencera l'office sacré de la glorification de DIEU. La voilà fixée, en façon d'auréole, autour de lampadaires immenses, et les flambeaux de DIEU, conduits par sa main, inondent toutes les parties du majestueux édifice, de ravissantes clartés.

Il faut un sanctuaire. DIEU le choisit comme nous choisissons les nôtres, un peu à l'écart, baigné seulement d'une lumière amoindrie et plus mystérieuse. Le sanctuaire de DIEU, c'est la terre. Il en orne les murailles. Sculpteur habile et patient, il taille avec méthode la feuille des arbres, le tronc des palmiers et des chênes, l'ossature de l'animal, les contours du corps humain et les détails du visage Il se fait peintre, mêle les tons, varie les nuances sur le calice des fleurs, et trouve un azur inimitable pour le voile qui enferme le sanctuaire de toutes parts. Si tel est le temple, que sera le Prêtre !

Et la procession commence sous les arceaux de l'interminable nef. Les Esprits purs sont les premiers du cortège, marchent par phalanges, et chacune a sa bannière, avec ses titres, fonctions et dignités en lettres éclatantes : Anges, Archanges, Vertus. Voici les Puissances les Principautés, les Dominations ! Enfin paraissent les princes de ces princes : les Trônes, les Chérubins, les Séraphins.

Derrière tous ces groupes, marche un couple qui jette sa note d'amour à DIEU, s'arrête, et achève dans une lamentation. Ce groupe de deux qui épuise vite les strophes gaies pour prolonger l'hymne dans des sanglots, ouvre la théorie des esprits liés à la matière. Viennent les héros de l'espérance qui chantent, alors que DIEU a détruit toute vie autour d'eux ; les héros de la Foi, et le grand chef que DIEU choisit pour qu'il restaure la loi : Noé, Abraham et Moïse, le secrétaire des commandements de DIEU. Voici les Prophètes dont la voix, trompette éclatante, annonce le Glorificateur du Très-Haut. Il n'est pas loin. Chaque génération, passant, donne sa note ; c'est le gazouillement tremblant, la petite voix de l'enfant de chœur que suit le silence. Une nouvelle génération, une nouvelle strophe, et une pause. Quarante fois les chants avaient alterné avec les silences. La procession des siècles s'avançait toujours. La majesté de l'adoration planait sur elle, et la nuit en était au milieu de sa course enveloppant les êtres. Le Glorificateur entra dans le Temple, porté sur les bras d'une femme qui lui souriait, et lui-même souriait à DIEU. Des hauteurs du trône royal de l'Éternel, une parole descendit, votre parole, Seigneur, qui disait : « La gloire est à DIEU ! Le Glorificateur de DIEU est entré dans le Temple du monde, indomptable guerrier, glaive aigu qui porte, écrits sur sa tranche, les noms des maudissants et des silencieux ; ses victimes l'entourent déjà, couchées dans la mort, et lui, il est debout[1]. C'est un enfant. Les bras d'une jeune femme lui sont un berceau. » Regardez bien : « Les pieds posés sur la terre, il touche de son front au ciel, » et il s'appelle JÉSUS.

Le Glorificateur de DIEU s'appelle JÉSUS.

I.

Que les langages humains sont petits ! Quel sot outil au service de la pensée ! Et que les prophètes devaient s'irriter contre leur parole quand DIEU éclairait leurs visions ! Dans ce sentiment, le plus foncièrement vrai de tous les sentiments, ils s'écriaient : « Ne vous servez pas de moi[2] : Seigneur, je ne sais pas parler. Ne me montrez rien : je ne saurais pas raconter, ou laissez-moi redire : ah ! ah ! ah ! » Quand, la foi au cœur, on ouvre le saint Évangile, le dépit du Prophète

1. Cùm enim quietum silentium contineret omnia, et nox in suo cursu medium iter haberet, omnipotens sermo Tuus de cœlo a regalibus sedibus, durus debellator in mediam exterminii terram prosilivit, gladius acutus insimulatum imperium tuum portans, et stans replevit omnia morte, et usque ad cœlum attingebat, stans in terra. — Tunc continuo visus somniorum malorum turbaverunt illos... et alius alibi projectus semivivus, propter quam moriebatur, causam demonstrabat mortis. (Sap. XVIII. 14. 18.)

2. Prophetam in gentibus dedi te. Et dixi : A a a, Domine Deus : ecce nescio loqui. (Jer. I. 5. 6) — Væ mihi, quia tacui... Et volavit ad me unus de Seraphim et in manu ejus calculus, quem forcipe tulerat de altari, et tetigit os meum... Et dixi : Ecce ego, mitte me. (Is. VI. 5. 8.)

s'empare de tout l'être. Comment rendre la physionomie de l'âme du CHRIST, glorificateur de DIEU !

Il nous faut aujourd'hui rechercher si la tradition chrétienne est d'accord avec nos élans des dix-huitième, dix-neuvième et vingtième siècles, si l'antiquité catholique a vu dans les actes du CHRIST, émanant de son Cœur, la suprême et la première glorification de DIEU.

Comment montrer tout ce que l'on soupçonne dans ce Cœur d'Homme-DIEU ! Il est certain, ici, que les soupçons effleurent seulement, de l'aile, la splendide réalité. Malgré qu'il ne sût pas dire mieux que les autres voyants, Isaïe tenta de dire. Et son style n'a d'égal dans aucun langage. Mais Isaïe ne contempla pas ! Les Évangélistes, qui ont vu, ont mieux aimé se cantonner dans des faits. L'âme monte les marches de leur simple parole, et nous voyons de près comme eux, la glorification de DIEU sortir du Cœur de JÉSUS.

Il est écrit [1] : Vous adorerez le Seigneur votre DIEU. Et le CHRIST ne possède une âme grande que pour l'agenouiller devant la majesté divine. Un jeune riche [2], séduit par la bienveillante sérénité de ses manières, lui dit, prosterné, en somme, devant l'homme supérieur qu'il le croit être : Bon maître ! — Pourquoi m'appelles-tu bon ? DIEU seul est bon.

Poétiques les prières que le Cœur du CHRIST jette à DIEU sur les hauteurs, la nuit [3], au milieu de la nature endormie ou qui veille pour le mal ! Les colloques de l'âme du CHRIST avec la majesté divine ne cessent point quand le rideau d'azur s'étend devant les étoiles.

La prière devient la prédication qui nomme DIEU, qui

---

1. Vade, Satana ; scriptum est enim : Dominum Deum tuum adorabis, et illi soli servies. (Mat. 4. 10.)

2. Procurrens quidam genu flexo ante eum, rogabat eum : Magister bone, quid faciam ut vitam æternam percipiam ? Jesus autem dixit ei : Quid me dicis bonum ? Nemo bonus, nisi unus Deus. (Marc. 10. 17. 18.)

3. Exiit in montem orare, et erat pernoctans in oratione Dei. (Luc. 6. 12.)

enseigne les mœurs de DIEU, et les fait imiter par les vertus surnaturelles. « Il se fait tard [1], la nuit vient. Maître, finissez votre sermon. — Le plus grand commandement de la loi [2], quel est-il ? — Vous aimerez le Seigneur votre DIEU avec tout votre cœur, et tout ce qui sert au cœur, l'âme, l'esprit, les forces. » Le CHRIST n'ajoute pas : Ce commandement n'a été gardé jamais, dans sa plénitude, que par un cœur : le mien. Ne pensez pas que les recherches de l'amour-propre, rets entrelacés, si perfidement tendus que notre cœur, à nous, facilement capturé, n'en peut rompre toutes les mailles, soient un piège pour son vouloir. « Tout ce qui plaît à mon Père [3], je le fais toujours pour le glorifier lui tout seul. Je ne cherche pas ma propre gloire, quelqu'un s'en occupe. Et si je la cherchais, ma gloire ne serait rien. J'ai accompli tous les ordres de mon Père. Et maintenant, Père, sauve-moi [4] : glorifie ton nom ! Mon Père, c'est l'heure, glorifie ton Fils, pour qu'il soit ta gloire ! Je t'ai glorifié sur la terre : j'ai accompli l'œuvre que tu m'avais donnée. » Et la Voix, comme un tonnerre [5], de dire, éclatant sur JÉSUS : « Je t'ai glorifié, et je te glorifierai encore. »

« Suprême glorificateur » de DIEU dans le Temple des choses, le Cœur du CHRIST est le premier glorificateur dans les pensées éternelles. DIEU ne voyage point du passé au présent, et du présent au futur. Le présent est le palais où

1. Et exiens vidit turbam multam Jesus : et misertus est super eos... et cœpit illos docere multa. Et cum jam hora multa fieret, accesserunt discipuli ejus, dicentes:..Jam hora præteriit ; dimitte illos.(Marc. 34. 36.) Dies autem cœperat declinare, et accedentes duodecim dixerunt illi : Dimitte turbas .. (Luc. 9. 12.)

2. Magister, quod est mandatum magnum in lege? Ait illi Jesus : Diliges Dominum Deum tuum ex toto corde tuo, et in tota anima tua, et in tota mente tua. Hoc est maximum et primum mandatum. (Mat. 22. 36. 38.)

3 Ego, quæ placita sunt ei, facio semper. (Jo. 8. 29.) Honorifico Patrem meum. Ego autem non quæro gloriam meam ; est qui quærat et judicet. Si ego glorifico meipsum, gloria mea nihil est ; est Pater meus qui glorificat me. (Ib. 54.)

4. Pater, salvifica me ex hac hora. Pater, clarifica nomen tuum. Venit vox de cœlo : Et clarificavi, et iterum clarificabo. (Jo. 12. 27. 28.)

5. Turba ergo quæ stabat et audierat, dicebat tonitruum esse factum. (Ib. 29.)

loge sa vision. Et DIEU, sur le Cœur du CHRIST ne prononce point : « Je me complais en lui ; il est mon plaisir. » Non « Je me complus en ce cœur [1] ; il fut mes plaisirs. Complacui. » Étrange manière d'exprimer le présent, si, pour notre façon d'entendre, elle ne veut pas dire : Il m'a plu avant tout le reste !

Le « premier glorificateur » de DIEU. Est-ce que le CHRIST ne l'enseigne pas nettement ? On lui demande : Qui es-tu ? [2] — Il répond : Moi qui vous parle, Verbe-DIEU, qui ai des lèvres humaines, je suis le Principe, le commencement. De quoi, sinon de la glorification de DIEU ? Écoutez, mes frères, et comprenez : « Toi, mon Père [3], glorifie-moi devant Toi. » Le CHRIST demande, et demander suppose ne pas avoir. « Donne-moi devant Toi la gloire que j'avais. » J'avais, donc je n'ai pas. Est-ce le Verbe qui avait et qui n'a plus ? C'est l'humanité, c'est le Cœur qui prie. « Glorifie-moi, maintenant, de la gloire de primauté sur le monde ; réalise aujourd'hui cette gloire que j'ai eue devant Toi avant que le monde ne fût, de quelque façon, ou fabriqué, ou seulement voulu. » O CHRIST, c'est vous, vous-même, qui allez, sur les ailes de votre parole, portant nos pensées, au delà du Fiat Créateur, devant la pensée divine, avant le monde créé, et avant que le monde soit, de l'autre façon, décidé, voulu. Suprême glorificateur, vous êtes le premier glorificateur voulu, décrété par DIEU ! Premier, au-dessus ! Premier, avant !

1. Mat. 17. 5

2. Dicebant ergo ei : Tu quis es ? Dixit eis Jesus : Principium qui et loquor vobis. (Jo. 8. 25.)

3. Ego te clarificavi super terram ; opus consummavi quod dedisti mihi ut faciam. Et nunc clarifica me tu, Pater, apud temetipsum, claritate quam habui priusquam mundus esset apud te... Notum feci eis nomen tuum, et notum faciam, ut dilectio qua dilexisti me, in ipsis sit, et ego in ipsis. (Jo. 17. 4. 5. 26.)

II.

Les pages de saint Jean que nous venons d'épeler, l'apôtre de l'Amour les écrivit soixante ans après la mort de son Maître. Et elles étaient la réponse aux premiers hérétiques qui disaient déjà : Le CHRIST est un glorificateur de DIEU comme les autres hommes, parce qu'il n'est qu'un homme. Et pendant trois cents ans, la plus gigantesque lutte de la pensée se poursuit, acharnée autour de cette question : Le Glorificateur de DIEU qui a paru, n'est-il qu'un homme ? Les pieds posés sur la terre, dresse-t-il sa taille jusqu'au ciel ? Touche-t-il à DIEU ? Est-il DIEU ?

A peine l'événement est-il entré dans l'ordre des réalités, que la discussion s'engage autour de lui, jusque dans son fond. A aucune époque, la pensée humaine n'a été aussi solidement armée pour les batailles de la plus haute métaphysique. Nous en sommes encore à Platon, encore à son émule Aristote, et ces deux génies avaient des disciples ! L'enseignement philosophique, la dialectique, avaient élu domicile sur la vieille terre des Pharaons, dans la cité d'Alexandrie.

Les empereurs païens tranchaient les têtes des chrétiens ; les gnostiques, plus hardis, amputaient le CHRIST de sa divinité. Moins haïssables Néron et Dioclétien que Simon le Mage, Cérinthe, et Carpocrate. — Mort aux chrétiens ! Les chrétiens aux lions ! criaient, dans les amphithéâtres, des masses païennes, ivres de sang humain, mais ignorantes. Et la Gnose, philosophisme mal baptisé : « Tenaillons le dogme ! Tranchons les sommets divins de l'être du CHRIST ! Besogne facile. DIEU veut créer ; mais la matière est trop petite pour supporter l'action infinie de la Divinité. Il faut un intermédiaire. Et la Divinité crée le Verbe, pour que le Verbe organise et crée le monde. » Ainsi, le Verbe, créature de DIEU, a les pieds sur la terre, mais son front ne touche plus aux cieux. Ce ne sont pas des lèvres de DIEU qui disent à DIEU le cantique d'amour chanté par la nature humaine dans le cœur du CHRIST ! Il n'y a plus de Glorificateur divin. Et le CHRIST, abaissé à la taille de simple créature, n'est qu'un nain plus grand parmi d'autres nains. Quand une branche du compas est appuyée à l'infini, l'autre ne distingue plus parmi les échelons de bassesse du petit.

Voilà le Glorificateur de DIEU que voulaient donner au monde trois siècles de Gnose et vingt sectes hérétiques.

Arius de dire : « Le CHRIST est le Verbe, mais le Verbe est une créature ; plus parfaite, peut-être, mais créature, et les différences des épaules et de la tête, ne sont pas des différences, vues des cieux. » C'est la Gnose renouvelée, moins la folie des émanations en séries indéfinies.

Mieux valait le coup de faux à même les vies des chrétiens que l'insulte d'Arius au visage de JÉSUS. Le monde martyrisé qui chantait l'hymne de la délivrance, les âmes qui s'étonnaient, joyeuses, de pouvoir dire, en plein ciel de Rome ; « Je suis chrétien, j'appartiens au CHRIST, » sont émues d'un autre genre de douleur. Le vomissement d'Arius contre le Verbe soulève le monde romain, catéchumène ou baptisé, d'une indignation superbe. La victoire de Constantin ne donne pas tout son fruit ; elle en est ébranlée

Victoire, néanmoins, triomphe sur le paganisme. Roues de supplice, tenailles de fer, cuves d'airain pour les bains de poix ardente, c'en est fait de tout cela. Les lions et les tigres, sevrés de sang chrétien, sont renvoyés aux déserts de Lybie ou dans les gorges de l'Atlas.

La longue théorie des vieilles fidélités, traquées jusqu'alors comme bêtes fauves capables, sans cette chasse, de dévorer l'empire, sort lentement, à regret, des repaires du culte chrétien, partagée entre le souvenir délicieusement douloureux des fêtes nocturnes où l'on trempait son âme pour le martyre, et des autres solennités, le soir, après les scéances du Colisée, quand, à la lueur des torches, on rangeait dans les parois des longues galeries souterraines, avec des chants et avec des larmes, les corps déchiquetés des vieillards et des jeunes patriciennes, restes sacrés du festin des léopards, dont la cruauté savoureuse enivrait de plaisir un peuple de tigres; les vétérans des persécutions sortent de leurs antres, partages, vous ai-je dit, entre les souvenirs de force, de poésie, de religion intransigeante qu'ils laissent dans les salles des catacombes, et les joies de la victoire du DIEU vrai sur Saturne, Vénus et Jupiter.

Ils saluent, y croyant à peine, la victoire de Constantin Le pont de bateaux qui se rompt sur le Tibre, Maxence et ses légions engloutis dans le fleuve, Rome révoltée contre le dernier tenant officiel des idoles, l'arc triomphal qui s'élève à la gloire de ce premier César chrétien, la statue qui le représente une longue croix à la main, en guise de lance, l'édit rendu en faveur de la religion chrétienne, tout cela, mes frères, c'est le triomphe du vrai DIEU. On ne voit plus, bientôt, que basiliques qui s'élèvent, et les temples païens sont envahis, après purification, par un peuple conquis enfin à la vérité, le front humide encore de son baptême récent. Les livres sybillins ont fait place à l'Évangile. Honneur à Constantin, gloire à DIEU par JÉSUS-CHRIST ! Gloire à DIEU, oui ; mais qu'est-ce que JÉSUS-CHRIST ?

DIEU qui avait su, devant Constantin, précipiter dans le Tibre l'armée de Maxence, DIEU, par l'écrasement de Licinius, leur collègue impérial, place le monde civilisé dans la main de l'empereur fidèle. C'est la paix universelle. Le cliquetis des lances et des épées ne diminuera pas la voix de trois cent huit évêques du Concile. La Providence a de ces victoires. Elle avait une première fois fait la paix, et remis l'univers à Auguste, et le CHRIST était entré. Les deux situations sont semblables : Bethléem et la paix d'Octave, Nicée et la paix de Constantin. — Devant qui, empereur, abaisses-tu ton pouvoir politique, le premier du monde ? Pour qui êtes-vous morts, héros du Colisée ? Pour qui vos blessures, évêques d'Héraclée et de la haute Thébaïde, qui avez tant souffert ? L'œil droit arraché, le jarret gauche coupé pour JÉSUS-CHRIST, c'est beau. Mais Arius dit que le CHRIST est un Verbe créé, fabricateur subalterne du reste des créatures. La main gauche sur les splendeurs des livres Sapientiaux, la droite sur les précisions du langage de saint Paul aux Colossiens, Arius regarde le CHRIST avec l'insolence d'un Lucifer : « Tu es un Verbe créé : et, créature pour créature, devant DIEU, mon cœur bat à la hauteur du tien ; tu n'es pas plus grand que moi. »

Si je ne m'abuse, mes frères, un pourquoi étonné plane sur vos attentions. — Pourquoi, devant l'unanimité de notre foi en JÉSUS-DIEU, quand il s'agit de faire monter nos louanges vers son Cœur adorable, pourquoi rappeler tant de sophismes, tant de disputes qui ont formé dans l'histoire de l'Église la désastreuse période arienne ? Est-ce que le CHRIST n'a pas vaincu ? — Si, le CHRIST a vaincu ; oui, il a été reconnu solennellement le Glorificateur suprême de DIEU ; mais parce que le texte qui prouve la prédestination première, royale du CHRIST-Homme, a servi de bélier à l'hérésiarque maudit contre le CHRIST-DIEU, parce que les deux questions du Glorificateur suprême et du Glorificateur premier sont connexes et comme enchevêtrées, il est resté sur ces textes fameux une traînée d'ombre qui flotte encore, du moins devant certains regards. Et, cependant, pourquoi des ombres ?

III.

Qui est « possédé au départ des chemins de DIEU » ? Qui est « engendré avant toute autre créature » ? Le CHRIST. Mais, dans le CHRIST, les textes désignent ou le Verbe, ou l'humanité. — L'homme, répond l'Église. — Le Verbe, réplique Arius. — Et pourquoi le Verbe? — Parce que saint Paul voit dans le CHRIST-JÉSUS une créature faite, réalisée avant toutes les autres. Créé avant tout le reste, le CHRIST ne l'est point, lui que je vois naître quand le monde touche au soir. Ce n'est pas l'humanité, donc c'est le Verbe qui est, dans le CHRIST-JÉSUS, la première créature, L'argument serait logique ; mais la base est un commentaire, et le commentaire, une erreur. *Genitus*, engendré, *primo*, d'abord, *omnis creaturæ*, avant toute créature De quel droit lis-tu, ô Arius, « premier créé, » quand saint Paul a tracé : « premièrement engendré? »

D'autres viendront qui, à leur tour, abandonnant la lettre, céderont au plaisir de la navigation libre sur la mer des commentaires toujours clémente aux hardiesses. Saint Paul, diront-ils, a tracé sur le berceau du CHRIST : Créé le premier [1]. Mais ce berceau est au milieu des temps. Premier créé, sens absurde. Glosons : Créé au dessus. Le CHRIST, petit enfant créé quarante siècles après Adam, voulu de DIEU après Adam voulu, est, quand même, l'aîné d'Adam et de toute créature, parce que, joint au Verbe, il est le roi de son ancêtre et le maître des temps. *Creatus supra*, c'est beau, mais c'est un commentaire. Quel sens mauvais et quelles absurdités sortiraient de la lettre de saint Paul : « Engendré le premier ! » Comme si le vouloir n'engendrait pas, avant tout, le but que la main atteint dernièrement ! Saint Paul écrit : *Genitus primo*, et vous lisez : *Creatus supra*.

1. Saint Dydime d'Alexandrie († 395). (Lib. III, de Trin. c. 4.) A la question des Ariens : « Si est Primogenitus, non sane Unigenitus, sed respectu aliorum qui post eum creati fuere primogenitus est. Si vero est Unigenitus Filius, quomodo est Primogenitus? — Dictus est, prædicatusque Unigenitus quidem utpote non habens secundum cœlestem cujusvis fluxus expertem generationem alterum præter ipsum, qui, secundum naturam, sit ejus frater ; Primogenitus vero omnis creaturæ non quod ante ipsam creatus sit ; alioquin vocatus fuisset *primocreatus*, sed quia *per præscientiam*, ut commemoratum est in capitulo proxime superiore, *ante omnem creaturam ex sancta Virgine natus est.*

J'aime mieux saint Paul. Si la royale prédestination du CHRIST, enveloppant toutes les créatures libres, n'a point place dans votre commentaire, elle rayonne dans le texte de l'Apôtre. Et cela suffit. Il vous plaît de dériver le sens de sa foi par le canal latéral de votre glose ; je préfère voguer sur le fleuve. J'ai le devoir d'adorer le Verbe qui n'est pas une créature ; j'ai le droit de saluer le CHRIST engendré, prédestiné en DIEU avant toute créature. Paroles bénies du grand Apôtre, avec quels transports je baise votre écriture sur le Cœur de JÉSUS ! L'arianisme vous brandissait, chantant victoire, faisant effort, le sacrilège ! pour vous déployer en banderole insultante au-dessus du Verbe éternel. Les Pères de Nicée [1], l'Église, à Sardique, à Éphèse, tracent pieusement sur la poitrine du CHRIST : *Primogenitus, Premièrement engendré !*

La victoire de Nicée donne à DIEU le Glorificateur grand comme DIEU. Faut-il ajouter le Glorificateur voulu pour chanter l'hymne, avant que ne soit voulu l'accompagnement misérable de nos balbutiements ? Anathème à quiconque parle d'un Verbe prédestiné, comme si toute prédestination ne supposait pas dans le prédestiné une créature ! C'est JÉSUS-Homme qui est créé : c'est JÉSUS-Homme qui est

1. Concile de Sardique : « Confitemur item et Unigenitum et Primogenitum ; sed Unigenitum Verbum, quod semper fuit et est in Patre ; *Primogenitum autem propter naturam humanam.* »

Concile d'Ephèse : « Credimus itaque et baptizati sumus in unum, sicut dixi, Filium, Dominum nostrum, Jesum Christum, hoc est incarnatum et inhumanatum Dei Verbum ; sumusque unum adorare Deum edocti et nobiscum etiam cœlestes Virtutes. Scriptum est enim : « Cum induceret Primogenitum in orbem, dicit : Et adorent eum omnes angeli Dei. » Factus est autem Unigenitus *Primogenitus, quando homo nobis similis factus est.* »

Saint Grégoire de Nysse. (Lib. 3. n. 212.) Veritatis judicio, sic oportet hæc nomina separare, et distinguere diligenter, ut Unigenitum intelligamus id Verbum quod est ante sæcula ; omnis autem creaturæ in Christo factæ Verbum *carnem factum esse Primogenitum.*

Saint Grégoire de Nazianze. (Epist. ad Chelid. et lib. 3. 239.) Ergo secundum aliud et aliud, *Primogenitus secundum humanitatem,* Unigenitus secundum Divinitatem.

Saint J. Chrysostôme. (In Ep. ad Rom. VIII, 29.) Ut sit ipse Primogenitus.. ;

prédestiné. La réfutation d'Arius ne quitte pas ce terrain.

Mais la prédestination du CHRIST-JÉSUS, enferme-t-elle la nôtre ? Ou la nôtre enferme-t-elle la sienne ? Les deux chemins s'écartent du blasphème d'Arius. Par lequel les Pères ont-ils marché ? Les deux sont orthodoxes ; mais la première route est le chemin de la lecture littérale : la seconde est le sentier du commentaire. La première est jalonnée du CHRIST à Adam ; la seconde d'Adam pécheur à JÉSUS crucifié ! Les Pères ne voient-ils au-dessus de la prédestination du CHRIST qu'un mot tracé avec du sang : Rédemption ? Ou voient-ils au-dessus de cette écriture douloureuse un autre texte en lettres d'or : Glorification de DIEU ? Pourquoi le Verbe, vrai DIEU, s'est-il fait chair véritable ? N'y trouvent-ils qu'une raison, notre rachat ? Ou chantent-ils dans un concert grandiose la prédestination des créatures, secondaire, celle-là, dans la prédestination royale du CHRIST ; la prédestination universelle des libertés dans la prédestination du grand Cœur de JÉSUS-CHRIST, posé, lui, d'abord, cime des choses, pivot de l'Univers : *Ab Illo ut ab arce omnium rerum ?*

La lecture des Pères qui n'entendirent pas le blasphème

hæc porro omnia *de Incarnatione* dicta existimate ; nam secundum Divinitatem Unigenitus est.

Saint Augustin. (Exp. quor. prop. ex Ep. ad Rom. c. 56.) : Primogenitus dicitur cum adjunctione fratrum. Ubi enim primus dicitur, non utique solus, sed consecuturis fratribus in id in quo ipse præcessit. — (Serm. 58. de Ver. D.) Secundum formam Dei ante omnes colles genuit me ; secundum formam *servi Dominus creavit* me initium viarum suarum.

Saint Cyrille d'Alex. (5 Thes. 4 et 8.) Quærendum est : quis est qui dixit : Dominus creavit me ?... Et respondet : *Christus jam homo factus.*

Saint Athanase. (Or. II. cont. Ar. n. 64.) Audiant Christi inimici, seque ipsi discerpant, quod nimirum *ejus in orbem terrarum ingressus* causa est cur omnium *Primogenitus* sit appellatus.

Saint Léon. (Serm. LXIII. de Pas. Dom. XII. c. 3.) Non ergo est dubium naturam humanam in tantam connexionem a Filio Dei esse susceptam, ut non solum *in illo homine qui est primogenitus* omnis creaturæ...

Saint Epiphane. Vide supra, page 128, note.

Saint Justin. (Dial. n. 84.) Ex virginali *utero Primogenitum* omnium rerum conditarum *carnem factum.* — (n. 85.) Per nomen ipsius illius Filii Dei, et *omnis creaturæ primogeniti qui ex Virgine* natus est.

d'Arius, nous montre, non dans la lueur d'une aurore qui veut poindre, mais dans les clartés d'un jour de grand soleil, d'une part, un Verbe incréé, de l'autre, un Verbe qui s'humanise pour d'autres fins que le rachat des hommes. Toute la force de leur enseignement ne passera point dans l'analyse que j'offre à vos âmes, analyse froide, mais fidèle.

DIEU fit des yeux, voulant se montrer ; et, quand les yeux s'ouvrirent, DIEU se montra. Le Verbe incarné est le visage de DIEU et le sourire de l'Éternel. DIEU fit les âmes pour reposer dans les âmes, et quand les cœurs battirent, il voulut loger dans les cœurs. Impossible d'apprendre DIEU si DIEU n'enseigne ! Sans lui, nous sommes l'élève qui n'a pas de maître. Et il a donné au monde un professeur de théologie sacrée,son Verbe incarné [1], que nous voyons et qui nous parle.

Écolier ! l'homme est moins que l'élève qui aspire dans son âme les connaissances des docteurs, qui pose les lèvres de son esprit sur les trésors de la science pour la sucer d'instinct, et, après, la boire avec passion. Il s'agit de l'humanité, petit être d'un jour, que DIEU porte à la mamelle et nourrit comme une mère. A peine est-elle, cette humanité, sortie du sein de DIEU, que, mère immensément tendre, il la saisit

1. Saint Théophile d'Antioche. (Lib. II. ad Antol. n. 10.) Nihil Deo coævum ; sed cum ipse sibi locus sit, nec ulla re egeat, ac sæculis antiquior sit : hominem facere *voluit cui innotesceret*. Habens igitur Deus suum ipsius Verbum in propriis visceribus insitum, genuit illud cum sua sapientia, proferens ante hoc universum !

Saint Justin. (Apol. I. n. 13.) Nostrum harum rerum *Doctorem*, natum ad hoc munus.

Saint Irénée. (Lib. IV. c. 5. n. 1.)Quoniam impossibile erat, *sine Deo, discere Deum*, per Verbum suum docet homines scire Deum. (Ibid. c. 6. n. 4.) Edocuit autem Dominus, quoniam *Deum scire* nemo potest nisi *Deo docente ;* hoc est sine Deo non cognosci Deum... cognoscunt eum, quibusque revelaverit Filius.

Saint Irénée. (lib. V. c. 1. n. 1.) Non enim nos aliter discere poteramus quæ sunt Dei, nisi *magister noster Verbum existens homo factus fuisset*. Neque enim alius poterat enarrare nobis quæ sunt Patris nisi proprium ipsius Verbum. Quis enim alius cognoscit sensum Domini ? aut quis alius ejus consiliarius factus est ? (Rom. II. 34.) Neque rursus nos aliter discere poteramus, nisi *magistrum videntes*, et per auditum nostrum *vocem ejus percipientes*. — Capere Patrem donans Verbum Dei, quod habitavit in homine et Filius hominis factus est, ut *assuesceret hominem percipere Deum ; et assuesceret Deus habitare in homine* secundum placitum Patris. (Lib. III. c. 20. n. 2.)

dans ses bras, la tient assise sur ses genoux, et, dans le repli de son visage penché, lui découvre, lui donne le breuvage qui est sa propre substance ; et la substance divine, la douce, l'enivrante liqueur (faut-il parler la langue de notre saint Irénée, commenté par saint Augustin ?), le lait, aliment de vie divine, nous est présenté dans le CHRIST, dont l'âme et la chair sont pour nous les mamelles de DIEU. *Quasi mamilla carnis ejus enutriti.* Voilà pourquoi le Verbe, nourriture des Esprits célestes, s'est fait chair ; pourquoi le sang de cette mère qui est DIEU, s'est, par l'Incarnation, transformé en nourriture d'enfant, en lait pur, suave, chaud, bienfaisant. *Propter hoc coinfantiatum est homini Verbum Dei* [1].

---

1. Saint Augustin. (Conf. lib. VII. c. 17.) Verbum caro factum est, ut infantiæ nostræ *lactesceret* sapientia tua.

Saint Irénée. (lib. IV. c. 38. n. 1.)

Quemadmodum mater potest quidem præstare perfectam escam infanti, ille autem adhuc non potest robustiorem se percipere escam : sic et Deus : ipse quidem potens fuit præstare perfectionem ab initio, homo autem impotens percipere illam ; *infans enim fuit.* Et, propter hoc, quasi infantibus, ille qui erat Panis perfectus Patris, lac nobis semetipsum præstavit, quod erat secundum hominem ejus adventum, ut *quasi mamilla carnis ejus enutriti,* et per talem lactationem assueti manducare, et bibere Verbum Dei, et Eum qui est immortalitatis *Panis,*qui est *Spiritus* Patris, in nobis ipsis continere possimus. Lib. IV. c. 38. n. 1. Ab initio Deus potens quidem fuit dare perfectionem homini ; ille autem, nunc nuper factus, non poterat illud accipere, vel accipiens capere, vel capiens continere. Et propter hoc *coinfantiatum est homini Verbum Dei* cum esset perfectus, non propter se, sed propter hominis infantiam sic capax effectus, quemadmodum homo illum capere potuit. Non igitur erga Deum impossibile et indigens ; sed circa eum qui nuper factus est homo, *quoniam non infectus erat.* (Ibid. n. 2.)

Saint Augustin. (Enar. in psalm. 33. n.6.) Nisi esset humilis,nec manducaretur, nec biberetur. Respice altitudinem ipsius. *In Principio erat Verbum, et Verbum erat apud Deum, et Deus erat Verbum.* Ecce cibus sempiternus : sed manducant Angeli, manducant supernæ virtutes... et manducantes saginantur, et integrum manet, quod eos satiat et lætificat. Quis autem homo posset ad cibum illum ? Unde cor tam idoneum illi cibo ? *Oportebat ergo ut mensa illa lactesceret et ad parvulos perveniret.* Unde autem fit cibus lac ? Unde cibus in lac convertitur, nisi per carnem trajiciatur ? Nam mater hoc facit. Quod manducat mater, hoc manducat infans, sed quia minus idoneus est infans, qui pane vescatur, ipsum panem mater incarnat, et per *humilitatem mamillæ,* et lactis succum, de ipso pane pascit infantem. Quomodo ergo de ipso pane pavit nos sapientia Dei ? Quia Verbum caro factum est, et habitavit in nobis. Videte ergo humilitatem : quia panem angelorum manducavit homo (Ps. 77. 24), id est Verbum

N'est-ce pas la transfusion de l Être divin dans l'ombre d'existence que nous sommes, et l'assimilation de notre nature opérée en DIEU même ? *Semetipsum homini et hominem sibimetipsi assimilans.* DIEU, mère ; l'humanité, enfant ! Il est en DIEU, le délicieux mouvement des bras maternels qui s'ouvrent, se replient, serrent contre un cœur d'où il est à peine sorti, l'enfant bien-aimé qu'un secret désir voudrait y cacher encore. *Effudit seipsum ut nos colligeret in sinum Patris.* Le CHRIST est pour faire la communion de DIEU et de l'homme, pour replier sur le Principe le terme de ses opérations. *Communio Dei et hominis... ut finem conjungeret principio.* Et comment se ferait cette ligature du fini sur l'infini, si DIEU ne passait dans l'homme et l'homme en DIEU ! Mais, ainsi, DIEU prend ce que nous sommes et nous voilà ce qu'il est. Au milieu des hommes, il leur apprend à imiter DIEU, les initie à ce travail, leur communique le secret de cet art splendide : agir comme DIEU ! Il les provoque, eux, petits, à grandir leur être, jusqu'à traiter en égal DIEU qui les traite en égaux. *Ut homo ex æquo agere cum Deo posset*[1] !

---

illud quo pascuntur angeli sempiternum, quod est æquale Patri, manducavit homo. — Même pensée : Quar. in Ps. 109. n. 12. — Serm. 118. I Tract. in Joan. n. 13.

1. Saint Irénée.(L. V. c. 16. n. 2.) Homo Verbum Dei factum est,*semetipsum homini et hominem sibimetipsi assimilans*, ut per eam quæ est ad Filium similitudinem, *pretiosus homo fiat Patri...* Propterea benigne *effudit seipsum* ut *nos colligeret in simum Patris.* (V. c. 2. n. 1.)

Saint Irénée. (Lib. IV. c. 20. n. 4.)Est autem hic Verbum ejus Dominus noster Jesus Christus qui, novissimis temporibus, homo in hominibus factus est, *ut finem conjungeret principio, id est hominem Deo.* Et propterea prophetæ, ab eodem Verbo propheticum accipientes charisma, prædicaverunt ejus secundum carnem adventum, per quem *commixtio et communio Dei et hominis*, secundum placitum Patris, facta est.

Saint Irénée. (Lib. IV. c. 24. n. 4.)Quomodo homo transiet in Deum, *si non Deus in hominem ?* — (Lib. V. Præf.) Propter immensam suam dilectionem factus est quod nos sumus, *uti nos* perficeret esse quod ipse est. — Christus Jesus Dominus noster Filius Dei altissimi, qui per legem et prophetas promisit salutarem suum facturum se omni carni visibilem, ut fieret Filius hominis ad hoc *ut et homo* fieret Filius Dei. (Lib. III. c. 10. n. 2)... *Uti... provocaret...*

Certes, il fallait l'humiliation de la nature divine pour expier l'exaltation orgueilleuse de la nature humaine ; mais, en dehors du péché, la déification était impossible sans l'union du Verbe avec notre chair, et voilà pourquoi le mariage s'est accompli : *hocque pacto... firma esset...Deificatio*[1]. Il fallait les épousailles du Verbe avec la nature humaine pour que les hommes fussent aptes, chacun séparément, à recevoir l'effusion de la divinité. Comment, mortels et corruptibles par nature, aspirer à devenir purs, à vaincre la mort, sans être joints à Celui qui est toute incorruption et l'immor-

in similitudinem suam hominem, imitatorem eum assignans Deo, in paternam imponens regulam ad videndum Deum. (Ibid. c. 20. n. 2.)

Tertullien. (Adv. Marcionem, lib. II. c. 27.) Jam nunc, ut cæterea compendio absolvam quæcumque adhuc et pusilla et infirma et indigna colligitis ad destructionem Creatoris, simplici et certa ratione proponam : Deum non potuisse humanos congressus inire nisi humanos et sensus et affectus suscepisset, per quod vim majestatis suæ, intolerabilem utique humanæ mediocritati, humilitate temperaret, sibi quidem indigna, homini autem necessaria, et ita jam Deo digna, *quia nihil tam dignum Deo quam salus hominis*... Si enim Deus et quidem sublimior tanta humilitate fastigium suæ majestatis stravit, ut etiam morti subjaceret, et morti crucis, cur non putetis nostro quoque Deo aliquas pusillitates congruisse, tolerabiliores tamen judaïcis contumeliis, et patibulis et sepulchris ?... Quæcumque ut indigna reprehenditis deputabuntur in Filio et viso, et audito, et congresso, arbitro Patris et ministro, miscente in semetipso hominem et Deum ; in virtutibus Deum, in pusillitatibus hominem, ut tantum homini conferat, quantum Deo detrahit. Totum denique Dei mei penes vos dedecus, sacramentum est humanæ salutis. *Conversabatur Deus, ut homo divina agere doceretur. Ex æquo agebat Deus cum homine, ut homo ex æquo agere cum Deo posset. Deus pusillus inventus est, ut homo maximus fieret.* Qui talem Deum dedignaris, nescio an ex fide credas *Deum crucifixum.*

1. Saint Athanase. (Orat. I contr. Arian. n. 48. 49.) Cum ille secundum humanam naturam ungi dicitur, nos sumus qui in illo ungimur... Hæc causa est *cur* in ipso facta fuerit unctio et *cur carnem Verbum assumpserit*... Per quem porro et a quo dari convenit Spiritum, *nisi per Filium cujus ipse est Spiritus ?* Quando vero nos eum poteramus accipere, nisi cum Verbum factus est homo ?

Saint Athanase. (Orat. IX contr. Arianos, n. 6.) Dominum nostrum qui idem Verbum et Filius Dei est, corpus gestasse et Filium quoque hominis factum fuisse,.. est medius Deum inter et homines effectus,.. quæ *Dei sunt nobis subministrasset, quæ nostri Deo offerret*... Siquidem *eam ob rem homo factus est* ut illa velut sibi data in nos transferrentur. Nec enim purus homo dignus unquam fuisset qui hæc acciperet ; nec item purum Verbum his posset indigere. Conjunctum igitur nobis est Verbum, tuncque nos potestatis participes reddidit et exaltavit. Verbum siquidem *in homine existens, hominem exaltavit.*

Saint Athanase. (Orat. II contr. Arian. n. 70.) Quemadmodum numquam a

talité? Voilà pourquoi DIEU a posé le CHRIST entre lui et nous. D'une main, JÉSUS-CHRIST nous verse largement ce que DIEU lui donne, et, de l'autre, ce que nous faisons, il le transmet à DIEU. Le Verbe joint à l'homme, jusqu'où ne montent pas nos œuvres quand sa grâce les pénètre, quand sa main les offre! Se peut-il plus magnifique, plus merveilleux exhaussement de l'humanité? *Verbum in homine existens hominem exaltavit.*

DIEU a fait le CHRIST parce qu'il a voulu relier ses œuvres et les joindre à lui-même, et son CHRIST est le nœud

peccato et a maledictione liberati fuissemus nisi caro quam induit Verbum natura humana esset, ita homo numquam divinus effectus fuisset nisi is, qui caro factus est, natura esset verum et proprium Patris Verbum. Namque *idcirco* hujusmodi copulatio *effecta est, ut* eum qui natura homo est, cum illo qui natura Deus est *conjungeret;* hocque pacto stabilis et firma esset ejus salus, et ut ita loquar, *deificatio.*

Saint Athanase.(Orat. II cont. Arian. n. 59.) Verbum caro factum est ut hominem *ad divinitatem recipiendam idoneum* redderet.

Saint Cyprien. (Lib. de van. Idol. c. II.) Hujus gratiæ, disciplinæque Arbiter, et Magister Sermo, et Filius Dei mittitur qui per prophetas omnes retro Illuminator, et Doctor humani generis prædicabatur. Hic est virtus Dei, hic ratio, hic sapientia ejus, et gloria. Hic in virginem illabitur, carnem Spiritus S. induitur, Deus cum homine miscetur. Hic Deus noster, hic Christus est qui, Mediator duorum, hominem induit quem perducat ad Patrem. Quod homo est, *esse Christus voluit, ut et homo possit esse* quod Christus est.

Saint Irénée.(l. III. c. 18. n. 7.) Nisi homo conjunctus esset Deo, non potuisset particeps fieri immortalitatis... Qua enim ratione filiorum adoptionis ejus participes esse possemus, nisi per Filium eam quæ est ad ipsum recepissemus ab eo communionem, nisi per Verbum ejus communicasset nobis caro factum? (Lib. III. c. 19. n. 1.) *Propter hoc enim Verbum Dei homo,* et qui Filius Dei est, filius hominis factus est commixtus Verbo Dei, ut adoptionem percipiens fiat filius Dei. Non enim poteramus aliter incorruptelam et immortalitatem percipere, nisi adunati fuissemus incorruptelæ et immortalitati. Quemadmodum autem *adunari possemus incorruptelæ et immortalitati,* nisi prius incorruptela et immortalitas facta fuisset quod et nos, ut absorberetur quod erat corruptibile ab incorruptela, et quod erat mortale ab immortalitate, ut adoptionem filiorum reciperemus?

Saint Iérenée.(Lib. V. c. 36. n. 3.) Unus Filius, qui voluntatem Patris perficit, et unum genus humanum in quo perficiuntur mysteria Dei quem concupiscunt angeli videre (I Petr. I. 12), et non prævalent investigare sapientiam Dei, per quam plasma ejus conformatum et concorporatum Filio perficitur... ut progenies ejus Primogenitus Verbum descendat in facturam, hoc est in plasma, et *capiatur ab eo, et factura iterum capiat Verbum,* et ascendat ad eum supergrediens angelos, et fiat secundum imaginem et similitudinem Dei.

de tout. Que seraient devenus, et l'ange, créé « à côté de DIEU, et la matière, égarée sur les frontières du rien? » Par le CHRIST, tout se tient; il est le milieu; et, s'il réconcilie, d'abord il joint. *Conjungere, et offerre, et reconciliare* [1]. Tout s'ajuste en lui et par lui.

Quand même toutes les libertés faillibles n'eussent pas bronché [2], il eût fallu, pour les maintenir en DIEU, un gouvernement droit et bon. Le CHRIST, le Cœur du CHRIST eût encore été la soudure, le point de jonction, la maîtresse pièce d'assemblage. Même à la société des sages, pour fixer la sagesse, il faut un chef.

IV.

Jusqu'à présent, mes frères, vous n'avez assisté qu'aux préliminaires de la grande bataille. L'enfer poussait en avant

1. Saint Athanase. (Epist. ad Serap. n. 31.) Verbum in Spiritu sibi ipsi corpus formavit et optavit, res creatas per seipsum *Patri conjungere et offerre, omnia illo reconciliare* cupiens.

Saint Augustin. (Enchirid. c. 108.) Cum factus est Adam, homo scilicet rectus, mediatore non opus erat; cum vero genus humanum peccata longe separaverunt a Deo, per Mediatorem, qui solus sine peccato natus est, vixit, occisus est, reconciliari nos oportebat Deo. — S. Augustin donne, ici, au mot Médiateur le sens restreint de Rédempteur, de conciliateur entre deux ennemis. Dans son sermon XXVI (de verbis Ps. 94 et Apos. n. 7), il l'entend d'une autre façon. Quid est mediator? Per quem *conjungeremur, per quem reconciliaremur.* Dans un autre passage il agrandit encore l'idée : Mediator Dei et hominum, sed in quantum homo; nam in quantum Deus, non Mediator, sed æqualis Patri... Ut medius sit, aliquid assumat quod non erat, sed, ut perveniamus maneat quod erat. Ecce enim Deus super nos, ecce nos infra illum, et *multa interjacent spatia,* — maxime peccati intervallum — longe nos distinguit atque abjicit. In hac tanta distantia cum veniendum esset ad Deum, qua venturi eramus? Ipse Deus, Deus manet. Accedit homo Deo, et fit una Persona, ut non sit Semi-Deus, quasi parte Dei, Deus, et ex parte hominis, homo; sed totus Deus, et totus homo; Deus liberator, homo Mediator, ut per illum ad illum, non per alium. (2. Serm., de Sanctis, 293.)

2. Saint Augustin. (De Civit. D. lib. XX. c. 1. n. 2.) Esti nemo peccasset, non *sine bono rectoque judicio* universam rationalem creaturam perseverantissime sibi, Domino suo, cohærentem in æterna beatitudine retineret (Deus).

les multiples et mobiles bataillons de la Gnose aux cent doctrines. Les Pères dont nous venons de raccourcir les témoignages, n'avaient fait que la guerre d'avant-postes. L'enfer se démasque : voici Arius. Le Ciel est prêt : voici Athanase, Cyrille, Hilaire. Nous n'irons point, mêlés aux soldats, recueillir les épisodes de la campagne. Nous verrons mieux, d'en haut, les grands mouvements de l'argumentation chrétienne. Engagée le matin pour la divinité du Verbe, la lutte se termine, le soir, par la victoire du CHRIST-JÉSUS, premier des prédestinés. Le Verbe est DIEU, le CHRIST est premier ! Les chefs, les docteurs sonnent la charge, et c'est une terrible attaque de front.

Tu dis [1], ô Arius, que le Verbe a commencé d'être à cause

1. Saint Athanase. (Orat. II. cont. Arian. n.n. 29-30.) Si factam naturam volens Deus creare, deque ipsa facienda deliberans, Filium secundum vos excogitat et creat ut nos per ipsum postea producat, quantam proferre audetis impietatem animadvertite. Primo enim inde sequitur, ut *ipse Filius nostri potius causa factus fuerit, quam nos propter ipsum.* Nec enim *nos propter eum* creati sumus, sed *ipse propter nos* factus est ; ita ut ille nobis potius habeat gratiam quam nos illi, ut et mulier viro. Etenim, ut ait Scriptura, non est creatus vir propter mulierem, sed mulier propter virum (I Cor. XI. 9.) : Igitur quemadmodum vir imago et gloria Dei est, mulier autem gloria viri est (Ibib. V. 7), ita nos Dei imago et ad ejus gloriam facti sumus ; Filius autem *nostri imago* et *ad nostram gloriam* factus dicendus erit. Deinde nos quidem facti sumus *ut existeremus :* at Dei Verbum *non ut existeret,* sed nostrî gratia instar instrumenti factum est ; proindeque non nos propter illud, sed *ipsum propter nos existit.* An vero, qui hæc vel tantum cogitant, omnium dementissimi sunt habendi ? Nam si propter nos factum est Verbum, nobis certe prior non est apud Deum. Neque enim, cum illud in se ipse haberet, de nobis creandis deliberavit Deus, sed potius *cum nos ipse haberet,* de suo Verbo, ut illi dictitant, producendo declaravit. Quod si verum est, forte nec omnino Pater Filium voluit. Nam non *ipsum volens* creavit, sed *non volens,* ipsum propter nos creavit. Si quidem eum propter nos excogitavit ; adeo ut jam, ex impia illorum sententia, inutilis sit Filius, quem instar instrumenti factum esse volunt, quandoquidem ea sunt effecta, quorum causa creatus ipse est.

Saint Cyrille d'Alex. (Thes. ass. XV.) Si propterea creatum esse Filium dicunt (Ariani) ut nos Deus per ipsum crearet, videant in quantam impietatem labantur. Videtur enim hoc pacto *ipse propter nos :* non vero *nos propter ipsum* facti esse. Et nos quidem opus, ipse vero operis instrumentum. Hoc igitur nobis acceptum ferat, quod sit *constitutus propter nos.* Eritque ipse gloria nostra, quemadmodum mulier est viri. Mulier enim, ut ait Scriptura, gloria viri est, (I Cor. XI. 7) ; causamque addit, dicens : Non enim vir creatus est propter mulierem, sed mulier propter virum. Si ergo *propter nos* creatus est Filius, non

des mondes qui demandaient, pour venir flotter sur le néant, son appel et son travail. Le Verbe, créé pour les créer, leur devrait, aux mondes et à nous, des remerciements. C'est trop, parce que c'est insolent. Le Verbe serait Verbe seulement à cause de nous, et nous ne serions pas, nous et le reste, uniquement à cause du Verbe et pour sa gloire! Mais c'est audacieux jusqu'à être fou !

Encore que nos chefs n'argumentent que pour le Verbe, l'impétuosité de leur logique nous amène au CHRIST. Quoi! le CHRIST ne serait CHRIST que pour les hommes ! JÉSUS nous devrait d'exister ! Nous serions cause que son Cœur bat ! Sa vie n'explique pas nos vies ; mais nos chutes expliquent qu'il soit !

Arius et les pères de la Gnose de répliquer : Il fallait un instrument à DIEU, trop puissant pour atteindre les créatures

autem *nos propter ipsum*, erimus profecto *nos illo præstantiores*, quemadmodum Adam muliere propter ipsum facta. Sed hoc absurdum est... Si Filius propter nos factus est, ut illi dicunt, non *erit ille primus nostrum apud Deum ;* neque enim illum mente concipiens, nos postea propter istum creavit, sed de nostra creatione cogitans, illum propter nos creavit. Si Pater Filium nostra causa creavit, non omnino ex voluntate hoc fecit, sed *ex necessitate* propter nos. Non igitur *omnino factus fuisset Filius, nisi nostri causa ;* sed neque voluit quidem Pater creare Filium, sed necessitas ipsa illum ut vellet, coegit ; atque ex illorum opinione Deus ipse necessitati subjectus fuit. Apagesis istam ratiocinationis absurditatem. Si propter nos Filium creavit Pater, cum jam *factum sit* atque absolutum *opus cujus causa* creatus est, *supervacaneus* deinceps erit Filius, utpote instrumentum ipsius operis jam absoluti cujus causa factus erat. Si Pater propter nos Filium creavit, *de nobis primis deliberavit.* Si vero ejus deliberatio circa nos primos versata est..., quare... illum quidem Filium hæredem vocat, nos autem servos, et hæreditatem illius qui propter nos factus est ? Oportebat enim e contrario nos quidem filios et hæredes esse, instrumentum vero nostræ facturæ quod quoque propter nos factum est, *servum esse*, nobisque *inferiorem.* Facessat absurda ejusmodi ratio.

Saint Grégoire de Nazianze. (Orat. 42. Supremum vale, n. 17.) (Verbum) nec creatura est, nec, quod *eo deterius, propter me* creatum est. Alioquin non modo creatura esset, sed etiam *nobis abjectior*, atque *contemptior*. Nam si ego ad Dei gloriam conditus sum, *hoc autem (Verbum) propter me* (forceps utique propter currum efficitur, aut sera propter januam); sequitur profecto ut, respectu causæ, sim superior. Quanto enim Deus rebus creatis est sublimior, tanto id quod *mea causa* creatum est, me qui propter Deum effectus sum, vilius atque ignobilius est.

trop petites, et DIEU a créé le Verbe, et le Verbe est devenu l'outil de DIEU. Saint Paul déclare : *Omnia per ipsum creata sunt.* (Colos. I. 16) — D'instrument, d'outil, DIEU n'en connaît pas, sinon sa parole. — As-tu compris, ô Arius, saint Paul et saint Jean ? (Ev. I. 3.) Pèse les mots : Toutes les choses ont été faites, créées par le moyen du CHRIST, du Verbe. A côté de l'outil, il est un autre intermédiaire, les idées[1]. Et DIEU a des idées, il les a dans son Verbe, les lit dans son Verbe. DIEU, Trinité, n'a qu'un pouvoir, et dans le même acte, employant le même pouvoir, le Père, le Verbe et l'Esprit, dans un acte commun, fécondent le néant : l'Univers existe, tu vis, tu peux parler, et tu parles pour mentir, et le monde t'écoute ! Mais ce qui est le propre du Verbe, c'est qu'il est les idées de DIEU, et dans ce miroir DIEU voit le CHRIST-Homme qu'il peut faire. Et si toutes les idées dans le Verbe sont l'exemplaire sur qui le pouvoir de DIEU guide son travail, l'idée représentant le CHRIST futur est le type de ces types, l'exemplaire de ces exemplaires, l'idée-matrice.

Je crois en JÉSUS, consubstantiel au Père, et par le moyen duquel les choses ont été créées : *per quem omnia facta sunt.* Première idée de DIEU, que l'idée du CHRIST futur dans le miroir du Verbe éternel. Je me vois créature possible dans l'éternité des pensées divines, mais l'idée du CHRIST est, dans le Verbe, plus avant que les autres, et la première de toutes les possibilités.

1. Saint Théophile d'Antioche. (Lib. II. n. 22.) Ejus Verbum *per quod fecit* omnia, cum sit ejus Virtus et Sapientia, assumens Patris et Domini universorum personam, veniebat in paradisum sub Persona Dei, et cum Adamo colloquebatur.

Ante enim quam quidquam fieret, illud Verbum habuit consors consiliorum, utpote quod est mens ejus, et intelligentia. Quando autem Deus voluit facere quæ statuerat, hoc *Verbum genuit prolatitium Primogenitum* omnis creaturæ.

Tertullien. (Ad Praxeas, c. 12.) Primum quidem nondum Filio apparente, et dixit Deus : Fiat lux, et facta est ; ipse statim sermo, Lux vera, quæ illuminat omnem hominem venientem in hunc mundum (Joan. I, 9), et per

Je m'arrête ici, mes frères, haletant de plaisir, pour répondre à vos questions émues. Athanase, Cyrille, Hilaire, ces géants de la dialectique sacrée, ces voyants qui ont exploré la doctrine de l'Incarnation jusque dans son fond, jusqu'aux limites extrêmes qui, franchies, ouvriraient véritablement la vision du Ciel ;[1] Tertullien, Cyrille, Hilaire, Athanase, prononcent-ils le nom du CHRIST ? Passent-ils du Verbe éternel au Verbe incarné ? Nomment-ils JÉSUS ? Oui. Tertullien le nomme. Cyrille dit son nom. Hilaire et Athanase écrivent : JÉSUS. — Écoutez.

De même qu'un architecte sage qui veut bâtir pour les

illum mundialis quoque lux. Exinde autem in *Sermone Christo assistente et administrante*, Deus voluit fieri et Deus fecit.

Saint Hilaire. (In psal. 68. n. 14.) Cum Deo cuncta sint placita, beneplacitum tamen tempus hoc est quo Unigenitus Deus in sanguine corporis nostri tanquam inimica ac dissidentia reconciliaturus omnia in cœlis et in terra Deo esset... cum in passione Unigeniti Dei, omnium ante constitutionem *mundi causarum et originum consummaretur effectus*.

Saint Jérôme. (Com. in Ep. ad Eph. c. I. v. 10.) *Recapitulare omnia in Christo*, quæ in cœlis, et quæ in terra sunt in ipso. — Pro recapitulare in latinis codicibus scriptum est instaurare, et miror, cur ipso verbo græco non usi sint translatores... Sensus itaque in præsenti loco iste est : Omnis dispensatio quæ et ante mundum, et postea esse cœpit in mundo tam invisibilium quam visibilium creaturarum, *adventum Filii Dei* pollicebatur.

Saint Justin. (Apol. I. n. 63.) Qui cum antea Verbum esset, ac modo in *specie ignis*, *modo in imagine corporea* visus esset, nunc voluntate Patris pro humano genere *homo factus*.

1. Saint Irénée (Cont. Gnos. lib. 3. c. 22). A Paulo typus futuri dictus est ipse Adam (Rom. V. 14), quoniam futuram circa Filium Dei humani generis dispositionem in semetipsum fabricator Verbum præformaverat, præformante Deo primum animalem hominem, videlicet ut a spirituali salvaretur. Cum enim *præexisteret salvans* oportebat et quod salvaretur, fieri, ut non vacuum sit salvans.

Saint Athanase. (Cont. Arian. Or. II. n. 77.) Quemadmodum si quis sapiens architectus domum statueret ædificare, simulque in animo haberet eamdem, si forte postea destruatur, reficere, ille utique prius præpararet, daretque artifici ea quæ ad instaurationem essent necessaria, itaque fieret ante domum ipsam ejus restaurationis præparatio, haud aliter *nostræ salutis renovatio* in Christo ante nos fundata est, ut in ipso quoque refici possemus. — Hæc ipsa est B. Pauli doctrina (n. 76), qui illa Prov. (8. 23) verba : Ante ævum, et antequam terra fieret ita (Ep. Timoth. I. 8. 10), interpretatur : « Collabora Evangelio secundum... gratiam quæ nobis data est in Christo Jesu ante æterna tempora, »

siècles, prend ses précautions contre le temps ; de même qu'il pose un fondement inébranlable, pour restaurer sur sa solidité le grand édifice, si les orages en venaient renverser les murailles : de même DIEU, voulant créer, a mis une base forte à l'édifice du monde. L'Univers pourra crouler, la base tiendra.

Et cette base ? Ah ! je tremble..... Parlez, docteurs. Est-ce le Verbe éternel ? — Oui, c'est le Verbe éternel. — Mais lui

et (ad Eph. 3. 5) : « Benedictus Deus et Pater D. N. J. C. qui benedixit nos in omni benedictione spirituali in cœlestibus in Christo Jesu, sicut elegit nos in ipso ante mundi constitutionem... qui prædestinavit nos per Jesum Christum in ipsum. »

Saint Cyrille d'Alexandrie. (Thes. Assert. XV.) Ceterum necesse est ut accuratius investigemus quo pacto nobis sapientia Dei ante sæcula præfundata fuerit. Quemadmodum si quis sapiens achitectus domus ædificationem incipiens, cogitans secum, ut par est, ne domus successu temporis aliquod vitium accipiat eorum quæ domibus accidere solent, firmissimum fundamentum jacit, ac veluti radicem inconcussam operibus excogitans, ut si vitium faciat, cum principium sive fundamentum salvum sit, aliam *rursus domum ei superstruere* possit : eadem ratione omnium Creator Christum salutis nostræ fundamentum, etiam ante creationem mundi jecit, ut cum eam per peccatum labefactari contigerit, *iterum in ipso* instauraremur. Quantum igitur attinet ad consilium et propositum Patris, etiam ante sæcula fundatur Christus ; opus vero ipsum suo tempore effectum est, ita exigente rei necessitate ; instaurati enim sumus in Christo, adventus sui in carne tempore, ab æterno salutis nostræ fundamentum ipsum habentes.

Saint Hilaire. (Lib. II de Trinit. n. 24.) Humani enim generis causa Dei Filius natus ex Virgine et Spiritu Sancto... ut homo factus ex Virgine naturam carnis acciperet, perque hujus admixtionis societatem sanctificatum in eo universi generis humani corpus existeret, ut quemadmodum omnes in se per id, quod corporeum se esse voluit, *conderentur*, ita sursum in omnes ipse per id quod ejus invisibile, referretur. (Lib. III. n. 22.) Hoc opus maximum Filio fuit ut Patrem cognosceremus. Summa dispensationis est Filio ut noveris Patrem. (Ibid.) Causam humani generis habens Dei Filius, primum ut tibi crederetur homo factus est : ut *testis divinarum rerum* nobis esset ex nostris. (Ibid. n. 9.)

Proprium enim Domini nostri Jesu Christi officium est cognitionem Dei afferre, et intelligentiam nominis ejus potestatisque præstare. (In Mat.c.XXIII. c. 6.)

Hoc opus maximum fuit, ut hominem ad scientiam divinam eruditum, *dignum habitaculo Dei* redderet. (In ps. 131. n. 6.)

Saint Justin, (Apol. II. n. 6). Ejus autem Filius, qui solus proprie Filius dicitur, Verbum antequam mundus crearetur, et genitum est cum per illud *initia omnia condidit et ornavit*. Hic inquam Filius, eo quod unctus sit, et *per eum Deus omnia ornaverit*, Christus appellatur.

seulement ? — Non, c'est le Verbe éternel humanisé [1]. C'est JÉSUS-CHRIST. Les docteurs disent (comment saluer dignement leur voix !) : JÉSUS-CHRIST ! Le fondement posé, c'est JÉSUS-CHRIST. (I. Cor. 3. 11.) La pierre de l'angle, c'est JÉSUS-CHRIST. (Eph. 2. 20.) Et nulle autre base, par n'importe quel ouvrier, ne sera mise que celle que DIEU a posée : le Cœur de JÉSUS-CHRIST.

Est-ce que le Verbe divin, s'il n'était humanisé [2], s'il n'était

1. Saint Athanase. (Orat. II. cont. Arian. n.n. 29. 30.) Cum nos rerum universarum Deus per proprium Verbum crearet, et ea quæ ad nos pertinent, supra nos prospiceret, prænosceretque nos postquam boni facti fuissemus legem violaturos, atque idcirco e paradiso expellendos, ille qui perhumanus et benignus est, in proprio Verbo, per quod nos creavit, nostræ salutis dispensationem præparavit, ut videlicet etiamsi contingeret ut a dæmone circumventi caderemus, ne mortui penitus remaneremus, sed ut redemptionem et salutem in Verbo ipsius nobis præparatam habentes reviviscerenmus, et immortales essemus.

Saint Cyrille d'Alexandrie. (Thes. Assert. XV.) Quo pacto, inquiunt (Ariani), possit illud : *Fundavit me*, in Incarnatione Verbi intelligi, cum ipse dicat se ante sæcula fundatum antequam terra fieret et antequam montes stabilirentur ? Manifestum enim est, multis postea temporibus quam totum universum et quidquid in eo est, fieret, Incarnationem Verbi factam esse. — Aliud explicatius ex quo causam quodammodo cognoscimus *cur prædestinati simus in Christo*, et adoptati in filios ex charitate Dei ac Patris. — Deus ac Pater præsciens, quæ humanæ naturæ conducibilia forent, neque ignorans quod omnino in corruptionem prolapsura esset, rationem vero ac modum instaurationis, reductionisque ad incorruptionem ei quærens, veluti radices ei quasdam ejusmodi spei egit in Filio suo, et in adoptionem nos prædestinat per ipsum, omnique benedictione spirituali dignatur etiam nondum factos, ut quando contingeret in mortem labi per prævaricationem, veluti ex prisca illa radice rursus in vita natura repullularet, et tanquam jam ante benedicta non in universum maledictioni obnoxia fieret... Antea itaque nobis *fundamenti loco ponitur Christus*, atque in ipso nos omnes superædificamur, et quidem ante creationem mundi juxta prænotionem Dei omnia præscientis ; ut, quemadmodum modo diximus, antiquior in nobis sit benedictio quam maledictio ; antiquior promissio ad vitam quam condemnatio ad mortem ; antiquior adoptatio in libertatem quam diabolica servitus. Redit autem natura in pristinum statum, superatis quæ deinceps ei acciderunt gratia ac beneficio illius, qui eam fundavit in bonis in Christo; rursum fit in idipsum, quod erat in prænotione Dei ex charitate prædestinata ad omnia optima per Filium.

2. Saint Cyrille d'Alex. (Thes. Ass. XV.) Si Verbum Dei est creatura, ut vos opinamini omnis impietatis inventores, quomodo *Deo conglutinamini*, et Dei effecti sumus *uniti Ipsi ?* Quo pacto vero Christus Mediator Dei et hominum ? Unitur enim nobis quatenus *factus est homo*. Si autem creatura est, et non Deus,

créature, s'il n'était devenu JÉSUS, pourrait faire un même tout avec nous qui sommes des créatures? S'il n'est pas homme, comment le Verbe s'ajusterait-il avec des hommes? S'il n'est esprit créé, comment s'appellerait le frère et le chef des esprits créés?

DIEU a bâti sur le CHRIST. A l'image du CHRIST [1], il a

---

quomodo unitur Deo? Aut quis modus ac ratio ipsum illi uniet? (Ibid. XXXII.) Quum igitur id quod in medio duorum quorumdam consistit, *utrumque suis extremitatibus* attingit, ea quæ diversa erant, unitate quadam copulans, Mediator Dei et hominum est Christus (I Timot. 2-5); manifestum est quod Deum quidem ut Deus, homines vero ut homo tangit naturaliter. Ipse est enim pax nostra qui per similitudinem nostri humanam naturam divinæ essentiæ copulat atque unit. Quomodo enim aliter divinæ naturæ participes inveniremur?

1. Saint Grégoire de Nysse. (Trac. II. in psalm. XI.) Limans et poliens nostram mentem, per virtutis typum efformati in nobis Christum, ad *cujus similitudinem ab initio* conformati eramus, ad quam denuo corformamur.

Saint Cyrille de Jérusalem. (Cath. IX, n. 6.) Vis addiscere? interroga quod cum Patre etiam ante humanationem est Christus Dominus... Postquam factus esset Adam dicit : « Et fecit Deus hominem ; ad imaginem Dei fecit illum. Nec enim ad Patrem solum Divinitatem restrinxit, verum una etiam Filium comprehendit, ut declararetur hominem non solius Dei opus esse, sed *Domini quoque nostri Jesu Christi*, qui et ipse verus est Deus.

Saint Irénée. (Lib. 4. c. 33. n. 4.) Melior autem eo homine qui secundum similitudinem Dei factus est, et excellentior, quisnam sit alius nisi *Filius Dei ad cujus similitudinem* factus est homo?

Tertullien. (De Resurrect. car. c. VI.)Recogita totum illic Deum occupatum ac deditum manu, sensu, opere, consilio, sapientia,providentia, et ipsa imprimis adfectione quæ lineamenta ducebat. Quodcumque enim *limus exprimebatur, Christus cogitabatur homo futurus*, quod et limus et caro Sermo, quod et terra nunc. Sic enim præfatio Patris ad Filium : Faciam hominem ad imaginem et similitudinem nostram, et fecit hominem Deus, id utique quod finxit, ad imaginem Dei fecit illum,*scilicet Christi.* Est Sermo enim Deus qui in effigie Dei constitutus, non rapinam existimavit pariari Deo. (Philip. 2. 6.) Ita limus ille jam tunc imaginem induens Christi futuri in carne, non tantum Dei opus erat, sed et pignus.

Tertullien. (Adv. Prax. c. 12.) Si te adhuc numerus scandalizat Trinitatis, quasi non connexæ in unitate simplici, interrogo, quomodo unicus et singularis pluraliter loquitur : Faciamus hominem ad imaginem et similitudinem nostram (Gen. I. 26), cum debuerit dixisse : Faciam hominem ad imaginem et similitudinem meam, utpote unicus et singularis? Sed in sequentibus : Ecce Adam factus est tanquam unus ex nobis. Fallit aut ludit, ut cum unus et solus et singularis esset, numerose loqueretur ; aut numquid Angelis loquebatur, ut Judæi interpretantur qui nec ipsi Filium agnoscunt? An quia ipse erat Pater, Filius et Spiritus, ideo pluralem se præstans pluraliter sibi loquebatur? Imo quia jam adhærebat illi Filius secunda Persona, Sermo ipsius et tertia Spiritus

taillé tous les êtres. Est-ce que la seconde pierre, et le troisième bloc, et toutes les assises de granit, ne s'ajustent point avec la base, trait pour trait, angle pour angle? Où seraient, autrement, les lignes de l'édifice[1]? Nous portons le sceau de la ressemblance avec JÉSUS, et ce nom enferme tout le créé! L'idée de JÉSUS l'assistant comme un moyen, comme une mesure pour auner les choses, DIEU voulut créer et DIEU créa. DIEU pensait à l'Homme futur, quand il bâtissait Adam à son image. Et le CHRIST peut dire, avec les rigueurs d'une parfaite vérité : Je me jouais devant lui, quand il affermissait la terre et plaçait des étais au firmament. Il repérait tout sur moi!

Si l'image du CHRIST illuminait la création des êtres, si tout est né dans son jour, il n'y a sur toutes les vies, sur toutes les activités, sur tous les amours, qu'une maîtrise, sa maîtrise, qu'une royauté, sa royauté! Les anges sont les anges du CHRIST. Adam est l'Adam du CHRIST. Toute grâce est la grâce du CHRIST.

---

in Sermone, ideo pluraliter pronuntiavit : faciamus et *nostram*, et *nobis*. Cum quibus enim faciebat hominem, et quibus faciebat similem? Cum Filio quidem qui erat induturus hominem, Spiritu vero qui erat sanctificaturus hominem, quasi cum ministris et arbitris, ex unitate Trinitatis loquebatur. Denique sequens Scriptura distinguit inter Personas : Et fecit Deus hominem ; ad imaginem Dei fecit illum. (Gen. I. 27.) Cur non suam si unus qui faciebat, et non erat ad cujus faciebat? Erat autem ad cujus imaginem faciebat, *ad Filii scilicet, qui homo futurus* certior et verior imaginem suam fecerat dici hominem qui tunc de limo formari habebat imago veri et similitudo. Sed et in antecedentibus operibus mundi quomodo scriptum est? Primum quidem.

Saint Cyrille d'Alex. (Adv. anthropomorphitas c. X). Quod vero omne bonum naturæ humanæ conciliarit Christi adventus, quisnam dubitaverit?... Factus enim est *initio ad ipsius imaginem* homo, naturaque aptitudinem habuit ad amplectendum omne bonum... (Lib. V. in Jo.) Mundi opifex insufflavit in faciem ejus spiraculum vitæ. (Gen. 2. 7.) Quodnam est autem spiraculum vitæ nisi *Christi Spiritus*?

1. Saint Athanase. (II contra Arianos, n. 72.) Necesse est ut tale sit fundamentum qualia sunt quæ super ipsum ædificantur, ut inter se possint apte congruere. Atqui, ut Verbum, tales qualis et ipse est qui secum conveniant, habere non potest ; quippe cum sit Unigenitus. *At factus homo similes habet...* Itaque *secundum naturam humanam fundatur*, ut et nos tanquam lapides pretiosi

DIEU-Trinité est le maître, parce qu'il est créateur. Oui, et il reste avec le haut domaine ; mais le bas domaine, le domaine direct, la possession, le droit de cultiver, de récolter, l'enseignement, le gouvernement, la judicature, DIEU Père, Verbe et Esprit, la Trinité l'abandonne au CHRIST-Homme. Demande-moi les nations : fais, ô homme qui es le CHRIST, acte de suppliant, abaisse-toi à me prier, demande-moi les nations, les anges, les choses, et je te les donnerai. (Ps. 2. 8.) Et d'ailleurs, tu as le droit d'héritier : je les ai créés, ces hommes, ces anges, ces mondes, par le moyen de ta pensée, pour ta gloire, et sur ta propre création. Ton

---

super ipsum ædificari possimus, et Templum efficiamur Sancti Spiritus in nobis habitantis. (I Cor. 3. 11.)

Saint Athanase. (Serm. maj. de fide. N. 22.) Ipsum itaque crucifixum digito monstrantes, Apostoli dixerunt Domini hominem : hunc Jesum Christum et Dominum fecit Deus. Ipse scilicet, ut conspicuum, Domini homo est, qui *creatus est initium viarum* quæ ad beneficia mundo dispensanda prescriptæ sunt, qui princeps est omnium *sanctorum, qui viæ appellantur*, Dominus Jesus Christus, qui factus et cruci affixus est.

Saint Cyrille d'Alexandrie. (Th. Assert. XV.) Sapientissimus Paulus ita alicubi scribit : Fundamentum aliud nemo potest ponere, præter id quod positum est, quod est Christus Jesus. (I Cor. 3. 11.) Si ergo Christus fundamentum jactus est, oportet autem ea quæ superædificantur omnino sint talia quale est subjectum fundamentum (ita enim structura conveniens, ut scriptum est (I Cor. 3. 12) : Implebitur in Templum sanctum) ; manifestum certe est, quod non quatenus est Verbum fundatum se dicat. Nihil enim est secundum naturam Verbo simile, usque quidquam eorum quæ existunt, naturaliter cum ea construi possit ; nam ipse Creator est, hæc vero creaturæ ; sed quatenus *factus est homo, fundamentum se jactum esse dicit.*

Saint Ambroise. (De fide, l. 3. c. 12. n. 62.) Inter omnia (Christus) et *propter omnia* creatura. — (Epist. ad Iræn. 76. n. 12.) In quo non solum sanctorum hominum, sed omnium credentium, omnium etiam superiorum rationabilium Virtutum ac Potestatum connexionem fidei spiritusque accipiendam arbitror, ut per harmoniam quamdam virtutum ac ministeriorum, corpus unum *ex omnibus rationabilis naturæ spiritibus adhæreat Capiti suo Christo*, etc.

Saint Dydime d'Alexandrie. (Exp. Psalm. 88. v. 19. 21.) Potens et idoneus manu, ut ab eo discant Deo servire omnes creaturæ ratione præditæ, ad quod munus unctus est etiam a Spiritu Sancto Summus Sacerdos et *Rex omnium communis.*

Saint Augustin. (In Joan. Trac. 72.) Angeli sunt *opera Christi.*

Saint Augustin. (Tr. XLII. in Jo. c. 8. n. 11.) Ille homicida erat ab initio, et in veritate non stetit. Ergo in veritate fuit, sed non stando cecidit... Si ergo iste in veritate stetisset, *in Christo stetisset.*

droit d'héritier existe dès que je t'ai posé base de mes vouloirs, commencement de mes œuvres : tout est sur toi dans ma pensée, et ta maîtrise est sur tout, je te donne le monde, ô Cœur aimant de mon CHRIST.

La prise de possession consacre l'investiture. Étendard du CHRIST, quand donc tes plis s'agiteront-ils, annonçant que le Roi vient ? Faudra-t-il qu'un défi l'éveille, qu'une insulte le soufflette, pour que son drapeau se lève sur les montagnes et qu'il marche vers son peuple, vers ses hommes, vers son monde ! Moins enflammées nos impatiences que ses désirs. Le cri d'ivresse, jaillissant de deux êtres stupéfaits d'exister, un cri, traduction de leurs deux joies, formule sacrée de leur appartenance, et voilà les termes de la prophétie, l'annonce de l'approche du Roi. *Duo in carne una.* DIEU, l'humanité, les deux sont le CHRIST ; le CHRIST vient. Il vient. Adam prophétise le CHRIST, et Adam n'a pas péché [1].

---

1. Tertullien (De monog. c. v. et lib. adv. Marc. c. XVIII.) Etsi *Adam statim prophetavit* magnum illud sacramentum in Christum et Ecclesiam : Hoc nunc os ex ossibus meis, et caro ex carne mea : propter hoc relinquet homo patrem et matrem et adglutinabit se uxori suæ, et erunt duo in carnem unam. — Perfectior Adam id est Christus... monogamus occurrit in spiritu unam habens Ecclesiam secundum Adam et Evæ figuram.

Saint Hilaire. (In ps. 138. n. 29.) Os *Christi Ecclesiam* esse, et prophetica et apostolica auctoritas est. Nam secundum ea quæ in Genesi dicta sunt, cum de Adam et Eva Apostolus tractaret (Eph. v. 32), ita ait : Hoc nunc os ex ossibus meis...

Saint Jérôme. (Com. Ep. ad Eph. V. 32.) ... Adhærebit uxori suæ et erunt duo in carne una. Primus enim homo et primus vates Adam hoc de Christo et Ecclesia prophetavit, quod reliquerit Dominus noster atque Salvator Patrem suum Deum... et *propter illam Verbum caro* factum est.

Saint Augustin. (De Gen. ad. lit. lib. 9. c. 19. n. 36). Evigilans tanquam prophetiæ plenus... eructavit continuo... Hoc nunc os ex ossibus meis... (Serm. 341, de tem. 40). Sic ergo aliquando in Scripturis *insinuatur Christus...* ut intelligas caput et corpus, exponente ipso Apostolo apertissime... Ego dico in Christo et Ecclesia.

Saint Léon-le-Grand. (Epist. ad clerum const. c. 4.) Quicumque in Christo non confitetur corpus humanum, noverit se Mysterio Incarnationis indignum, nec ejus Sacramenti habere consortium quod Apostolus prædicat dicens : quia membra sumus Corporis ejus, de carne ejus et de ossibus ejus. *Propter hoc* relinquet homo patrem et matrem et adhærebit uxori suæ, et erunt duo in carne

Et quand même le péché briserait dans l'homme l'image du CHRIST, le CHRIST viendrait. Il viendra, parce que c'est au CHRIST de restaurer son ouvrage, de pacifier son royaume. C'est à lui de ressusciter ses morts [1].

Tels sont, mes frères, tels sont, en raccourci, les grands mouvements des docteurs dans la bataille arienne.

L'on vit, au quatrième siècle, comme aux jours d'Esdras, des soldats-bâtisseurs, armés de la lance et du marteau, du marteau pour polir les pierres du Temple, de la lance pour défendre l'ouvrage. La réfutation d'Arius enfanta la glorification plus ample de JÉSUS. Plus ample, car avant les Hilaire, les Athanase et les Cyrille, saint Pierre, saint Jean et saint Paul avaient enseigné. Mais, au premier rang des créatures, place d'ignominie pour le CHRIST-Verbe, on vit mieux, couronné d'honneur, le CHRIST-JÉSUS.

Si l'amour du CHRIST, voguant sur les flots de la pensée catholique, y a laissé deux sillages, partisans d'un CHRIST voulu de DIEU d'abord et posé axe du monde, nous sommes dans le sillage de la Tradition.

La Tradition, c'est la force, c'est la règle, c'est la sécurité ! La Tradition ! ô sainte Église catholique, tu en es la gardienne vigilante et l'interprète indéfectible. Le sens du CHRIST est plénier dans ton âme, plénier dans ton langage. Nous voulons l'affirmer comme toi et avec tes formules ! Nous

---

una. (Eph. V. 31.) Et exponens quid per hoc significaretur, adjecit : Sacramentum hoc magnum est : ego autem dico in Christo et in Ecclesia. *Ab ipso ergo principio generis humani* omnibus Christus est denuntiatus in carne venturus. In qua, sicut dictum est : Et erunt duo in carne una, utique sunt Deus et homo, Christus et Ecclesia...

1. Saint Léon-le-Grand. (Ser. XXIII. de Nat. III. n. 4.) Non itaque *novo consilio* Deus rebus humanis nec sera miseratione consuluit ; sed a constitutione mundi unam eamdemque omnibus causam salutis instituit. Gratia enim Dei, qua semper est universitas justificata sanctorum, *aucta est Christo nascente, non cœpta.*

Saint Grégoire de Nazianze. (Or. 45. in l. Pascha) Hodie salus mundo tam visibili quam invisibili.

le chantons sur le rythme que tu mesures. Tes tendresses d'Épouse nous servent à l'aimer.

Chante, chante, affirme, prononce ! Je crois en un DIEU, Père, seul Créateur. Je crois en JÉSUS-CHRIST seul Maître.

ET IN UNUM DOMINUM JESUM CHRISTUM.

En DIEU, seul créateur des mondes, en JÉSUS-CHRIST, maître unique de tout. Du Fabricateur puissant au Seigneur universel, le Credo ne met pas d'intervalle. C'est vous, mon DIEU, qui avez fait marcher dans ce bel ordre les affirmations du Credo ! La liturgie vous montre à ma foi vous préparant dans l'universalité des êtres un lit de gloire. Le Verbe s'étendit sur l'Univers, et, toujours immense, le Verbe se rapetissa. Est sacré tout ce que DIEU touche : là, DIEU se joint, DIEU se lie ! Que manque-t-il au monde quand DIEU l'étreint, quand DIEU s'y mêle ?

MUNDUM VOLENS ADVENTU SUO PIISSIMO
CONSECRARE,
NASCITUR EX MARIA VIRGINE FACTUS HOMO.

S'y mêle ! s'y montre ! ! Il fallait que le visage de DIEU, son Verbe, parût au milieu des êtres, pour que la vision sensible de sa beauté nous emportât comme emportent les ravisseurs, violemment, dans les invisibles régions du divin.

UT DUM VISIBILITER DEUM COGNOSCIMUS,
PER HUNC
IN INVISIBILIUM AMOREM RAPIAMUR.

Tradition catholique, exalte les préférences que mit le Verbe dans ses amours. Mettre dans les esprits d'En-Haut ou dans les esprits d'ici-bas, le germe du salut général des libertés qui vacillent dans l'épreuve ; sauver l'homme par l'ange, sauver l'ange par l'homme, s'angéliser, s'humaniser, pouvant les deux, le Verbe, (ô homme, écoute !) le Verbe te préféra ! Le voici qui descend des cieux, qui descend des anges, qui exécute son choix.

PROPTER NOS HOMINES ET PROPTER NOSTRAM SALUTEM DESCENDIT DE CŒLIS, ET INCARNATUS EST.

Tout n'est pas célébré. Ta faute, ô Adam, n'a point tari l'amour du Verbe, ni changé ses préférences. Il voulait vivre avec les hommes, il vient mourir comme eux. Tu avais reculé d'un pas, fuyant son étreinte, il refait vers toi le pas qui vous avait séparés. Pour lui, c'est le coup de lance dans sa poitrine ; mais c'est ta vie en DIEU, et ta vie en DIEU vaut la peine qu'il agonise.

ETIAM ! CRUCIFIXUS ETIAM PRO NOBIS.

Faute nécessaire, celle qui, relevant le pont-levis devant l'Homme-DIEU, en a fait l'assaillant valeureux qui livre sa vie pour prendre la citadelle ! Heureuse faute, réparable par mille rédempteurs, et qui a mérité d'avoir celui-là, si bon, si grand !

O FELIX CULPA QUÆ TALEM AC TANTUM MERUIT HABERE REDEMPTOREM !

O homme, le CHRIST est mort pour toi ! Tu es né à cause de lui ! Sans toi, le CHRIST était encore le CHRIST ; sans le CHRIST, tu n'étais pas.

ANTE OMNES CHRISTUS... PRÆFUNDATUR IN PRÆSCIENTIA DEI.
(S. Cyrille d'Al. lib. 5. Thes. c. 8.)

Notes de la Cinquième Conférence.

LA PRÉDESTINATION DU CHRIST DANS L'HÉRÉSIE D'ARIUS.

SOMMAIRE DES CITATIONS : *Textes des Conciles et des Pères apportés par les deux Écoles, Thomiste et Scotiste. — Commentaire des passages de saint Paul.*

I.

Pour bien saisir la portée de l'Arianisme, et comprendre la valeur des textes qu'il usurpe et qu'on lui oppose, il faut distinguer les diverses *causes* d'après le nom qu'elles portent dans les Écritures. D'abord une grande division :

Ad quam, ou *propter quam :* Cause finale ; but poursuivi.

A quâ : Cause efficiente ; principe qui fait.

Per quam : Cause intermédiaire entre l'opérant et le but, sous la dépendance de l'opérant, dirigée vers le but. Cette troisième cause se subdivise en quatre :

Per quod instrumentum : Cause instrumentale ; outil qui sert.

Per quam materiam : Cause matérielle ; substance employée.

Per quod exemplar : Cause exemplaire ; type, plan, modèle reproduit.

Per quem delegatum : Cause efficiente subalterne ; mandataire, délégué.

L'Arianisme dit : DIEU, ne pouvant, lui, trop grand, agir sur une matière trop petite, a créé son Verbe d'abord, et a fait ensuite le monde par son Verbe. Deus creavit Verbum et creavit mundum per Verbum creatum. Ainsi le Verbe est une créature qui reçoit la délégation de la puissance nécessaire pour créer le monde.

Pour prouver sa thèse, Arius se sert d'abord de tous les textes qui appellent le CHRIST une créature, et ensuite de ceux qui font du CHRIST la cause intermédiaire du monde, et il en conclut : Créature, le Verbe est la cause *efficiente subalterne* des créatures.

La force de l'Arianisme consista à tout mêler, à tout obscurcir. La victoire du catholicisme vint de ce que les Pères distinguèrent les causes et les mirent chacune à sa place, dans son jour propre.

II.

Texte des Proverbes.

1° Dominus possedit me in initio viarum suarum, antequam quidquam faceret a principio. Les Septante écrivent : Dominus creavit me initium viarum suarum. (Prov. 8. 22.) 2° Ab initio et ante sæcula creata sum et usque ad futurum sæculum non desinam, et in habitatione sancta coram ipso ministravi. (Eccle. 24. 14.)

Clément Romain (Lib. 5. Const. Apost. c. 19.), le Concile Hispal., c. 13, l'édit de Foi de Justinien, saint Basile, saint Athanase, saint Grégoire de Nazianze, Césaire d'Arles, saint Grégoire de Nysse, saint Cyrille d'Alexandrie, saint Jean Chrysostome, saint Jean Damascène, saint Jérôme, saint Augustin, saint Hilaire, saint Ambroise, saint Fulgence, saint Épiphane, Idace Clarus, concèdent tous à Arius qu'il s'agit du CHRIST dans ces passages. Voilà un fait reconnu par la tradition catholique.

Il y a donc quelque chose de créé dans le CHRIST : creavit me, creata sum. Arius dit : C'est le Verbe. Les Pères sont unanimes à répondre : le Verbe n'est pas créé : c'est l'humanité du CHRIST qui est créée. Saint Cyrille d'Alexandrie parle le langage de toute la tradition : « Qui déclare : DIEU m'a créé ? — Christus jam homo factus. » Et saint Augustin : « Secundum formam Dei ante omnes colles genuit me, secundum formam *servi* Dominus creavit me initium viarum suarum. » Voir St Épiphane, page 128, note.

Arius ne se sert pas de ces textes sans motif. Il veut prouver que le Verbe a été créé pour créer le monde. Justement tout le passage des Proverbes déclare deux choses : la création du CHRIST avant toute autre création : Ab æterno ordinata sum et ex antiquis antequam terra fieret ; et ensuite le concours du CHRIST à la création de tout le reste : Cum eo eram cuncta componens.

La réponse des Pères : Il s'agit de la création « non du Verbe, mais de l'humanité du CHRIST, » soulève deux objections : l'humanité du CHRIST n'a pas été créée avant les collines, avant tout, mais au milieu des temps, et l'humanité du CHRIST n'a pu servir activement à la création du reste. Il n'y a pas d'explication plus plausible que celle donnée par l'Ecole Scotiste. Il s'agit du CHRIST-Homme, qui seul est créé ; mais il est créé avant tous les autres créés, en ce sens que le décret de sa création est porté par DIEU avant le décret de la création de tout le reste. Il y a l'ordre des travaux et l'ordre des décrets. Sans doute, dans l'ordre des œuvres faites, le CHRIST est venu après ; mais dans l'ordre des décrets, il est voulu le premier. Et, décrété le premier, il a servi à la création du reste, parce que le type du CHRIST-Homme a servi de modèle, d'exemplaire pour les autres créés qui lui ressemblent tous, au moins sous quelque rapport.

III.

Texte de saint Paul.

Le troisième texte cité par Arius est celui de saint Paul, qui appelle le CHRIST : Imago Dei invisibilis, Primogenitus omnis creaturæ, quoniam in ipso condita sunt universa in cœlo et in terra. D'une part, lit Arius, le Verbe, créature, n'est qu'une image de DIEU invisible ; il est créé le premier : Primo-genitus omnis creaturæ ; et il sert à créer le reste : omnia per ipsum et in ipso creata sunt. — Est-il vraiment suffisant de répondre que Primo-genitus signifie supra-creatus ? Que c'est subtil, messieurs les adversaires du Docteur Subtil ! *Premier-né de toute créature* veut dire *au-dessus de toute créature !...*

Les Pères, le Concile de Sardique et le Concile d'Éphèse, sont formels dans leur manière de distinguer la génération éternelle du

Verbe et le décret de l'existence du CHRIST. Concile de Sardique : « Confitemur item et Unigenitum et Primogenitum ; sed *Unigenitum Verbum*, quod semper fuit et est in Patre ; *Primogenitum* autem propter naturam *humanam.* » Concile d'Éphèse : « Credimus itaque et baptizati sumus in unum, sicut dixi, Filium, Dominum nostrum, Jesum Christum, hoc est : incarnatum et inhumanatum Dei Verbum ; sumusque unum adorare Deum edocti et nobiscum etiam cœlestes Virtutes. Scriptum est enim : « Cum induceret Primogenitum in orbem, dicit : Et adorent eum omnes angeli Dei. » Factus est autem Unigenitus *primogenitus*, quando homo nobis similis factus est. »

Unigenitus exclut l'idée de pluralité ; DIEU n'a qu'un Fils engendré de lui en lui. *Primogenitus* comporte l'idée de pluralité possible jointe à la notion de priorité. *Primo*, d'abord, le premier : *genitus*, engendré, et non pas *creatus*, créé. Donc, saint Paul ne disant pas : *Primo-creatus* omnis creaturæ, n'affirme pas que la création du CHRIST-Homme précède la création du monde. Mais disant : *Primo-genitus*, il indique l'ordre de la génération dans le décret de la création. Ainsi le CHRIST-Homme est engendré par le décret que DIEU porte sur sa création, avant de décréter la création de toute créature.

Les Thomistes ne peuvent se tirer d'affaire, en lisant « Genitus supra omnem creaturam » au lieu de « Primogenitus omnis creaturæ », que s'ils disent : Du verset 15 (du ch. I aux Col.) au verset 20, saint Paul passe du Verbe au CHRIST-Homme, et de l'humanité au Verbe. Ainsi : Ipse est ante omnes, et omnia in ipso constant, s'appliquent au Verbe, et non pas à l'homme. Puis, comme homme, le CHRIST est : caput corporis Ecclesiæ. Fermons aux Thomistes ces retraites. Les versets 15, 16, 17, 18, 19, 20, s'appliquent au CHRIST-Homme, tous, sans en excepter un iota.

Je procède par élimination. S'entendent du CHRIST-Homme ces mots : Qui est imago Dei invisibilis, primogenitus omnis creaturæ. Ipse est caput corporis Ecclesiæ, primogenitus ex mortuis, quia in ipso complacuit omnem plenitudinem inhabitare, et per eum reconciliare omnia in ipsum, pacificans per sanguinem crucis ejus sive quæ in terris, sive quæ in cœlis sunt. Restent : In ipso condita sunt universa : in ipso creata sunt ; omnia in ipso constant. D'abord, le grec traduit cet *in ipso* par *ad ipsum*, (voir Dom Calmet sur ce passage,) ce qui fait du CHRIST la cause finale de tout, *primaire*, en tant que Verbe, et cause finale *subalterne* de tout, comme Homme. Le Concile de Trente enseigne positivement que notre fin est la gloire « Dei et Christi. » (Ses. 6. c. 7.) *Causam finalem nostræ justificationis esse gloriam Dei et Christi.*

J'ai donc le droit strict de lirė saint Paul ainsi : Le CHRIST-Homme est le premier engendré de toutes les créatures décrétées, et, dans sa pensée, en sa faveur, pour lui, *in ipso*, tous les êtres ont été créés et subsistent. Ce disant, je serre le mot à mot et me tiens dans le sens littéral le plus rigoureux.

Reste l'expression : *Per ipsum*. Saint Paul dit : Omnia per ipsum creata sunt. Saint Jean déclare : Omnia per ipsum facta sunt. (Jo. I. 3.) Et le Credo de Nicée : Per quem omnia facta sunt. Ce mot est le terrain de la lutte la plus acharnée entre ariens et catholiques. Tout le monde admet que : « *per*, *par le moyen de* », désigne une cause intermédiaire. Mais quelle cause ? Matérielle ? Non. Instrumentale ? Non. Il n'en reste plus que deux : cause efficiente déléguée, et cause exemplaire. Arius déclare : Le CHRIST comme Verbe est cause *efficiente* du monde. Toutefois, créé pour créer, le Verbe n'est pas cause efficiente *principale*, mais cause efficiente *subalterne*, par délégation. Les Thomistes n'admettent pas un Verbe créé ; ils ne peuvent concéder ni que le CHRIST, comme Verbe incréé, soit cause efficiente *subalterne*, ni que le CHRIST, comme homme, soit cause efficiente de n'importe quelle façon : *primaire*, il serait DIEU, en tant qu'homme ayant la toute-puissance par lui-même ; *secondaire*, DIEU ne peut communiquer à une créature sa toute-puissance créatrice. Mais alors, comment le Verbe qui, seul, peut être cause efficiente du monde et cause efficiente *primaire*, comment se trouve-t-il désigné par cette formule : *per quem*, par le moyen de ? Il faudrait : *a quo*. Mais le Verbe n'a pas une action efficiente, créatrice, spéciale ; il n'a que part à l'acte unique créateur, commun aux trois personnes divines qui ont la même et unique volonté toute-puissante: Les Thomistes échapperont-ils en disant : Le Père crée par le moyen du Verbe, cause efficiente primaire, en ce sens que l'action de créer, commune aux trois personnes, est attribuée, par simple manière de parler, au Verbe? C'est le contraire qui est vrai; car, dans les Credo, nous disons : *Patrem* omnipotentem, *creatorem* cœli et terræ. Père. Créateur de tout. Il faut renoncer à cette explication, et nous rabattre sur la dernière cause intermédiaire, qui est la cause *exemplaire*.

DIEU crée par le moyen des idées qu'il voit dans son Verbe et qui sont les exemplaires des choses. — Oui ! d'accord. Mais pour que j'aie le droit de dire que toutes les expressions employées par saint Paul dans les versets 15, 16, 17, 18, 19, 20, s'appliquent au CHRIST-Homme, il faut et il suffit que l'idée du CHRIST-Homme existe dans le Verbe, et que les autres idées, types des créatures, soient apparentées dans le Verbe avec le type du CHRIST-Homme, de façon que le type du CHRIST soit le type premier, central, comme l'on voudra, autour duquel rayonnent tous les autres types des choses créables. Et, ainsi, je dis : par le moyen du CHRIST-Homme, par le moyen du type du CHRIST-Homme, auquel sont apparentés les autres types des choses, DIEU a fait tous les créés dans le ciel et sur la terre. Les autres types ne sont pas *créés* sur cet archétype, parce que les types, idées de DIEU, ne peuvent être créés; mais ils ont en DIEU, éternellement, des points de ressemblance avec le type du CHRIST-Homme. Et ainsi le CHRIST-Homme est cause des êtres, cause exemplaire par son type qui est dans le Verbe. Nous sommes, nous et tout le reste, créés sur lui, et non lui d'après nous. Les Pères abondent dans ce sens, et l'on comprend que, type de notre être physique, le CHRIST-Homme soit le type de notre vie morale. Tout s'enchaîne. Mais le CHRIST-Homme est lui-même l'image visible de DIEU invisible, qui reste l'exemplaire premier de tout, même du CHRIST.

Voilà comment l'erreur d'Arius, qui déclare le Verbe cause *efficiente subalterne* du monde, est mise à néant par l'interprétation de la théologie scotiste qui voit, dans ce *per quem*, l'humanité du CHRIST, cause *exemplaire subalterne* des êtres, en tant que type autour duquel se rattachent les autres types des créatures.

En outre, cause *finale subalterne* des êtres qui forment l'ensemble de la Création, l'humanité de JÉSUS est en DIEU avant tous les êtres qui subsistent dans sa ressemblance et pour sa gloire, et qui forment avec lui, sous sa royauté, le système du monde. Ipse est *ante* omnes, et omnia *in ipso* constant. Et ipse est caput corporis Ecclesiæ qui est *principium*. Saint Jean a détruit d'avance la base de l'arianisme en affirmant, d'une part, que le Verbe est incréé : « Dans le Principe, source de la Trinité, était le Verbe, et le Verbe était DIEU, en DIEU » ; et, d'autre part, qu'il est cause de la création, cause *exemplaire* et non *efficiente subalterne*. « Tout a été fait par lui, par son moyen. Rien n'a été fait sans lui. Ce qui a été fait était *vie en lui*. » Les choses ne peuvent être *vie* dans le Verbe, à moins que l'on ne désigne les idées des choses, les types qui sont la vie de DIEU dans le Verbe. Quod factum est in Ipso vita erat. Quid est hoc : vita erat ? Facta est terra, sed ipsa terra quæ facta est, non est vita ; est autem in ipsa Sapientia spiritaliter ratio quædam qua terra facta est, et hæc vita est. (St August.) Que l'idée-mère, que le premier type entre ces types soit l'idée du CHRIST-Homme, saint Jean l'insinue assez clairement : Et vita erat lux hominum. Erat lux vera quæ illuminat omnem hominem venientem in hunc mundum. *In mundo erat*. Comment, sinon par la ressemblance du CHRIST qui est dans les êtres ? Et mundus per ipsum factus est. Et mundus non cognovit. In propria venit. Il vint dans son domaine, héritier, comme homme, de ce qui est sa propriété comme Verbe qui a fait avec le Père et le Saint-Esprit la création. Et *sui* eum non receperunt. Et les siens ne l'ont pas reçu, siens de droit, avant la Rédemption.

IV.

Credo de Nicée.

Le Credo de Nicée, composé spécialement pour la réfutation de l'arianisme, contient l'affirmation de la prédestination première du CHRIST. Du moins sa disposition synoptique y fait songer.

I. Credo in UNUM DEUM	Opérations AD INTRA. Patrem omnipotentem. Opérations AD EXTRA. Factorem cœli et terræ, visibilium omnium et invisibilium.

II. Et in UNUM DOMINUM JESUM CHRISTUM	Opérations AD INTRA. Filium Dei unigenitum et ex Patre natum ante omnia sæcula, Deum de Deo, lumen de lumine, Deum verum de Deo vero, genitum non factum, consubstantialem Patri. Opérations AD EXTRA. Per quem omnia facta sunt, qui propter nos homines et propter nostram salutem descendit de cœlis, et incarnatus est de Spiritu Sancto ex Maria Virgine, et Homo factus est; crucifixus etiam pro nobis sub Pontio Pilato, passus et sepultus est. Et resurrexit tertia die... Sedet ad dexteram Patris. Et iterum venturus est cum gloria judicare vivos et mortuos, cujus regni non erit finis.
III. Et in SPIRITUM SANCTUM DOMINUM.	Opérations AD INTRA. Vivificantem qui ex Patre Filioque procedit. Qui cum Patre et Filio simul adoratur et conglorificatur. Opérations AD EXTRA. Qui locutus est per prophetas. Et in unam...

L'ossature du Credo de Nicée, admirablement combinée pour tuer l'arianisme, donne la plus grande force à l'École Scotiste. L'arianisme est tout entier dans ces deux propositions : Dieu, trop grand, n'a pu créer le monde. Dieu a créé son Verbe pour qu'il crée le monde. — Réponse des Pères de Nicée : Tu dis que, trop grand, Dieu n'a pu créer. Nous disons : Dieu, Père tout-puissant, a créé tout sans que rien ne soit excepté. Credo in unum Deum Patrem omnipotentem, *creatorem* cœli et terræ, visibilium omnium et invisibilium. La création, sortie de l'acte unique des trois personnes divines, pourrait être attribuée également bien à l'une ou l'autre. Mais, comme Arius veut que la création soit impossible à Dieu trop grand, justement le Credo l'attribue à la personne qui est la source même de toute la Trinité : au Père, *fons totius Trinitatis*.

Arius dit que le Verbe créé est la cause efficiente *subalterne* du monde ; les Pères attribuent également une part dans la création, mais quelle part ? mais à qui ?

Premier parallélisme	*Creatorem* cœli et terræ. Cause *efficiente*. *Per quem* omnia facta sunt. Cause *intermédiaire*.
Deuxième parallélisme	Credo in unum Deum *Patrem* omnipotentem, *creatorem*. Et in Unum *Dominum* Jesum Christum, *per quem*.

Un Dieu : Un Maître. — Et ce Maître unique est nommé de son nom d'homme : Jésus-Christ. Un Dieu, créateur de tout, principe efficient. *A quo*. Un Maître, Jésus-Christ, *par le moyen* duquel. Les Pères de Nicée se servent de la même expression qu'Arius, mais dans un autre sens. *Il* est bien cause subalterne, mais non en tant que Verbe ; au contraire, comme homme. Et il n'est pas cause *efficiente secondaire*, mais cause *exemplaire secondaire ;* car, toujours en tant qu'homme, il ne peut être ni cause *instrumentale*, ni cause *efficiente primaire :* il lui faudrait, comme homme, posséder par lui-même la toute-puissance : Deus ergo in quantum homo, ce serait absurde ; ni cause *efficiente secondaire*, parce que la toute-puissance ne se délègue pas. Si l'on voulait, à tout prix, rapporter le *per quem* au Verbe, il ferait double emploi avec le : *Creatorem cœli*, à moins de dire que Dieu crée *par* les idées qu'il a dans son Verbe. Mais la doctrine thomiste ne s'en porterait pas mieux. Par le *moyen* des idées, faudrait-il dire, et les Thomistes déclarent que la science de Dieu est cause *efficiente* des choses.

Un seul Dieu ! Un seul Maître, Jésus-Christ. Maître absolu, comme Verbe ; maître, *hæres* universorum, en tant qu'il est homme. Jésus-Christ, seul maître ! ayant reçu, lui, homme, pouvoir et droit de Dieu, pour gouverner, user, et juger.

La conséquence de la doctrine arienne est que le Verbe, créé pour nous créer, n'est Verbe, n'existe que pour nous, *propter nos.* Or tous les Pères ont combattu ce *propter nos* avec l'argument de saint Basile. « Quod *propter aliud*, et non *propter se* factum est, vel est pars illius propter quod factum est, vel *eo minus* est. » (Liv. 5. cont. Eunom.) Aussi saint Cyrille écrit-il rigoureusement : « Si propter nos factus est Filius, et non propter Filium nos, *erimus multo Ipso præstantiores.* » (Lib. 5. Thes. c. 3.)

Les Pères raisonnent contre les ariens dans le sens que les ariens entendent leur doctrine ; autrement leurs arguments n'auraient pas porté.

Vous admettez un Verbe créature, fait pour créer le monde : et vous dites que votre Verbe créature est supérieur au monde, parce qu'il crée le monde. Vous vous trompez. Il n'existe lui, Verbe créé, que pour créer le monde : donc il est voulu à cause du monde, et le monde est voulu à cause de soi-même. Or, il est plus noble d'être voulu à cause de soi-même que d'être voulu à cause d'un autre. Donc si vous voulez un Verbe supérieur au monde, il faut que le monde soit créé à cause du Verbe, et non que le Verbe soit créé à cause du monde. Telle est l'argumentation des Pères.

Si, au lieu d'un Verbe créé en face du monde, nous mettons ce même monde en face du Verbe éternel humanisé, l'argument garde toute sa force. L'humanisation du Verbe Incréé pour un monde à restaurer, la création du Verbe créature pour la création du monde : ces deux situations se valent. Même la distance est plus considérable de l'humanisation du Verbe éternel à la rédemption de l'homme, que de la création d'un Verbe simple créature à la création de l'Univers.

Comment donc saint Athanase a-t-il écrit le *propter nos* homines du Symbole ? Se contredit-il ? Ce n'est pas à penser. Lisons bien : Qui *descendit* de cœlis *propter nos*, homines, et *propter nostram salutem*, et incarnatus est. Le *Qui descendit* s'entend-t-il de Dominus unus *Jesus Christus ?* Ou bien du Filius Dei *unigenitus ?* Les deux sont déjà nommés : le Verbe, l'homme. Comment pourrait-il, homme, descendre des cieux, puisqu'il n'est pas encore homme ? Le Seigneur Unique JÉSUS-CHRIST, déjà salué, reconnu et voulu de DIEU, descend des cieux en ce sens qu'au lieu de prendre pied, de s'incarner dans la gloire des cieux, il descend à être homme sur la terre. DIEU ne l'a pas voulu homme glorieux, non : mais DIEU, s'il n'avait vu la faute d'Adam, DIEU l'aurait décrété homme glorieux dans les cieux. DIEU a vu cette faute et il a décrété l'humanisation du Verbe sur la terre au lieu de l'humanisation dans la gloire des cieux. JÉSUS-CHRIST homme descend donc des cieux où il aurait été, sur notre terre où il prend pied dans la douleur. Si c'est le *Verbe* qui est descendu, la conséquence est la même. D'abord, comment le Verbe éternel peut-il descendre ? Comme Verbe il reste dans les cieux ; et il ne s'amoindrit d'aucune façon comme Verbe en s'humanisant. Le Verbe, de toute façon, reste Verbe omni-présent, infiniment glorieux. Donc ce second sens n'est pas plus littéral que le premier.

Admettons-le quand même. Descendit de cœlis *propter* nos, homines, et *propter* nostram salutem. Voilà deux *propter*. Pourquoi deux ? Quand les murs d'une église sont bâtis, à cause des murs qui ne signifieraient rien, on met un autel. L'autel est *propter muros*. Ce qui n'empêche pas les murs de n'avoir été bâtis que pour l'autel, *propter altare*. Et ainsi le Verbe est descendu *propter homines*, qui, sans lui, auraient été muraille inutile ; ce qui n'empêche nullement que les hommes ont été créés pour lui, CHRIST, autel de DIEU. Les deux *propter* s'entendraient ainsi : Verbum incarnatum est propter nos homines *extollendos* ad glorificationem Dei summam per unionem cum natura divina hypostaticam, et propter nostram *salutem post culpam* admissam.

A tout prix voudrait-on ne voir qu'un seul motif de venir dans ces deux *propter* nos homines et *propter* nostram salutem, que je ne résisterais pas longtemps à cette argumentation, parce que la suite du Credo marque le motif de la Rédemption immédiatement après. La coupure est même très nette : Homo factus est et incarnatus est, et descendit Verbum de cœlis propter nos homines et propter nostram salutem. Le Verbe s'est humanisé et non pas angelisé : il s'est humanisé parce qu'il nous a préférés, nous, hommes, aux anges ; il s'est humanisé à cause de nous. Propter nos *homines* homo factus est. Et pour nous mériter des grâces de salut il s'est incarné. Le salut est la sortie victorieuse du milieu d'une épreuve. Adam devait faire son salut dans l'état d'innocence comme il a dû le faire dans l'état de déchéance. Ces deux états sont nettement indiqués : le salut motive l'Incarnation, et le rachat des péchés motive la Passion. *Crucifixus etiam* pro nobis. Et ainsi tout s'éclaire : Propter nos homines salvandos Homo *factus* est. *Crucifixus etiam* pro nobis culpam originis habentibus et alias actuales. Sans cette distinction, la particule *etiam* serait à peu près incompréhensible.

V.

O felix culpa.

Quant au mot si souvent cité : *O felix culpa !* il suffit de remarquer que les Scotistes expriment admirablement leur doctrine par cette exclamation de la liturgie : O felix culpa quæ *Talem* ac *Tantum* meruit habere redemptorem ! Ou bien : quæ meruit habere *Talem* ac *Tantum* in redemptorem ! ou bien : quæ meruit habere Redemptorem *talem !* ac *tantum !* Toutes ces lectures littérales admettent un CHRIST déjà voulu ; et DIEU, parmi cent rédempteurs possibles, le choisit, lui, *Tel et si Grand !* pour faire l'ouvrage de notre rédemption. Pour faire dire à ce texte que le CHRIST n'est venu que comme Rédempteur, que sans le péché le CHRIST n'aurait pas existé, il faut modifier de fond en comble l'exclamation liturgique : O felix culpa quæ meruit talem ac tantum Redemptorem *facere !* Et encore, le mot *facere* n'est pas juste ; car les Scotistes disent que la faute a mérité de faire que le CHRIST devienne Rédempteur.

Vraiment le texte liturgique ne devient thomiste que s'il est modifié en ces termes : O felix culpa *sine qua Talis et Tantus* non fuisset, quia *non fuit nisi ut* eam redimeret. Alors seulement la lecture scotiste est impossible. O certe *necessarium* Adæ peccatum ! Pourquoi nécessaire ? Parce qu'il a été effacé par la mort du CHRIST. Quod CHRISTI morte deletum est. Voilà la Rédemption par la mort du CHRIST glorieusement célébrée. Pour que le CHRIST puisse mourir, il faut qu'il vive d'abord. Sans doute ; mais le texte ne dit pas qu'il n'a vécu *que pour* mourir, et que, sans cette faute, il n'eût pas vécu exempt de goûter à la mort. Aussi, à Noël, l'Église, dans le martyrologe, ne parle pas de Rédemption : *Mundum volens adventu suo piissimo consecrare*. C'est tout, et c'est très net. L'occasion, pourtant, s'offrait de dire : il ne naît que pour racheter !

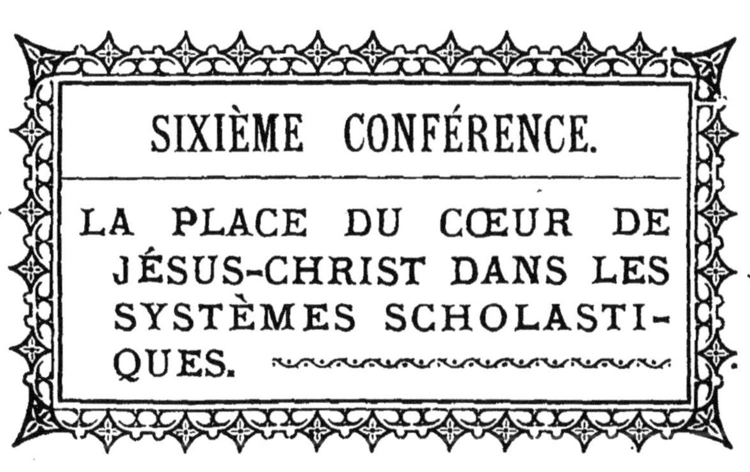

SIXIÈME CONFÉRENCE.

LA PLACE DU CŒUR DE JÉSUS-CHRIST DANS LES SYSTÈMES SCHOLASTIQUES.

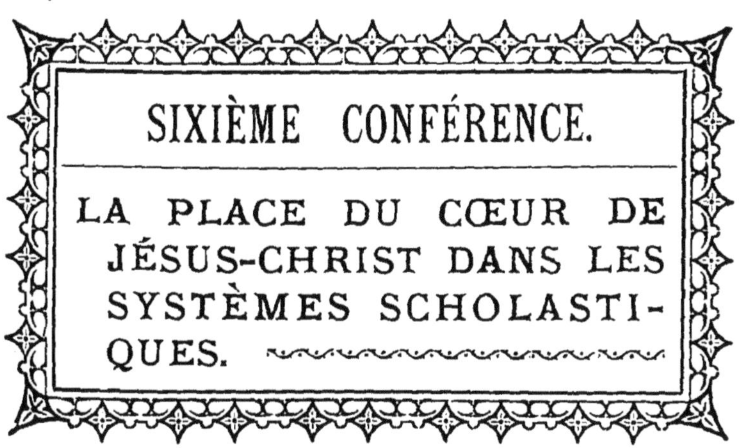

SIXIÈME CONFÉRENCE.

LA PLACE DU CŒUR DE JÉSUS-CHRIST DANS LES SYSTÈMES SCHOLASTIQUES.

> *Clarifica me, tu Pater, apud temetipsum claritate quam habui priusquam mundus esset apud te.*
>
> Exalte-moi, Père, devant tes yeux par la gloire que déjà tu m'avais donnée dans ton plan, avant que tu n'eusses créé le monde.
>
> (JEAN, 17. 5.)

LA Théologie du CHRIST, suprême et premier Glorificateur de DIEU, centre autour duquel tout rayonne, et dans la volonté créatrice et dans les réalités de l'histoire, avait déjà ses docteurs fameux suscités de DIEU. Il lui fallait les éloquences de l'art, commentaire pour les yeux des arguments de l'esprit. Un pape se rencontra, Jules II, pour commander le tableau de la Religion, et un peintre de génie (quelques-uns disent, le prince de la peinture), pour l'exécuter. Raphael, fils de saint François [1], n'avait qu'à ne pas sortir de la famille franciscaine pour rencontrer l'inspiration. Il s'y maintint. Émerveillé, le Pape, ne voulant plus que le pinceau de Raphaël, commanda sur l'heure de détruire les fresques des autres maîtres à coups de marteau.

Le CHRIST, premier dans la pensé de DIEU, éternellement triomphant, provisoirement au milieu des hommes sous la

1. Par le Tiers-Ordre.

tente de l'hostie : impossible de rencontrer plus haute idée ; impossible de la rendre dans un style plus large. A côté de Pierre Lombard, qui ouvrit, par son livre des *Sentences*, le chemin à la Théologie scolastique, Raphael a placé, tout près de l'autel, le Docteur Subtil, celui qui, de tous les Maîtres, traita le plus éloquemment la question du CHRIST, premier Glorificateur de DIEU. Le Vén. Jean Duns Scot, apparenté par la clarté de vision au quatrième évangéliste, montre à saint Thomas qui hésite, à saint Bonaventure qui vérifie les textes, le CHRIST-JÉSUS tenant, dans la gloire, le centre des œuvres de DIEU. Au niveau de ses pieds, à droite et à gauche, les Bienheureux et les Apôtres ; dans le même nimbe que lui, Marie, sa Mère, et Jean-Baptiste, sa voix ; à la hauteur de son front, des deux côtés, une couronne d'anges, frères de l'âme de JÉSUS. Dominant toute la scène, DIEU-Trinité tient, dans sa main gauche, le globe de ses desseins, et indique du doigt qu'il donne au CHRIST le monde construit avec sa pensée. Dans l'ordonnance de cette page incomparable, le mouvement va au CHRIST, les yeux le fixent : on sent les âmes de tous les personnages pleines de sa primauté.

Considérez, mes frères, que Raphaël, au lieu d'orner de couleurs, pour un musée, une toile toujours fragile, a fixé la théologie sur la muraille de la maison catholique par excellence, le palais de la Papauté. Plus grand honneur pouvait-il advenir à l'École franciscaine ? Après Jules II, les docteurs infaillibles n'ont-ils pas médité devant la fresque de la Religion, quand ils se préparaient à parler au monde du CHRIST-JÉSUS ? Pie IX la regarda quand il définit que Marie, fille d'Adam et mère de JÉSUS, pour être une mère digne du Saint, n'a pas hérité de la déchéance du Pécheur. Léon XIII a composé son Encyclique de la Consécration du Genre Humain au Sacré-Cœur devant la Religion de Raphaël. Docteur infaillible, n'y enseigne-t-il pas, comme le peintre de la Religion, que le CHRIST est roi au centre de tous les ouvrages de DIEU ?

Et moi, mes frères, je ne puis détacher mes yeux de la douce figure de mon frère Jean Duns Scot, qui, dans le tableau du Vatican, debout près de l'autel, entre Pierre Lombard et saint Augustin, recueille modestement les éloges et les critiques des théologiens assemblés. Il me sera facile et doux de montrer dans cette conférence que nous ne cédons pas à l'esprit de corps en affirmant que le Docteur Subtil est entré plus avant que les autres dans le mystère du Verbe incarné, et qu'il peut, entre tous les scholastiques, s'appeler, justement, le *Théologien du Sacré-Cœur.* La proclamation du Dogme de la non-déchéance de Marie, qui l'a rappelé à notre admiration, n'est qu'un corollaire de sa Thèse du CHRIST.

I.

La foi dans le CHRIST, DIEU-Homme, Médiateur suprême et Médiateur unique, sortie victorieuse des attaques de l'arianisme, n'avait plus besoin, dans un monde franchement chrétien, d'être défendue. La voix des grands Conciles avait étouffé les blasphèmes de la Gnose. Il n'en restait pas moins, sur l'autre face de la question, des ombres que, sans doute, saint Cyrille et saint Athanase, Tertullien et saint Augustin avaient sillonnées de brillantes clartés. Mais, cette invention d'un Verbe créé pour créer le monde, fabriqué le premier pour être le bâtisseur de l'Univers, avait plongé les esprits dans je ne sais quelles défiances. La doctrine de saint Paul, dont la Gnose et Arius avaient tant abusé, arrivera-t-elle jamais à se poser dans la lumière précise d'une définition bien exacte et rigoureuse ?

Entre les Pères et la Scholastique, du concile d'Éphèse aux Sentences de Pierre Lombard (431-1100), l'Ordre bénédictin garde la tradition doctrinale du CHRIST, premier Glorificateur de DIEU. C'est l'abbé de Clairvaux, le grand saint Bernard, qui voit l'ange sauvé de l'épreuve par la grâce du CHRIST. Donc, le Cœur de JÉSUS, source méritoire de la grâce, précède l'ange dans le livre des volontés créatrices. Jusqu'où ne va pas l'abbé du Bec, saint Anselme, dans son livre *Cur Deus homo ?* Pourquoi un DIEU-Homme ? Ce titre seul est un programme que la pensée catholique n'épuisera pas jusqu'à la fin du monde. A lire, enfin, l'abbé d'Ypres, et l'affirmation calme de sa foi profonde, on se demande si Rupert n'est pas saint Cyrille, adversaire intrépide des ariens, devenu moine méditatif dans une abbaye bénédictine. Comparez la langue de saint Cyrille et l'affirmation de Rupert : « Il faut affirmer religieusement que DIEU a créé toutes choses en faveur de son CHRIST, pour lui, afin que tout lui soit honneur, et gloire, et couronne. Cette foi doit être reçue avec révérence. »

Le grand Ordre de Saint-Benoît a bien mérité des lettres humaines. Que nos Académies, qui lisent Virgile et Cicéron sur ses parchemins, lui décernent de justes éloges. Il avait, cependant, mieux à faire que de sauver la langue d'Horace. Ne devait-il pas conserver, à travers les siècles de fer, le sens du CHRIST ? Cette grande tâche, il a su la remplir. Gloire à l'Ordre Bénédictin.

Mais, voici l'épreuve de l'enseignement scholastique. Epreuve, en vérité, pour toute doctrine hasardée, que ce combat de l'argumentation serrée, lumineuse, impitoyable. La thèse du CHRIST, du Cœur sacré de JÉSUS, ouvrant la liste des ouvrages voulus de DIEU, résistera-t elle à l'objection qui s'embusque derrière un texte de l'Écriture, ou qui pérore sur dix lignes de saint Léon ou de saint Augustin ? Ces grands esprits, s'ils avaient prévu la Scholastique, n'auraient-ils pas mieux ajusté leurs paroles à leur pensée ? Pour qui connaît la tactique savamment précise de l'École, impossible de douter que l'erreur puisse mettre un masque sans qu'on l'arrache. Les batailles de la vieille Sorbonne avaient avec la tactique moderne de nombreuses ressemblances : projections lumineuses, aérostats surplombant les opérations de l'adversaire, mines, contre-mines, grands coups d'obusiers, et la mitraille de mille retorquements des preuves suspectes.

Les textes des Proverbes et de saint Paul sont écrits dans la Bible en caractères trop grands pour que la Scholastique n'en saisisse pas, à première vue, toute l'importance. Mais, comment la thèse sera-t-elle posée ? En quels termes ? Sous quel jour ? Certes, les conséquences sont vastes, nombreuses et très graves. Mais, il s'agit d'enlever à l'adversaire tout pouvoir d'esquiver une réponse nette. Elle ferme toutes les portes de la ville ; et il faudra défiler sous une poterne, trop étroite pour une réponse qui ne serait pas simplement le oui ou le non. « Si Adam n'eût pas péché, le CHRIST serait venu quand même sur la Terre ! » Formule habile qui arrache à l'adversaire la ressource d'une distinction. Habileté, oh ! oui ; mais, qu'il me soit permis de le dire sans blasphémer la Scholastique, mais : habileté d'avocat.

J'éprouve le besoin de quereller Rupert et son émule d'Autun d'avoir, sur le flanc de la thèse grandiose du CHRIST, premier Glorificateur de DIEU, et de son Cœur, explication du monde, ouvert une petite porte si étrangement orientée ! Est-ce que saint Paul a vu le grand dessein de DIEU par cette meurtrière ? Quand on s'approche, la perspective s'élargit à l'infini, c'est vrai ; mais il faut s'approcher ! il faut coller le regard à la fissure ! Tout cela est un travail. Si l'application de l'esprit qui veut comprendre, est déjà sérieuse difficulté, n'y trouvera-t-on pas argument pour se persuader que ce travail, difficile, est stérile ? La précision gagnée n'a point compensé la perte des attentions du monde, qui ne sont pas allées à ce qui semblait pure querelle de professeurs. Et la grande gloire du Cœur de JÉSUS était en jeu ! On se disputait autour de la plus haute couronne de la tiare du CHRIST ! Et le monde ne le savait pas !

Les docteurs se mouvaient à l'aise dans ces grandes questions, mais ils étaient seuls à mesurer la portée immense de leurs voix, que les échos de la vulgarisation ne répétaient point.

Deux Ordres nouveaux, pleins de sève, chrétiennement démocrates par leur idéal, leurs origines et leur législation éclose au beau temps des libertés publiques, deux Ordres frères étaient nés à l'ombre des monastères féodaux. A l'inverse des Bénédictins, qui s'enfermaient pour copier dans le recueillement, Frères Prêcheurs et Frères Mineurs sortirent pour expliquer. La jeune ardeur qu'ils mettaient en toutes choses, à n'avoir point de possessions et à devenir des saints, les mena bientôt à la conquête des chaires théologiques. L'invasion fut rapidement menée. Ils furent la vieille Sorbonne, *la grande*. Prétendre que la question du CHRIST les sépara, que la robe blanche portait le *non* dans ses plis et que la robe brune était l'indomptable affirmation du *oui*, serait violenter l'histoire. Les deux Ordres marchèrent d'abord du même pas. Plus tard seulement leur chemin bifurqua.

Le Père de la Scholastique, Alexandre de Halès, reprend la question du CHRIST, premier des prédestinés, et la met à sa vraie place sur les hauteurs de la théologie. Et de quel soleil il l'éclaire ! « DIEU, Bien souverain, se plaît aux épanchements ; et il n'irait pas jusqu'à l'homme ! DIEU est bonheur et l'homme peut le devenir, mais l'homme ne sera joie tout à fait que s'il possède DIEU devant ses yeux comme il le possède dans son âme. L'Incarnation, c'est DIEU devant nos regards, qui voient réalisés ces deux prodiges : trois personnes dans une nature, c'est DIEU-Trinité ; trois natures, corporelle, spirituelle et divine, sous une même personnalité qui est le CHRIST. Que ces convenances soient entrées dans la réalité, je le crois, parce que Jonas dit de lui-même : *Une tempête s'est élevée à cause de moi.* Jonas est le CHRIST, et la tempête est la révolte des anges, qui, devant la future humanisation du Verbe, se sont révoltés contre le dessein de DIEU et contre son CHRIST. Ils crurent que, faisant de l'homme un pécheur, ils le rendraient indigne de l'Incarnation. Chute des anges, tentation de l'homme, s'expliquent très bien par la primauté du CHRIST (et de son Cœur) sur la liste des prédestinés. » La grandeur de la question s'est-elle assez bien déroulée devant le Franciscain de Halès ? N'est-ce pas que le Docteur Irréfragable a traité largement ce vaste sujet ? Il a soin de nous avertir que sa doctrine est reliée à la tradition bénédictine « C'est Bernard qui applique à l'Homme-DIEU ce que l'Écriture a narré de Jonas. »

Que pourra-t-on dire après que le Père de la Scholastique s'est exprimé dans une telle langue ? A l'affirmation du Frère Mineur répond le oui, non moins catégorique, du Prêcheur, Albert-le-Grand. Il se réclame, lui aussi, de la tradition bénédictine. Après saint Anselme, il cite l'axiome : Le bien veut s'épancher, et DIEU est le Bien souverain. Et il ajoute : « Les paroles des saints nous montrent dans l'homme une aptitude à s'unir qui n'est pas dans l'ange. DIEU qui l'a créée peut seul la remplir ; et il l'aurait faite pour n'y pas répondre ? Serait-ce que le péché rend notre nature plus semblable à DIEU et les liens d'union plus faciles à établir ? Le contraire est la vérité. D'ailleurs la perfection n'est pas dans les éloignements et les dislocations. La création, partie de DIEU, est venue jusqu'à l'homme. De DIEU à l'homme, ce n'est que la moitié du cercle ; il faut rejoindre les deux extrémités, et voilà l'Homme-DIEU. La loi de l'amour très grand est de se communiquer de très grande manière. »

Il est, mes frères, intéressant de peser les termes des deux docteurs : « Il faut concéder que si la chute de la nature humaine n'était pas venue motiver l'Incarnation, d'autres convenances existaient pour qu'elle se fît. — Quoique la chose soit incertaine, autant que, moi, je puis m'en rendre compte, je crois que le Fils de DIEU, sans le péché de l'homme, serait quand même venu. Cela concorde mieux avec la piété de la foi. » Ne sont-ce pas les mêmes croyances, les mêmes grandes pensées, les mêmes termes d'affirmation prudente sous la robe brune et sous la robe blanche ? C'est la première génération de Docteurs.

La seconde nous offre encore deux noms illustres, le Prêcheur saint Thomas, le Mineur saint Bonaventure. Tous les deux, longuement, chacun dans la langue de son génie, examinent la question. Les arguments du Docteur Irréfragable et du Docteur Admirable sont repris et pesés. L'École est attentive. Quelle sera l'opinion des maîtres ? « Sans la déchéance d'Adam, le CHRIST serait-il venu ? Entre l'affirmation des uns et la négation des autres, quel choix devons-nous faire ? DIEU seul connaît la vérité sur le CHRIST, lui qui nous a donné le CHRIST. Également catholiques le Oui et le Non, prononcés qu'ils sont par des lèvres catholiques, et parce que tous les deux aiguillonnent notre religion par des considérations diverses. Le oui, pourtant, donne mieux la note de la raison, tandis que le non semblerait s'accorder davantage avec la piété de la foi. » Saint Bonaventure s'engage ensuite dans la critique des textes bibliques où le CHRIST apparaît surtout l'ouvrier de la Rédemption.

L'Angélique Docteur professe la même doctrine que le Docteur Séraphique. Même fonds d'idées, mêmes nuances, mêmes expressions. « La vérité sur la venue du CHRIST : la connaît seul celui qui est venu parce qu'il l'a voulu. Ceux qui enseignent la venue du CHRIST à cause du péché d'Adam, énoncent une probabilité ; comme est probable le dire de ceux qui croient à la venue du CHRIST sans le péché. » Dans sa Somme théologique, saint Thomas accentue sa pensée, et l'orienterait vers le non, qui ne vient cependant pas sous sa plume. « Le Non paraîtrait plus probable à cause des Écritures. » Vraiment les deux illustres amis, Bonaventure et Thomas, ont concerté leur réponse. Les Écritures ! ils hésitent devant les Écritures !

Et les Écritures, c'est tout, parce qu'elles révèlent ou taisent le secret de DIEU. Et pourtant, la raison a de tels arguments que l'Écriture, elle-même, n'établit pas leur conviction dans la certitude.

La première génération des Scholastiques, le Franciscain Alexandre de Halès, le Dominicain Albert-le-Grand, qui se réclament, celui-là de saint Bernard, celui-ci de saint Anselme, voient le Cœur du CHRIST en tête, premier sur le plan de l'Univers. La seconde génération, le Dominicain saint Thomas, le Franciscain saint Bonaventure, voudraient saluer la priorité du Cœur de JÉSUS-CHRIST dans l'architecture du monde, et demeurent douloureusement indécis, parce que l'Écriture leur semblerait contenir plutôt le non que l'affirmative, qui pourtant, ils l'enseignent, est catholique. Mais, qui oserait prétendre que le génie positif et pénétrant d'un saint Thomas, que le génie si puissamment synthétique de Bonaventure, n'ont pas, à eux deux, exploré les dires de DIEU et saisi sa pensée ? Qui osera ? Accuser (et n'est-ce pas justice ?) accuser Honorius d'Autun d'avoir mal posé la question, ce serait apporter une excuse indigne de Docteurs tels que nos deux Maîtres. Disons, et l'admiration que nous professons pour l'Angélique et le Séraphique en sera satisfaite, que DIEU les a, sur ce point, aveuglés par la lumière même. Est-il si fiers génies, est-il esprits si choyés par la grâce, devant lesquels DIEU ne puisse, quand il lui plaît, se dérober ?

Les Écritures ! nos deux Maîtres n'ont pas lu l'Immaculée-Conception dans les pages révélées. Et pourtant elle s'y trouve. La non-déchéance de Marie, difficilement explicable sans un heurt, pénible, à la raison, si on voit la Vierge, d'abord fille d'Adam, et, en second lieu, mère du Rédempteur ; la non-déchéance de Marie s'impose dès que nous l'apercevons lien de sang entre le CHRIST, premier des prédestinés, et le monde qui doit suivre pour sa gloire. Voulue mère du CHRIST avant d'être constituée fille d'Adam, Marie est trop haute dans sa maternité pour que la déchéance qui la menace puisse l'atteindre. Thomas et Bonaventure n'ont pas vu dans les Écritures la non-déchéance de la mère de JÉSUS, parce qu'ils n'y ont pas trouvé que JÉSUS est le premier des prédestinés. Tout s'enchaîne. Mais l'argument des Écritures est, de ce chef, affaibli dans leurs mains. Faut-il, après les hésitations des princes de la Théologie, trembler pour la question du CHRIST, premier Glorificateur de DIEU ? Quelle voix s'élèvera après leurs voix pour les contredire, ou, plus justement, pour les affermir ?

II.

Ne tremblez pas, mes frères ; DIEU a toujours suscité, pour les mettre à la tête du monde des esprits, des hommes qu'il lui a plu de faire plus spécialement les hommes du CHRIST. Après saint Matthieu, saint Marc et saint Luc : le quatrième Évangéliste ; quand saint Pierre, saint Jude et saint Jacques eurent enseigné : le glorieux auteur de l'épître aux Colossiens ; entre tous les adversaires de l'Arianisme : saint Athanase et saint Cyrille. La loi se continue. Dernier des grands Scholastiques, voici le docteur de l'Incarnation : le vénérable Jean Duns Scot.

Qu'il utilise les lumières de tous ses devanciers, qu'il voie dans leurs clartés, qu'il tire profit autant des hésitations des uns que de la belle ardeur des autres : est-ce une faute de venir après eux ? C'en serait une, et une lourde, de leur succéder sans leur emprunter. Il n'invente rien, dira-t-on ; je l'accorde ; mais je me défie d'un théologien qui invente. N'est-ce pas le triste privilège des hérétiques d'inventer dans le dogme ? Nous recueillons, nous autres, la tradition, et nous la savons trop précieuse pour en laisser périr une lettre, un point, et surtout un sens. Toute la gloire du Docteur Subtil est de n'avoir écrit ses thèses théologiques, les grandes, les moindres, que dans le jour radieux de JÉSUS, pour garder et pour montrer le sens du CHRIST, tel qu'il le voit rayonner dans la Tradition.

Vingt-cinq ans après la mort de saint Bonaventure et de saint Thomas, il va chercher le livre des Écritures resté ouvert sur leurs tombeaux. Dans les pages sacrées, non moins que dans l'histoire du monde succédant à leur récit, une chose frappe le Docteur Subtil, l'émeut, l'éblouit, si une contemplation ravie qui ne cesse pas, peut s'appeler éblouissement : c'est la place que tient le CHRIST dans les dires de DIEU et dans les œuvres du Créateur ; c'est la grandeur incommensurable de JÉSUS, la majesté de sa stature au milieu des innombrables petitesses que nous sommes, nous qui pensons, et tout le reste qui ne pense pas. Et l'âme du Vénérable Frère Mineur s'arrête à l'admirer. Elle n'exprime pas ses transports dans les strophes d'un hymne, non ; ce serait beau, mais les théologiens, gens positifs, douteraient de la valeur de l'argument. Écoutez cette remarque, aussi modeste que profonde : *Nec est vero simile summum esse tantum occasionatum, scilicet propter minus bonum.* Il n'est pas vraisemblable que le Bien souverain, suprême, que le CHRIST, qui est le Summum du bien, existe « par occasion », c'est-à-dire voulu à cause d'un bien plus petit. — Duns Scot n'oblique pas. La base de sa démonstration, je veux parler de l'importance du CHRIST dans l'Œuvre de DIEU, frappe tous les yeux. Qui ne dira comme le Docteur Subtil : Le CHRIST est trop grand pour exister *par occasion ?* Mais cette formule, elle était, chose surprenante, à découvrir. Elle gisait, inaperçue, dans les Écritures, tracée pourtant de la vigoureuse plume d'un saint Paul, si lumineux dans ses précisions. « Le CHRIST sera dans tous les siècles de l'éternité rémunératrice ; il est dans l'aujourd'hui du monde qui passe ; il était hier dans l'éternité des plans du Créateur. » Le CHRIST hier, aujourd'hui, à jamais [1], ne fait pas figure d'un CHRIST *occasionnel.*

1. *Christus heri, et hodie, ipse et in sæcula.* (Heb. 13. 8.)

Subtil, non pour se retrancher dans les mailles d'arguties misérables, subtil, au contraire, parce qu'il va au cœur des questions grandes, et sait démêler ce qu'elles ont de complexe, le Vénérable Duns Scot pose, en face l'un de l'autre, les deux modes de la prédestination : Être voulu pour soi-même, être voulu à l'occasion d'autrui. Adam est-il voulu pour soi-même et le CHRIST est-il voulu à l'occasion d'Adam ? Ou bien le CHRIST est-il voulu pour soi-même, et Adam est-il voulu à l'occasion du CHRIST ?

Notre Vénérable Maître oserait, moins que tout autre docteur, chercher la réponse dans l'importance d'un CHRIST qui s'imposerait à DIEU et lui ferait la loi. L'infini seul fait la loi à l'infini, et, en dehors de la nature divine, l'infini n'est pas. Le Cœur du CHRIST, si vaste, est lui-même au rang des créés. *Nihil necessario operatur Deus respectu aliquorum extra se, ordinando illa ad bonum : sic potuit non prædestinasse* [1]. Mais l'Écriture célèbre le CHRIST : « à cause de qui tous les êtres sont : *propter quem omnia ;* le CHRIST, par le moyen duquel tout existe : *per quem omnia ;* le CHRIST, pour qui vivent tous les créés. Il convenait que le CHRIST, qui déjà, cause de leur existence, traînait leurs vies dans le sillage de sa gloire, auteur, une première fois, de leur salut, consommât son œuvre après leur défaillance et les sauvât douloureusement une seconde fois. Êtres raisonnables, tout vous appartient ; l'univers matériel a été créé votre domaine ; il est à votre occasion. Mais vous, vous êtes la portion du CHRIST, vous, créés à son occasion, et le CHRIST est, lui seul, tout l'Univers de DIEU. » (Hebr. 2. 10. — I. Cor. 3. 23.)

Saint Paul insinue-t-il : Le grand bien qu'est le CHRIST, est motivé par le petit et frêle bien que nous sommes ; la raison, pour le CHRIST, d'être le CHRIST, repose en nous ; il ne se trouve dans les ouvrages de DIEU, lui, son chef-d'œuvre, que *par occasion*, par suite de la défaillance

1. 3 D. 20. Qu. Un. § in istis dictis. ℣. Præterea : nulla. n. 7.

dans la liberté de l'homme qui a bronché? Est-ce là ce que déclare saint Paul, ce qu'il prêche, ce qu'il crie? Songez qu'il explique les Écritures, leur sens, leur enchaînement, aux Hébreux gardiens des Écritures, et qu'il argumente, lui, auteur inspiré, sur le sens de la parole de DIEU! *Decebat eum, auctorem salutis eorum, per passionem consummare.* Duns Scot fait-il autre chose que de transposer d'une langue dans une autre langue la doctrine de saint Paul, quand il écrit : Il ne paraît pas que DIEU a prédestiné, pour la seule cause de notre rédemption, l'âme du CHRIST à cette gloire des gloires, l'union avec la nature divine? *Non propter* istam solam causam redemptionis *videtur Deus prædestinavisse illam animam ad tantam gloriam.*

Le Docteur Subtil s'établit sur le terrain doctrinal en faisant la balance des biens et des gloires, le bien qu'est le CHRIST, le bien qu'est l'homme, la gloire qui monte à DIEU du CHRIST, l'honneur qui lui va du cœur de l'homme : *Cùm illa redemptio non sit tantum bonum quantum est illa gloria animæ Christi.* Donc le CHRIST n'existe pas seulement *à l'occasion* de la Rédemption. Pourquoi, et c'est le seul regret que provoque cette lecture, pourquoi le Vénérable Docteur a-t-il écrit : Ame du CHRIST? Que n'a-t-il tracé : Cœur du CHRIST! Vos regrets, mes frères, ne gémissent que sur un mot absent de cette page. Il a composé, de la plus large manière, la thèse du Cœur. Dans l'âme, ce qui l'emporte en noblesse, ce qui est plus grand, meilleur que tout, ce qui nous fait dieux de nous-mêmes, c'est la volonté libre, c'est le pouvoir d'aimer. L'âme, dit-il, se résume dans le vouloir, et bien vouloir, c'est aimer. Lisons donc, mes frères, (la thèse de Duns Scot sur la prééminence du vouloir humain nous en donne le droit rigoureux,) lisons : Cœur, où lui-même a tracé : Ame. « La Rédemption de l'homme est un bien qui ne balance pas la prédestination du Cœur de JÉSUS-CHRIST. »

Duns Scot est engagé sur le chemin qui mène à la prédestination royale du Cœur de JÉSUS. Il ne lui paraît pas logique, il ne lui semble pas probable que le Bien grand soit voulu *à l'occasion* du bien petit, que l'âme d'Adam contienne la raison d'être du CHRIST : que l'existence d'Adam soit décrétée, que son appel à la gloire soit une réalité, que les moyens de salut lui soient versés, que sa coupable maladresse à les rendre féconds ait apparu avant que le décret de la gloire du CHRIST soit écrit sur le plan divin en lettres capitales. Tout cela est vision très simple en DIEU. Oui, mais vision qui comporte un ordre, et nul ordre ne semble à Duns Scot l'ordre vrai, qui n'est pas la couronne au-dessus de laquelle aucun diadème plus beau ne peut être rêvé. Déductions, tout cela ! logique humaine ! direz-vous. Le Docteur Subtil en sait la fragilité. Il lui faut un mot de DIEU, une déclaration authentique. Alors, ce qu'il soupçonne deviendra dans son âme foi robuste et fondement de sa théologie.

Le texte du Sage flambloie devant ses yeux. « Avant que la terre existât, avant les choses anciennes, j'ai été, moi, la Sagesse, ordonnée dès l'éternité. Il ne faut lire jusqu'ici, peut-être, que la préexistence des pensées de DIEU sur ses œuvres accomplies. Mais les voilà, ces pensées directrices, désignées d'originale façon dans le verset qui précède : « Au commencement, dans le commencement de ses voies, au départ de ses chemins, DIEU m'a possédée, m'a créée, moi la Sagesse visible, moi le CHRIST. » Les voies de DIEU ne peuvent être que les lignes de son plan. Et Duns Scot transpose en style de l'École la doctrine des Proverbes, de l'Ecclésiaste et d'Isaïe, le prince des Voyants . *Deus prius vult animæ Christi gloriam, quam prævideat Adam casurum.* DIEU veut d'abord le Cœur du CHRIST, et la gloire de ce Cœur, avant de voir, dans sa prescience, qu'Adam tombera. »

« Donnez-moi un point d'appui et je soulèverai le monde. » Archimède raisonnait bien. Duns Scot entend poser son argumentation sur la solidité de la parole divine. Tous les autres points d'appui, sous son levier, seraient du sable. L'importance du CHRIST dans la création ne peut être une base que si, par l'Écriture, DIEU réclame non pas une gloire petite, mais une grande gloire. Car la gloire qui emporterait nécessairement le Cœur du CHRIST, la gloire infinie, déborderait de l'argument ; DIEU ne saurait vouloir, en dehors de soi, un infini créé, qui n'est pas créable. Entre gloire petite et grande gloire, qui saura, si DIEU ne les dit pas, ses préférences pour celle-ci ou pour celle-là, puisqu'il est DIEU depuis l'éternité sans l'une et sans l'autre ! Libre sans elles, il reste libre au-dessus d'elles.

« Euler et Newton ont aperçu les lois de la gravitation de la matière dans l'espace ; » le Docteur Subtil formule, non plus la loi des corps, mais la loi des libertés sages : *Omnis ordinate volens, primo vult finem, deinde immediatius illa quæ sunt fini propinquiora.* Tout vouloir qui s'exerce sagement, d'abord se propose une fin, et, très immédiatement après, veut les moyens les plus proches de son but. *Sed Deus est ordinatissime volens ; igitur sentiendum est eo ordine cuncta voluisse.* Mais DIEU dans ses vouloirs est très ordonné. Au-dessus des génies politiques qui, deux siècles avant l'événement, combinent les déplacements de souveraineté parmi les nations, domine le génie de DIEU, qui n'est pas seulement très étendu dans ses combinaisons, mais qui est l'ordre même. Il a fait tout avec nombre, poids et mesure. Il faut croire que DIEU a, d'abord, déterminé sa fin, et voulu, immédiatement après, les moyens les plus proches de son but. Il ne peut marcher que vers sa gloire. Mais quelle gloire ? Petite, ou immense ? Il est plus convenable à DIEU de choisir l'immense. Nous sommes inclinés à le penser. L'Écriture [1], toute l'Écriture le déclare. Le fait, pour DIEU, de vouloir une gloire immense plutôt qu'une gloire petite, ce fait qui n'est soumis à aucune loi rigoureuse, ce fait qui n'est en

1. Nous l'avons montré dans notre deuxième conférence.

somme qu'une affaire de convenance, de dignité, de tenue, de liberté, le Docteur Subtil l'a vu dans ce texte, s'il faut, entre mille, vous en préciser un : « A moi, Paul, le plus petit des Apôtres et des Saints, cette grâce a été faite d'être chargé de prêcher aux nations les insondables richesses du CHRIST, d'illuminer tous les esprits en leur montrant quel ordre est celui de sa prédestination, mystère caché en DIEU qui a tout créé pour que paraisse à toutes les intelligences sa parfaite sagesse, sagesse qui a préordonné l'économie des siècles dans le Seigneur JÉSUS-CHRIST... Je fléchis les genoux devant le Père de Notre-Seigneur... et je le supplie de vous accorder de savoir combien large, longue, profonde, combien sublime et dépassant toute investigation est sa charité pour le CHRIST, et la charité du CHRIST pour lui. Que votre rassasiement soit fait de toute la plénitude de DIEU ! Gloire à lui dans l'Église, dans le CHRIST JÉSUS, dans les siècles des siècles. » Le chapitre premier de la même épître est plus formel encore. Ce fait de la prédestination royale du CHRIST, le Docteur Subtil, le levier de son argumentation posé sur la solidité des Écritures, l'explique ainsi :

La liberté de DIEU s'est arrêtée au dessein d'une gloire grande, et DIEU veut, en première volonté, les moyens les plus proches de sa fin, les mieux joints à son but. De tout ce qui peut exister en dehors de la nature divine, le Cœur du CHRIST est le meilleur ouvrier de cette grande gloire. *Sed omnium extra se, immediatissima est sibi Anima Christi* (Cor Christi). Être aimé, largement aimé, aimé immensément, par autant d'amour qu'il peut exister d'amour en dehors de celui qui est la VIE DIVINE, cette fin, le Cœur du CHRIST peut l'atteindre ; il peut seul y monter, il y touche très immédiatement !

Donc il faut dire que ce Cœur sacré n'a pas été voulu « par occasion », pour étayer un monde qui croule, mais qu'il a été voulu pour lui-même, à raison de sa force d'aimer, immense, parce qu'il approche plus que tout être créable de la fin que s'est fixée la liberté de DIEU.

Igitur dicendum Christi incarnationem (Christi Cor) *non fuisse occasionaliter volitam, sed per se intentam, tamquam fini propinquissima, adeo ut, seu Adam peccasset, seu non, adhuc Christus venisset* (adhuc Cor Christi esset).

Duns Scot fait passer, comme les eaux d'un torrent, les enseignements d'Alexandre de Halès et d'Albert-le-Grand par dessus les hésitations de saint Bonaventure et les perplexités de saint Thomas. Ne saluons pas, mes frères, dans cette conclusion, le triomphe du Docteur Subtil. Ou le CHRIST est voulu à l'occasion d'Adam, et la meilleure des primautés, la plus haute, la primauté dans la prédestination lui manque ; ou il est voulu pour lui-même, et partout il tient le sceptre, partout il est premier, partout il est maître. Et c'est la victoire de saint Paul : *Ut sit in omnibus ipse primatum tenens.*

Debout sur la terre, le CHRIST atteint l'infini. Couché sur le plan des vouloirs divins, l'être humain de JÉSUS le couvre tout à fait ; étendu sur le monde, il le mesure. L'univers commence à partir de ses pieds, les temps s'allongent sous sa poitrine, sous le mouvement sacré de son Cœur, et le ciel sera le rayonnement de son visage.

III.

Elle est brillamment close l'ère des grands Scholastiques. Le dernier, le nôtre, a posé la question du CHRIST dans un jour nouveau ; tout en communiant à la foi des docteurs de la première génération, il a mis à leur dialectique l'étai d'un argument qui porterait, à lui seul, tout l'édifice.

Déjà vous pouvez soupçonner que cette thèse, si solide et si brillante, n'est pas une radieuse stérilité. De tout ce qui peut venir dans l'esprit humain pour y chercher la fécondation du génie, rien, rien n'est riche de conséquences heureuses autant que la prédestination du CHRIST et de son Cœur. Le haut esprit du Docteur Subtil a vu les liens de tout cela, et ces thèses assemblées par l'idée maîtresse du CHRIST, premier des prédestinées, disposées comme un faisceau lumineux autour de son Cœur, (parce que l'Amour est le meilleur de l'âme), forment son système théologique. Toutes les conséquences de sa première thèse, il les a vues, sondées, soudées : c'est l'architecture du Cœur de JÉSUS-CHRIST. Écoutez, mes frères, seulement quelques titres de chapitres.

LA CRÉATION.

Tous les maîtres nous montrent DIEU s'avançant vers l'instant de la Création avec l'idée d'une gloire que ses œuvres, surtout les intelligences et les libertés, lui donneront, et qui sera vêtement à ses épaules. DIEU veut sa gloire, s'écrie notre Docteur Subtil ; mais quelle gloire ? Misérable ? Grandiose ? Non pas la petite que les Anges et Adam suffiraient à produire, mais la gloire magnifique qui ne peut jaillir que d'un Cœur, à la fois Cœur humain et Cœur de DIEU, qui aimera librement, immensément, et certainement. Et la volonté divine décrète : Je veux le Cœur du CHRIST.

Les autres créables flottent toujours dans la pensée divine, dans le jour vacillant des simples possibilités, autour de la clarté précise du Cœur du CHRIST absolument voulu. Et DIEU, savourant déjà les tendresses futures de ce Cœur, se complaît bellement dans ses amours. DIEU dit : Ce Cœur qui m'aime, qu'il soit aimé ! Et DIEU, libre, transforme en clartés précises les lueurs qui flottaient autour de certains êtres créables. Les autres resteront créables, l'existence de ceux-ci germera. Anges, nos frères des cieux, tous, nous sommes nés des plaisirs que sont à DIEU les amours de son CHRIST. Le mot d'ordre qu'il donne à nos vies, exprime la pensée qui nous engendra : Aimez-le, ce Cœur qui m'aime ! Et ainsi rien de ce qui est n'a été fait sans la pensée du CHRIST. Tout, la terre, les espaces pour soutenir ses pieds, nous pour l'aimer, ses élus pour loger sa gloire, tout est fait, dans sa pensée, pour sa glorification !

Merveille aussi que cette ressemblance du CHRIST imprimée dans nos esprits, dans nos libertés, jusque dans notre chair. Les maîtres voient DIEU créant sur les idées qu'il a dans son Verbe. Mais le Docteur Subtil découvre, entre toutes ces idées, un lien de parenté. Tous ces types sont le rayonnement d'un premier. O CHRIST ! vous êtes ce premier. Avec des nuances, des différences, des points de rapports, tous les êtres sont faits sur votre modèle ; les esprits des cieux sont parents de votre âme ; les êtres matériels touchent à votre corps, et nous, hommes, nous communions, corps et âme, à votre corps et à votre âme. Toutes les vies reflètent votre vie, et votre amour, ô Cœur du CHRIST, est le type de tous les amours.

DIEU est si sûr de son CHRIST qu'il escompte ses dilections ; il les voit, il les a, il les paie dès l'éternité. La prédestination du CHRIST nous enferme dans ses plis. Et nous voilà, un avec le CHRIST, nous, ses anges, ses hommes, toutes les libertés capables d'amour, nous voilà sous la grâce qui jaillit de ce Cœur, baignés par les fleuves de vie divine que DIEU fait sourdre de lui dans nos volontés. Vaine mystique, images, illusions de visionnaires ! criera le professeur matérialiste qui n'a foi qu'en soi-même. Il ne trouve pas le comment d'un flocon de neige, et je lui montre le pourquoi de tout ! Théologie ! lui crié-je ; théologie dogmatique ! De Duns Scot seulement ? De Duns Scot et de saint Paul. « Béni soit DIEU qui est aussi le Père de Notre-Seigneur JÉSUS-CHRIST ! Béni soit DIEU qui nous bénit de toutes bénédictions spirituelles dans le CHRIST, qui nous a prédestinés à devenir ses enfants à lui, par le moyen du CHRIST et pour le CHRIST, d'après un plan très net concerté par sa volonté, pour que nos amours soient la louange de sa grâce qu'il nous a gracieusement versée par égard pour les amours de son Fils très cher, » dont nous sommes les compagnons, les serviteurs et les frères.

MARIE.

Le Cœur du CHRIST pour la gloire de DIEU, les autres êtres qui aimeront le CHRIST ou serviront à le faire aimer. Le CHRIST et l'Univers seront-ils deux Univers ? Par où le CHRIST tiendra-t-il, s'il doit y tenir, au monde ? Et par où le monde créé entrera-t-il dans le CHRIST ? Où est le point de soudure ? Le voilà, le lien de sang entre le grand Univers qu'est le Cœur du CHRIST, et le monde petit que forme l'assemblage de toutes les autres créations : c'est Marie. Voulue de DIEU dès le premier pas que DIEU fait de la prédestination du CHRIST à la prédestination du monde secondaire que nous sommes, voulue comme lien entre le CHRIST et tout le reste, Marie est prédestinée premièrement mère du CHRIST ! Sous l'autorité royale du CHRIST tout est voulu, tout est fait : pour être le douaire de Marie, tout est voulu, tout est fait. Anges, hommes, monde, nous sommes nés sous son sceptre de reine ; nés, vous entendez, et non pas constitués par après.

Lien de sang, elle est lien de grâces entre le Cœur du CHRIST et les nôtres ; anges, hommes, tous nous avons tout reçu du CHRIST par elle. Premièrement mère du CHRIST, secondement fille d'Adam, Marie n'est pas infectée par la déchéance qui devrait la pénétrer. Sa maternité l'a placée trop haut pour que puisse l'atteindre la souillure humaine rejaillissante. Immaculée, ô Marie ! Immaculée ! Et quel cœur que celui de cette femme, premièrement touché par la grâce du CHRIST, et lié directement, par une prédestination spéciale, au Cœur de JÉSUS-CHRIST dans le dessein divin ! Telle est, mes frères, la Théologie du Docteur Subtil sur les rapports du CHRIST et de Marie. Et l'Église a déclaré par un acte solennel, la Vierge a dit, à son tour, par un miracle qui dure encore et qui sera l'éternelle gloire de notre patrie française, que Duns Scot a bien lu dans les pages inspirées. Et le Ciel est fermé à qui n'admet pas sa lecture sur la non-déchéance de la Mère de JÉSUS.

LES ANGES.

Les clartés du soleil, sur nos têtes, sont le rideau qui nous masque les petits jours des étoiles. Quand il paraît dans les cieux, le Cœur du CHRIST devient le roi des dilections angéliques. Oui. Et les séraphins replient leurs amours dès que s'épanouit, devant DIEU, le faisceau de ses charités. Sans doute. Mais le Docteur Subtil n'admet pas que le Cœur du CHRIST « devienne » le roi des volontés célestes! Cette royauté qui succéderait, dans le Ciel, à la confédération des duchés, principautés, comtés, marquisats et baronnies angéliques, il ne la souffre point. Premièrement, le Cœur du CHRIST ; et, pour honorer, pour payer ses amours, les Vouloirs aimants des cieux, étagés sur les degrés de son trône. Ainsi, mes frères, sont rangés les princes et les barons sur les marches du trône des rois. Les anges doivent au Cœur du CHRIST d'exister : ils sont nés ses vassaux, ses sujets. Ils lui doivent, de plus, le pouvoir d'aimer surnaturellement : la grâce rayonne du Cœur de JÉSUS dans les volontés angéliques. Et les Esprits le regardent. A peine créés, ils doivent lui faire leur cour, le saluer, le reconnaître monarque universel. La lumière de DIEU place devant les anges la sereine vision du Verbe humanisé[1], et des dilections qui rayonnent à travers l'enveloppe de son Cœur de chair. Raison de la création des anges, objet de leur épreuve, cause, par sa grâce, du salut des bons, voilà le rôle du Cœur de JÉSUS dans le monde angélique, d'après l'enseignement de Duns Scot. Une grande

1. *Et cum, iterum, introducit Primogenitum in orbem terræ, dicit : Et adorent eum omnes angeli Dei.* (Hebr. I. 16.) Tout le premier chapitre est la démonstration de la souveraineté du CHRIST sur les Anges.

tempête s'élève parmi les esprits[1] autour de ce Cœur ! Deux cris s'entre-répondent : « Nous n'adorerons le CHRIST que s'il est ange ! — Nous saluons le CHRIST homme ! — Il faut au vouloir de l'ange le mariage avec le vouloir de DIEU, et le centre de la création sera le contact de leurs charités dans une personnalité divine. — Nous adorons et célébrons centre des choses, nous, anges, le mariage du vouloir de DIEU et du vouloir de l'homme dans le Cœur du CHRIST. » Un combat se fit autour du Cœur du CHRIST, et, par sa grâce, les anges fidèles sortirent victorieux de l'épreuve, et le salut est venu aux anges heureux par le Cœur de JÉSUS-CHRIST. Et l'enfer se creusa pour les traîtres à l'amour de JÉSUS.

L'HOMME : TENTATION ET RÉDEMPTION.

Empêcher le Verbe de s'humaniser, barrer la route au CHRIST, tel est le plan des anges vaincus et châtiés. N'est-ce pas à tort que DIEU leur a laissé pénétration d'esprit et champ d'action restreint, quoique assez vaste, pour leur vouloir perfide ? Ils complotent aux enfers, ils croient trouver le moyen de ruiner le plan de DIEU. Pécheur, l'homme serait indigne, incapable de l'union avec le Verbe. L'amour éternel n'ira pas loger dans la poitrine d'un ennemi. Ils connaissent trop la sainteté terrible de DIEU pour en douter. Les voilà surveillant l'apparition d'une liberté dans la matière. C'est fait. DIEU a détaché de son front, de son auréole, la flamme d'une liberté. L'homme existe. Dès que DIEU s'est retiré, l'ange s'avance, mord l'homme au cœur, et l'homme croit que DIEU est jaloux de lui. C'en est fait du plan de DIEU ! L'homme est pécheur, le Verbe ne sera pas homme ! Ni homme, ni ange, le CHRIST ne sera pas ! En vain DIEU

1. *Scio ego quoniam propter me tempestas hæc grandis venit super vos.* (Jon. I. 12.) Saint Bernard applique ce texte à l'épreuve des anges devant la vision du CHRIST futur.

modelait-il le corps d'Adam, le repérant sur le corps du CHRIST à venir. En vain mesurait-il son souffle pour créer l'âme d'Adam jumelle de l'âme du CHRIST ! Tout a croulé ! Et, du plan de DIEU, il ne reste que les débris du cœur de l'homme tristement abusé. Des clameurs de victoire saluent dans les enfers cet effondrement ! Et quelles clameurs sont plus bruyantes que les joies de la haine ?

Mais si les enfers savent les rigueurs de la sainteté divine, impitoyable pour la faute commise froidement en pleine lumière, ils ignorent les excès de la miséricorde envers les erreurs d'une volonté surprise qui a fait un faux pas dans un jour atténué. Ni la grande bataille de l'ange contre le Cœur du CHRIST sur les hauteurs, ni sa guerre d'embuscade à l'Éden sur notre territoire, n'ont réussi contre le plan divin. Qui raturerait ce que DIEU a écrit ? Et il a écrit le Cœur de JÉSUS en tête du livre de la Création. DIEU aurait-il écrit sans savoir ? Il voit la faillite d'Adam. Ses précautions sont prises. Bâti sur le CHRIST, l'homme est reconstruit sur le CHRIST. Si DIEU n'avait pas vu la trahison de l'homme, la Rédemption aurait changé le CHRIST glorieux en homme de douleurs. Mais DIEU a tout vu d'un regard, et le Cœur du CHRIST ferme dans l'amour, et le cœur d'Adam faillible et tombé. Le Cœur du CHRIST est voulu pour ses amours certains et grands, le cœur d'Adam pour l'honneur du CHRIST ; et parce que DIEU nous voit trébuchant contre le précepte d'aimer, le CHRIST a mission de relever l'homme et de le porter, sur ses épaules meurtries, au Paradis. Le Glorificateur de DIEU est voulu Rédempteur.

Entre mille rédemptions acceptables, la Rédemption par le CHRIST, chef du monde, est préférée. Mais, songez-y, l'ordre de racheter les hommes tombe sur un vouloir capable d'obéissance. Librement dès qu'il est créé, librement dans le sein de Marie, le Cœur du CHRIST accepte son rôle de Rédempteur ! Et, voilà, mes frères, voilà la théologie du Docteur Subtil qui montre le Cœur de

JÉSUS, créé pour aimer DIEU, acceptant, avec mérites, la surcharge d'aimer l'homme, de restaurer l'amour de DIEU dans l'homme ! DIEU accepte que son CHRIST souffre ! DIEU consent à donner son CHRIST pour l'œuvre de rachat. Voilà jusqu'où DIEU a aimé le monde ! Et ce CHRIST, montrant son Cœur labouré par la lance du soldat alors qu'il le sauve, lui et nous, peut dire, dans la légitime fierté d'un rôle périlleux librement et méritoirement accepté, dans la joie d'une victoire payée chèrement par le sang et par la mort : « Voilà ce Cœur qui a tant aimé les hommes ! En tête du Livre, il est écrit à mon sujet que j'ai à faire la volonté de DIEU [1], et DIEU m'impose le ministère de la Rédemption Mon DIEU, tes vouloirs je les ai voulus, et ta loi est fixée au milieu de mon cœur. Et jusqu'à la fin du monde, mon Esprit d'amour et mon Église s'emploieront au rachat de chacune des âmes qui sont mes âmes. »

Le rôle du CHRIST et les générosités méritoires de son Cœur paraissent-elles avec ces splendeurs de grand jour dans les dires de ceux qui enseignent : que connaître vaut mieux qu'aimer, que l'intelligence l'emporte sur le Cœur ; que le Cœur du CHRIST est posé sur Adam qui, innocent, suffisait ; que ce Cœur a trouvé place au second rang dans le plan divin, à l'occasion du péché d'Adam prévu ; que le CHRIST a été fait sur le modèle de l'homme ; que l'œuvre divine ruinée en Adam, manquée dès son essai, a eu besoin d'une refonte totale par le CHRIST ; que le rôle de ce Cœur, limité aux confins étroits de la famille d'Adam, ne valut les moyens de salut ni aux ancêtres de notre race tant que, dans le péril de l'épreuve, ils n'eurent point fait de faux pas, ni aux bons anges pour qu'ils sortissent victorieux du même danger ; que la royauté du Cœur de JÉSUS n'est, enfin, qu'une royauté par après ; que les vouloirs intelligents

1. *In capite Libri scriptum est de me, ut facerem voluntatem tuam. Deus meus, volui, et legem tuam in medio cordis mei.* (Ps. 39. 8.)

de la terre et des cieux ne sont point nés sous son sceptre et dans sa maison ; que c'est lui, au contraire, qui est « devenu » roi du monde en prenant, à l'occasion du péché d'Adam, place dans l'organisme de la Religion et, en sa qualité d'Homme-DIEU, sur les cimes de l'Univers, dont l'ouvrage, notre péché n'arrivant pas, entrepris en dehors de sa pensée, s'achevait sans ses amours?

Aussi radicalement opposés qu'ils sont également catholiques, ces deux systèmes, loyalement étudiés, permettront de juger lequel du Vénérable Docteur Subtil ou de ses adversaires peut, avec meilleur droit, s'appeler : le Théologien du Sacré-Cœur !

Nos pensées, mes frères, s'en vont, à la fin de cette conférence, vers les hauteurs de la Basilique Votive que toute âme française aperçoit, des plaines de l'Oise, sans doute, mais, aussi bien, des monts d'Auvergne et des Cévennes, aussi nettement, des chênaies de Bretagne et des vergers de Normandie : la Basilique du Sacré-Cœur à Montmartre ! Non point qu'elle ressemble à nos vieilles cathédrales, bâties, penserait-on, pour enchâsser le CHRIST étendu par terre sur le Golgotha, la face vers le ciel, pendant que les marteaux le clouent au bois infamant ! C'est du CHRIST debout, bien dressé sur la croix haute, dominateur par l'amour qui s'immole, que Montmartre est le reliquaire ! Et la Basilique enferme toute la scène grandiose du Calvaire. Il y eut, là-bas, rampant sur le sol, le spectacle de la foule humaine, haineuse, ou insciemment servile, indifférente, curieuse, ou douloureusement piquée par le remords et la honte de l'ingratitude, ou aimante, enfin, jusqu'à le montrer devant tant de haines, devant tant de lâchetés. Et au-dessus de ce monde, on vit l'autre univers, le CHRIST, sa poitrine, son visage, son âme, son Cœur ! Deux mondes superposés ! Et le monde d'en-bas se voilait déjà de ténèbres, que le rayon du soleil, qui s'en allait, caressait encore la poitrine et la face du CHRIST, monde supérieur. Jérusalem, Paris ! Le Calvaire et Montmartre !

Ne pensez-vous pas, mes frères, que les larges nefs, austères et nues, de la Basilique sont pour la pénitence des foules humaines qui, pleurant, pensives et converties, sont revenues du Golgotha ? Et je cherche au-dessus de ces théories de désabusés qui supplient, de croyants fidèles, d'ardents amis qui appellent le triomphe de demain ; au-dessus de ces foules d'âmes, je cherche dans les courbes puissantes de la coupole, dans la ceinture des colonnades aériennes et des clartés, dans la majesté radieuse du Dôme, je cherche le CHRIST glorifié, son visage et son Cœur !

Qu'ils possèdent en paix leurs petits temples des chapelles latérales, tous les saints patrons de la France ! Qu'ils protègent, contre tous les envahissements, le sol qui porte leurs autels ! Qu'ils bénissent de là toutes nos œuvres catholiques, nées de l'amour même de JÉSUS-CHRIST ! Qu'ils bénissent le travail de la France, et l'Art français ! Qu'ils gardent le patrimoine moral de la nation, ses idées chrétiennes de justice et de charité, ceux qui les servent au-dedans, la magistrature, soldat du droit des citoyens, ceux qui les vengent au dehors, nos armées, magistrats, par la poudre et les torpilles, du droit de la France et de ses libertés !

Mais je vois, je ne cesse de voir, en haut, le grand temple, le Dôme, le diadème de pierre, la Tiare du CHRIST ! Vous en avez une autre, ô JÉSUS ! mais celle-ci m'est chère, parce que c'est ma patrie qui vous l'a donnée !

L'autre tiare, faite d'idées et de doctrines, est cette théologie du Sage et d'Isaïe, de saint Paul et de saint Jean, victorieuse de la Gnose et d'Arius, recueillie par saint Anselme et saint Bernard, défendue éloquemment par Alexandre de Halès et Albert-le-Grand, déclarée catholique et profitable par saint Bonaventure et saint Thomas, mise en système par le génie et la foi du Docteur Subtil, par toute son École, commentée par l'abondant Suarez, écrite en français par le docteur de l'amour de DIEU, saint François de Sales ; cette doctrine enfin qui proclame le Cœur meilleur que tout le reste dans l'homme, et qui salue le Cœur de JÉSUS-CHRIST : premier Glorificateur de DIEU, et Glorificateur suprême, Prince des prédestinés, motif de leur création, modèle et fin de nos vies, Sanctificateur des anges et des hommes, Sauveur de tous les sauvés, dans le monde angélique et dans le monde humain, Rédempteur de la famille d'Adam, pièce d'assemblage et Roi de tout le créé.

Par Pie IX, déjà, l'Église s'était engagée sur cette thèse grandiose en posant au bas de la page où Marie est, corollaire nécessaire, déclarée non-déchue, la signature de DIEU. Aujourd'hui les quatre anges de pierre qui portent, ailes déployées, la coupole de Montmartre, se renvoient les acclamations de Léon XIII : Cœur de JÉSUS, Temple du DIEU Créateur ! Cœur de JÉSUS, dans lequel DIEU a pris bellement ses plaisirs ! Cœur de Jésus, roi et centre de tous les cœurs ! Cœur de JÉSUS, le désiré des collines éternelles.

Cor Jesu, Templum Dei Sanctum !
Cor Jesu, in quo Pater sibi bene complacuit !
Cor Jesu, rex et centrum omnium cordium !
Cor Jesu, desiderium collium æternarum !

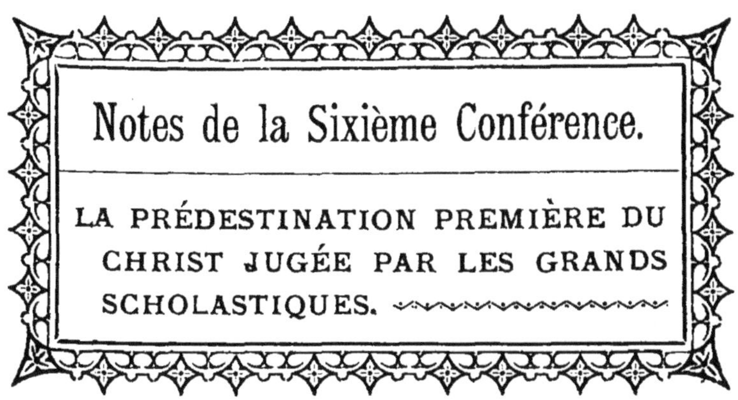

Notes de la Sixième Conférence.

LA PRÉDESTINATION PREMIÈRE DU CHRIST JUGÉE PAR LES GRANDS SCHOLASTIQUES.

SOMMAIRE DES CITATIONS : *Première génération des maîtres : Alexandre de Halès, Albert-le-Grand. — Deuxième génération : saint Thomas, saint Bonaventure. — Troisième génération : le Vén. J. Duns Scot.*

I.

Maîtres de la première époque.

§ I. Alexandre de Halès († 1245)
Prit l'habit franciscain en 1222, Docteur Irréfragable,
Père de la Scholastique.
(Summa Theologiæ. Pars III. Quæstio II. Membrum XIII.)

An si natura humana per peccatum lapsa non esset, adhuc fuisset ratio et convenientia ad Incarnationem ?

Consequens est quærere de convenientia Incarnationis, si non fuisset natura lapsa per peccatum : utrum scilicet esset ratio vel convenientia ad Incarnationem. Et ostenditur quod sic : dicit Dionysius (Lib. de Divin. nominib. par. c. 4.) : Bonum est diffusivum sui esse : sicut nos dicimus, quod in divinis Pater diffundit suam bonitatem in Filium per generationem ; et ab utroque est diffusio in Spiritum Sanctum, scilicet per processionem : et hæc diffusio est in Trinitate : et hæc est summa diffusio creatura non existente. Ergo si summum bonum, existente creatura, non se diffundit in creaturam, adhuc erit cogitare majorem diffusionem, quam diffusionem ejus. Si ergo ejus debet esse summa diffusio, quia est summum bonum, convenientius est, quod se diffundat in creaturam. Sed hæc diffusio non potest intelligi summa, nisi ipse uniatur creaturæ : ergo convenit quod Deus uniatur creaturæ, et maxime humanæ, sicut ostensum est. Ergo posito quod ipsa non esset lapsa, adhuc ei uniretur summum bonum.

Item, non est beatitudo nisi in Deo : et creatura rationalis tota est beatificabilis. Sed creatura rationalis quæ est homo, habet duplicem cognitionem, scilicet sensitivam et intellectivam, et habet delectationem in utraque. Si ergo tota est beatificabilis, ergo et secundum sensum, et secundum intellectum : ergo oportet quod in Deo beatificetur quantum ad utrumque. Sed in Deo secundum se considerando, et in propria natura non potest beatificari sensus, sed solus intellectus : quia non beatificatur vel delectatur sensus nisi in sensibili solum, sive in eo quod corporale est. Si ergo totus homo debet beatificari in Deo, oportet Deum esse corporalem et sensibilem. Sed non est conveniens ut assumat quamlibet naturam nisi solum humanam, ut dictum est.

Iterum contingit intelligere tres Personas in unitate substantiæ ; et ex opposito tres substantias in unitate Personæ ; et inter hæc duo tres Personas in tribus substantiis. Si ergo unum extremorum est in rerum natura, videlicet tres Personæ in una substantia, ut in Trinitate, et medium, ut tres personæ in tribus substantiis, demonstratis tribus hominibus, vel angelis (vel una persona in extremitate (extraneitate), uno angelo, et homine), ergo contingit ponere tertium, videlicet unam in tribus substantiis. Sed non potest fieri nisi per unionem divinæ naturæ ad humanam ; quia in nulla alia creatura est ponere duas substantias, quam in homine, scilicet spiritualem et corporalem, ut animam et corpus. Si vero nulla creatura potest hominem perficere, ita ut uniatur cum illa : quia angelus hoc non potest, cum homo secundum partem superiorem sit angelo æqualis : convenit ergo quod sit unio divinæ naturæ ad humanam in unitate personæ : ut sit in rerum universitate perfectio : ut sicut tres personæ in una natura, et tres personæ in tribus naturis, ita tres naturæ in una persona, scilicet divinitas, corpus et anima.

Item, nos invenimus unitatem naturæ in tribus personis : et hoc est de perfectione naturæ, ut in Deo. Item, nos invenimus unitatem personæ in pluribus naturis, ut in homine. Si ergo de perfectione naturæ est, quod in pluribus personis : ergo et de perfectione erit, quod potest esse in pluribus naturis. Si ergo semper quod est perfectius, est Deo tribuendum quantum ad naturam et quantum ad personam : sicut divina natura est ens in pluribus personis, ita divina persona erit potens esse in pluribus naturis. Sed hoc non potest poni ab æterno, quia plures naturæ non possunt esse ab æterno : est ergo aliqua persona in pluribus naturis ex tempore. Sed hoc non est possibile, nisi uniatur naturæ creatæ : convenit igitur ad ostensionem perfectionis in personalitate divinæ, quod uniatur divina natura naturæ creatæ in persona divina : sed non convenit cuilibet (naturæ), ut dictum est (mem. V huj. quæst.), sed solum humanæ : nec etiam cuilibet Personæ in Trinitate nisi soli Filio, ut supra dictum est (loc. cit.). Relinquitur ergo, quod circumscripto lapsu humanæ naturæ, adhuc est convenientia Incarnationis in Persona Filii.

Ad oppositum est auctoritas Ecclesiæ in præfatione Cerei : nihil nasci profuit, nisi redimi profuisset. Ergo inutilis est Incarnatio nisi secuta fuisset Redemptio. Sed si natura non fuisset lapsa, non fuisset Redemptio. Ergo supposito quod natura non sit lapsa, nullus est fructus Incarnationis. Ergo non convenit Deo incarnari, cum non conveniat Deo aliquid facere frustra.

Resolutio.

Absque præjudicio concedi potest : etiam si natura humana non peccasset, adhuc Christum carnem sumpturum fuisse.

Responsio. — Sine præjudicio concedendum est quod, etsi non fuisset natura humana lapsa, adhuc esset convenientia ad Incarnationem, secundum quod dicit B. Bernardus (Sup. Jonæ II) : *Propter me orta est tempestas :* exponens illud verbum de Filio Dei, dicens quod Lucifer vidit rationalem creaturam assumendam in unitate personæ Filii Dei : vidit et invidit. Una invidia fuit causa casus diaboli, et movens ipsum ad tentandum hominem cujus felicitati invidebat, ut post peccatum demereretur humana natura assumptionem et unibilitatem ad Deum. Ex quo patet quod

Lucifer intellexit unionem humanæ naturæ ; et ipsum lapsum intellexit ut impeditivum unionis : propter quod procuravit lapsum. Ex hoc ergo relinquitur quod circumscripto lapsu, adhuc est ponere convenientiam Incarnationis. — Præterea, ad hoc idem est quod dicit beatus Aug. (in Lib. de Anima et Sp.) : Propterea Deus factus est homo, ut totum hominem in se beatificaret : ut sive homo ingrederetur intus per intellectum, sive egrederetur extra per sensum, in Creatore suo pascua inveniret ; pascua intus in cognitione Deitatis, pascua foris in carne Salvatoris. Hæc autem ratio manet, etiam circumscripto lapsu humanæ naturæ.

Ad illud ergo quod objicitur [1] respondendum est, quod illa auctoritas intelligitur supposito reatu naturæ lapsæ. Unde sensus est quod, si Filius Dei esset incarnatus et non solvisset reatum, nihil profuisset humanæ naturæ, quia non beatificaretur, vel redimeretur. Aliter autem est, si circumscribatur lapsus humanæ naturæ.

§ II. Albert-le-Grand (1205 † 1280),
Dominicain, Docteur Admirable, Évêque de Ratisbonne.
(In librum III Sententiarum, disp. XX, art. 4.)

Utrum si homo non peccasset, Filius Dei incarnatus fuisset.

Deinde quæritur de hoc quod dicit, ibi, (A, circa initium) : « *Quid enim mentes nostras tantum erigit, scilicet ad amorem, etc.* »

1° Secundum hoc enim, si homo non peccasset, videtur quod non tantum ad amorem suum nos provocasset. Unde in quadam sequentia cantatur : « O culpa nimirum beata, qua redempta est natura ! Deus qui creavit omnia nascitur ex fœmina. » Quasi diceret : Hoc ipso quod culpa peracta est, Deus homo factus est. Igitur si homo non peccasset, Deus non fuisset incarnatus.

2° Item. In quibusdam Ecclesiis in benedictione cerei paschalis cantatur : « O felix culpa, quae tantum ac talem meruit habere

1. Il n'est pas inutile, peut-être, de noter ici que saint Thomas n'est ni le seul, ni le premier qui ait eu la pensée de composer une Somme, ou Abrégé de Théologie. Si honneur il y a, l'honneur d'avoir été premier revient à notre frère Alexandre de Halès. L'ordre qu'il suit est peut-être le plus parfait : 1° énoncé de la question, 2° raisons pour, 3° raisons contre, 4° résolution ou prise de position entre les deux partis, 5° motivé de cette attitude, 6° réponse à l'adversaire.

redemptorem ! » Ergo videtur, quod si culpa non esset, Filius Dei non fuisset Incarnatus.

3° Item. Super illud Apostoli ad Romanos VIII. 28 : *Scimus quoniam diligentibus Deum omnia cooperantur in bonum, iis qui secundum propositum vocati sunt sancti,* dicit Glossa : « Etiam peccata. » Ergo peccatum universitatis in idem bonum debuit cooperari universitati ; hoc autem peccatum originale est quod omnes trahunt ab Adam ; ergo aliquod bonum potest elici ex illo : hoc autem non de facili invenitur nisi incarnato Christo : ergo videtur quod Christus non fuisset incarnatus, si peccatum non fuisset.

4° Item. Ad quid fuisset incarnatus ? non enim tunc indiguissemus doctore, vel liberatore, vel redemptore ; ergo videtur, quod si peccatum non fuisset, non ita excitasset ad charitatem ejus, sicut fecit peracto peccato.

Sed contra :

1° Bonum est diffusivum sui, et esse : ergo optimi erit optimo modo quo potest, se diffundere ; non autem melius potest esse in nobis diffundere, quam incarnando : ergo videtur, quod incarnatus etiam esset si peccatum non esset.

2° Item. Anselmus dicit, quod quatuor sunt generationes de perfectione naturæ, sine quibus generatio est imperfecta, scilicet : de terra virgine vir virgo, de viro virgine fœmina virgo, de viro et muliere corruptis infans virgo. Restabat ergo quartus modus, de fœmina virgine virginem producere, vel ordo generationis non fuisset perfectus. Ergo cum Dei perfecta sunt opera, ipse replevisset hunc ordinem, etiamsi homo non peccasset ; sed de virgine non potest nasci nisi Filius Dei, ut dicit Cassianus : ergo Filius Dei fuisset incarnatus, etiamsi non peccasset homo.

3° Item. Supra per verba Sanctorum probatum est Angelum non esse unibilem, sed hominem : cum igitur nulla aptitudo frustra sit creata a Deo, necesse fuit hanc aptitudinem impleri : ergo necesse fuit Deum incarnari.

4° Item. Peccatum non fecit similiorem et unibiliorem nostram naturam cum Deo, quam ante peccatum : cum ergo similior Deo sit sine peccato quam post peccatum, videtur etiam unibilior : et sic Deo magis conveniebat ei uniri, ut videtur.

5° Item. Perfectio universi consistit in dimensione circulari, ut probat Philosophus : et quia circulo nihil est addibile, ergo maxima perfectione naturæ mundus est perfectus ; ergo cum similiter Dei perfecta sunt opera, ultimum debet concludi in primum ut fiat circulus ; primum autem est Deus, et ultimum homo : ergo Deus et homo debent uniri : et hoc contingeret, etiamsi homo non peccasset.

6° Item. Amor maximus se communicat maximo modo : non autem potest magis quam ut se uniat : ergo cum talis amor sit ei ad hominem, ipse uniet se ei : ergo videtur etiam quod uniret se ei, si non peccasset.

Solutio. Dicendum quod in hac quæstione solutio incerta est ; sed quantum possum opinari, credo quod Filius Dei factus fuisset homo etiamsi nunquam fuisset peccatum ; nec tamen factus fuisset Angelus, quia Angelus non est unibilis ex natura sicut homo, ut supra ostendimus : tamen nihil de hoc asserendo dico, sed credo hoc, quod dixi, magis concordare pietati fidei.

Dico igitur ad primum quod tales locutiones valde impropriæ sunt ut dicatur culpa beata et felix : quia non dicitur beata et felix in se, sed ex consequenti. Et licet forte Christi incarnatio non sit sequens ad culpam, tamen magnalia opera redemptionis per laborem, passionem et mortem secuta sunt ex culpa.

Per hoc etiam patet solutio ad secundum.

(Ad 3.) Ad aliud, dicendum quod peccatum non cooperatur in bonum nisi per accidens, scilicet quia ferventior et magis gratus aliquis quandoque resurgit, quum cecidit : et magis efficitur humilis et cautus ; si autem et Christi incarnatio secuta est, nescio ; sed hoc certum est quod redemptio per mortem est secuta.

(Ad 4) Ad aliud dicendum quod incarnatus fuisset ad ostensionem eximii amoris sui, et ut multiplices delicias præpararet homini, cum contemplaretur eum in carne fratrem quem habet universitatis Deum.

Si autem velimus contrarium sustinere quod tamen mihi non videtur : dicemus ad primum, etc. etc. ordinavit redemptorem. Sed tamen primum probabilius mihi videtur.

II.

Maîtres de la deuxième époque.

§ I. Saint Bonaventure (1221 † 1274), Franciscain, Docteur Séraphique, évêque d'Albano, Cardinal.

Saint Bonaventure ne demande pas : Sans la faute d'Adam, le CHRIST serait-il venu ? Sa question revient au même : La principale raison de l'Incarnation est-elle la Rédemption ? On peut rapprocher, cependant, de la manière de saint Bonaventure celle d'Alexandre de Halès : An si natura humana per peccatum non esset lapsa, adhuc fuisset ratio et convenientia ad Incarnationem ? celle du Vén. Duns Scot : Non propter istam solam causam Redemptionis... Et Suarez, à son tour, peut être mis en parallèle avec nos deux Maîtres franciscains. On découvre entre eux un lien étroit de parenté. Ainsi, saint Bonaventure esquisse dans sa raison cinquième le fameux argument du Docteur Subtil. Les mots eux-mêmes sont forgés par le Docteur Séraphique : ***non principaliter sed occasionaliter.***

Quæritur quæ fuerit incarnationis ratio præcipua. Et quod sit humani generis redemptio, ostenditur.

Les arguments apportés par saint Bonaventure en faveur de notre thèse ne sont pas ceux que nous lui donnons pour base ; aussi nous indiquons dans le texte quelle valeur les raisons invoquées par nous ont à nos propres yeux. Quand saint Bonaventure les démolira, on saura qu'il ne brise que ses propres étais et non les nôtres.

1° Fundamenta.— Ad Galatas quarto, cum dicitur : « Ubi venit plenitudo temporis, misit Deus Filium suum factum ex muliere ***(factum, non faciendum ; ergo mandatum homines redimendi imponitur Christo jam volito et jam prædestinato)***, factum sub lege, ut eos, qui sub lege erant, redimeret. » Si igitur Apostolus principalem ***(non valet consecutio)*** assignat rationem missionis Filii Dei in carnem, videtur quod nostra redemptio sit eius ratio præcipua. Si tu dicas quod hoc non dicit Apostolus tanquam causam principalem, objicitur contra hoc illud, quod idem dicit Apostolus ad Hebræos secundo (*dicit ad Hebræos secundo* (v. 10) : « *Decebat eum propter quem omnia* » *; ergo sui sunt etiam angeli*), ubi loquens de Christo : Ipse similiter participavit eisdem, ut per mortem destrueret eum etc., et post : Nusquam enim Angelos apprehendit ; Glossa : Participavit, ut homines sanctificaret et liberaret ; et recte hæc causa ponitur, quia, si non esset eos liberaturus, non eis (*participavit homini ut liberaret, in certamine probationis, homines lapsos et angelos ne caderent, juxta illud Pauli : « Pacificans per sanguinem crucis ejus sive quæ in cœlis sive quæ in terris sunt.* » *Coloss. I. 20.*) participaret, quod in Angelis apparet, quia nusquam Angelos apprehendit. » Sed illud quo posito ponitur, et quo remoto removetur, (*non removetur, ergo*), assignatur tanquam causa principalis et præcipua : ergo videtur quod principaliter incarnatio facta fuit propter reparationem generis humani.

2° Item. In Psalmo : Infixus sum in limo profundi ; Glossa Augustini : « Utinam maneret homo in eo quod Deus fecit ; si enim maneret in eo quod Deus fecit, non in limo (*peccati, sine peccato Adami,*) infixus esset (*Christus volitus ad glorificationem Dei*), quem Deus genuit. » Igitur si homo stetisset, incarnatio facta non fuisset (*in carne passibili, concedo, sed fuisset, et non valet conclusio*) : igitur incarnationis ratio præcipua videtur esse hominis reparatio.

3° Item. Augustinus super Joannem, tractans illud Joannis undecimo : Ecce quem amas infirmatur : « Si peccatores Dominus non amaret, ad terram de cœlo non descenderet » : ergo videtur quod præcipua ratio incarnationis fuerit liberatio peccatoris (*sed ex eo quod amat peccatores et venit ad eos, non sequitur quod non amat justos et ad eos de cœlo non descendisset*).

4° Item si Deus assumpsit humanam naturam, aut hoc fuit propter humanam dignitatem (*propter dignitatem, quia homo habet de spiritu et de materia, et est, quod non est angelus, centrum mundi*), aut necessitatem (*propter necessitatem quam æqualem habent angeli et homines dum in certamine positi debent per gratiam et liberum arbitrium salutem mereri. Ergo non tenet dilemma*). Si propter dignitatem, cum dignior sit natura angelica quam humana, magis debuit assumpsisse angelicam. Si propter necessitatem, et necessitas indigentiæ non sit nisi propter peccatum ; videtur, quod præcipua ratio fuit, quod hominem assumpsit, redemptio generis humani.

5° Item, opus Incarnationis fuit maximæ gratiæ, de qua homo maxime tenetur ad gratiarum actionem ; sed magis tenetur homo esse gratus Deo, et major fit ei gratia, quando aliquod beneficium præstatur sibi, quo indignus est, et pro ejus liberatione, quam si alias esset ei præstandum ; ergo si homo lapsus pro beneficio Incarnationis est maxime Deo obnoxius, videtur quod, si ipse non esset lapsus *(Christus venisset benignus ad hominem amicum, et est magna dignatio ; sed venit Christus benignior ad hominem inimicum, et est major et maxima dignatio)*, ipse non esset incarnatus et nec hujus modi beneficium esset sibi præstitum.

Præcipua ergo ratio Incarnationis videtur esse redemptio generis humani.

Sed contra. — 1° Augustinus de Spiritu et Anima (ad oppositum) : « Totum hominem assumpsit, ut totum *(non tenetur Deus totum hominem beatificare ; ergo probatio non est adæquata ; est simpliciter convenientia quædam ad hoc)* beatificaret ; » sed homo debebat totus beatificari, et ita plene beatificari, si non esset lapsus, sicut si esset lapsus : ergo, si homo non esset lapsus, Deus esset incarnatus : ergo non videtur, quod præcipua ratio incarnationis est liberatio generis humani.

2° Item, super illud ad Hebræos secundo : Nusquam Angelos apprehendit, Glossa : « Non angelicæ naturæ data est hæc dignitas, ut ei persona divina uniretur. » Si igitur hæc dignitas data fuit naturæ humanæ, et humanæ naturæ nihil datum est frustra *(probatio hæc infirma videtur, et est necesse ut legatur ex primo et secundo capite ad Hebr. non solum exaltatio humanæ naturæ supra angelos, sed positio angelorum per prædestinationem æternam sub capite Christi hominis, quod habetur : Cum, iterum, introducit Primogenitum in orbem terræ, dicit : Et adorent omnes angeli Dei. Ergo angeli sunt Christi, juxta illud Augustini : « Si Lucifer stetisset, in Christo stetisset. » Primo ergo prædestinatus est Jesus et secundo ceteri)* : ergo, si non peccasset, talis dignitas non remaneret vacua : ergo adhuc uniretur cum divina natura : ergo liberatio generis humani non est ratio præcipua.

3° Item. Ita decebat Deum manifestare suam infinitatem *(decre-*

tum liberum habetur in Deo manifestandi suam perfectionem per creationem ; sed creatio animæ Christi est aptior creatione mundi ad hujusmodi manifestationem, ratione prædestinationis ejus ad unionem hypostaticam. Est argumentum convenientiæ simpliciter) et perfectionem et liberalitem, si homo stetisset, sicut si lapsus esset ; ergo si omnia ista facit in opere incarnationis, videtur quod incarnatio fuisset, etiam si homo lapsus non fuisset, et ita idem quod prius.

4° Item. Tantæ nobilitatis et difficultatis est vindicare sive acquirere sibi infinitum bonum, sicut satisfacere pro offensa qua offenderat Deum : sic nec per se potest mereri habere Deum. Ergo sicut opportunum fuit, Filium Dei incarnari, homine cadente, ut pro homine satisfaceret, videtur quod sic opportunum fuit, Filium Dei incarnari, homine stante, ut homo per eum (*probatio satis firma, quia Christus non minus innocentis quam peccatoris est via ad Patrem)* mereri posset.

5° Item, quæ solummodo propter occasionem peccati introducta sunt exierunt a Deo, non principaliter, sed occasionaliter ; ergo si Incarnatio facta est principaliter propter peccati expiationem, anima Christi facta est non principali intentione, sed quasi quadam occasione *(tantus est Christus ut poni quasi occasionaliter quam maxime repugnet illius summæ dignitati. Est ratio Scoti nostri firma, supposito tamen decreto de gloria æterna summe habenda, quod nobis innotescit per Scripturas*). Si ergo inconveniens est nobilissimam creaturam occasionaliter esse introductam, cum agens principaliter intendat opera nobiliora, videtur, quod inconveniens sit dicere, incarnationem factam esse propter hominis reparationem.

6. Item. In Incarnatione Filii Dei, humana natura plurimum est exaltata : si ergo Deus incarnatur ex hoc quod humana natura peccavit, videtur quod homo reportet commodum de malitia *(et Christus gratias referre deberet Adamo peccanti qui peccando occasionem præbuit sine qua non esset)* Ergo si hoc non decet divinum Retributorem, patet etc.

7° Item. Christus est caput Ecclesiæ non solum secundum divinam naturam, sed etiam humanam, sicut ostendit Augustinus super Joannem ; sed si homo non peccasset, adhuc esset corpus Ecclesiæ ; igitur vel Dei Filius incarnaretur, aut corpus Ecclesiæ remaneret acephalum. Igitur si illud est impossibile, restat quod Deus incarnaretur, si homo non peccasset : ergo idem quod prius.

8° Item. Si homo lapsus non esset, nihilominus fuisset sacramentum matrimonii. Si igitur sacramentum matrimonii in conjunctione sexuum dicit sive significat conjunctionem Christi et Ecclesiæ *(probatio nostra venit ex alia fonte, scil. quod adventus Christi prophetizatur, juxta traditionem Patrum, per Adamum « justum » dicentem : Et erunt ambo... Culpa tunc non erat admissa nec Redemptio necessaria)* quantum ad naturarum unionem, propter inseparabilitatem, ut dicitur ad Ephesios quinto : « Hoc Sacramentum magnum est ; ego autem dico in Christo et in Ecclesia, » ergo si homo stetisset, aut sacramentum matrimonii esset falsum, aut Dei Filius esset incarnatus. Sed primum est impossibile : ergo restat etc.

9° Item, quadruplex est modus educendi hominem in esse : « Contingit enim hominem educi de viro et muliere ; contingit educi sine viro et muliere ; contingit educi de viro sine muliere ; et de muliere sine viro » *(ratio ista magis exornat probationem quam eam reddat firmiorem)* : sic tres istorum modorum fuissent, si homo stetistet, sicut planum est : ergo videtur, quod et quartus fuisset, quo eductus est de sola muliere. Sed hic quartus est in Incarnatione : ergo si homo stetisset, Incarnatio fuisset ; aut si non, tunc unus modus productionis hominum deficeret, et sic universum perfectum non esset, et hoc est maximum inconveniens. Dicit enim Augustinus, quod universum habet tantam perfectionem, quod nemo potest in eo imperfectum rationabiliter aliquid invenire, nec rationabiliter aliquid addere, sicut et ipse dicit in libro de Libero Arbitrio, quod nihil potest intellectus noster intelligere, quod subterfugeret illam supernam artem.

Saint Bonaventure n'apporte pas l'argument des Ecritures. Nous le formulons ainsi : Saint Paul (ad Eph. et ad Col.), saint Jean (Apocalyp. et Evang.), les Proverbes et l'Ecclésiastique enseignent que tout le créé est prédestiné en JÉSUS-CHRIST. Donc la raison, pour le CHRIST, d'exister, n'est pas la réparation de la faute d'Adam ; mais il est prédestiné d'abord pour glorifier DIEU immensément et sûrement.

Conclusio.

Præcipua ratio Incarnationis videtur redemptio generis humani, quamvis multæ rationes aliæ congruentiæ huic rationi, sint annexæ.

Ad prædictorum intelligentiam est notandum, quod circa hoc duplex est magistrorum opinio.

Quidam enim dicere voluerunt, quod de Incarnatione est loqui dupliciter. Est enim Incarnatio carnis assumptio : de carne autem assumpta est loqui dupliciter : aut quantum ad substantiam aut quantum ad defectum passibilitatis. Si fiat sermo de ipsa quantum ad defectum passibilitatis et mortalitatis, dicunt quod Incarnationis præcipua ratio fuit humani generis redemptio. Nisi enim homo peccasset et lapsus et redimendus esset, Christus carnem mortalem non assumpsisset. Si autem loquamur de Incarnatione secundum quod dicit assumptionem humanæ naturæ loquendo simpliciter, sic dixerunt quod præcipua ratio incarnationis non est liberatio generis humani, quia, etiam si homo non peccasset *(Christus prædestinatus est ad gloriam Dei faciendam externam summè et infallibiliter ; sed, quia Deus videt Adam casurum, eodem decreto, sed alio motivo, prædestinatus est etiam ad Redemptionem faciendam. Si non fuisset prævisus Adam peccator, Christus non induisset passibilitatem ; sed reapse Deus vidit eum noxium, et unica positiva prædestinatione voluit Christum, et eum passibilem)* Christus incarnatus esset ; sed hujus ratio est perfectio multiplex, surgens ex dignitate illius operis, *(ratio præcipua et primaria est glorificatio externa et summa Dei.)* Incarnatio enim facit ad perfectionem hominis — et per consequens ad perfectionem totius universi – in hoc quod complet et completionem dat humano generi, secundum illud quod respicit naturam, et secundum illud quod respicit gratiam, et secundum illud quod respicit gloriam. Secundum illud quod respicit naturam, quia in Incarnatione est consummatio modorum educendi hominem in esse. Est etiam consummatio in comparatione ad perfectionem agentis, in hoc quod in Incarnatione homo, qui est ultimus, conjungitur cum suo principio unione qua sub Deo nulla est major. Facit etiam ad perfectionem hominis quantum ad illud quod respicit gratiam, quia in incarnatione assumit Christus humanam naturam, ratione cujus plene habet esse caput totius Ecclesiæ, cujus corporis membra uniri habent ratione caritatis et gratiæ. Et simul quum hoc facit ad perfectionem meriti, quia omnia merita pendent et meliorantur merito Christi, facit etiam ad perfectionem gloriæ, in eo quod homo in Deo suo invenit pascua, quantum ad partem corporalem et quantum ad partem spiritualem, sive egrediatur sive ingrediatur, quod non faceret si Deus non esset incarnatus. Completus etiam est totius humanæ naturæ appetitus, dum per opus Incarnationis nobilissima idoneitas, quæ erat in humana natura, secundum quam unibilis erat divinæ, ad actum perfectum reducitur... Et ratione hujus multiplicis perfectionis, quæ surgit ex opere Incarnationis, congruum fuit Deum incarnari. Et quia hæc multiplex perfectio non tantum respicit statum naturæ lapsæ, imo etiam respicit statum naturæ bene institutæ, ideo si homo lapsus non fuisset, nihilominus Deus incarnatus esset, quia ita competebat hominem perfectum esse et secundum naturam et secundum gratiam et secundum gloriam, sicut si esset in statu lapso, et quodam modo amplius, et secundum istam opinionem. Et qui hanc opinionem sequuntur, concedunt rationes quæ ad hanc partem adducuntur. Rationes vero ad oppositum et auctoritates per hoc effugiunt, quia dicunt eas intelligi secundum quod Incarnatio dicitur carnis mortalis et passibilis assumptio. Loquitur enim Scriptura, et Sancti de Incarnatione secundum eum modum qui fuit post lapsum, non per eum modum qui fuisset, homine persistente in statu innocentiæ.

Aliorum vero opinio fuit, quod præcipua ratio Incarnationis est reparatio humani generis, quamvis aliæ multæ sint rationes congruentiæ huic annexæ. Ista enim est præcipua respectu omnium, quia, nisi genus humanum fuisset lapsum, Verbum Dei non fuisset incarnatum. — Et ratio hujus est, quia Incarnatio Dei est superexcellentis dignationis, et ideo, cum sit ibi quidam excessus, non fuisset introductum Incarnationis mysterium, nisi præcessisset excessus oppositus per ipsum corrigendus et restaurandus. Unde nisi Deus ovem suam perdidisset, non de cœlo ad terram descendisset.

Quis autem horum modorum dicendi verior sit, novit ille qui pro nobis incarnari dignatus est. Quis etiam horum alteri præponendus sit, difficile est videre, pro eo quod uterque modus catholicus est, et a viris catholicis sustinetur. Uterque etiam modus excitat animam ad devotionem secundum diversas considerationes.

Videtur autem primus modus magis consonare judicio rationis ; secundus tamen, ut apparet, plus consonat pietati fidei : primo, quia auctoritatibus Sanctorum et Sacræ Scripturæ magis concordat (*Non omni ex parte videt Doctor thesim de prædestinatione Christi primaria. Id quod in ea videt dicit tamen magis consonum judicio rationis. Dixisset utique etiam eam plus consonare pietati fidei, si Apostolum ad Colos., ad Ephes., ad Hæbreos, Joannem in Evangelio et Apocalypsi, cap. 12, necnon Prov., Isaiam et Ecclesiastic. ac Patres qui adversus Arianos locuti fuere, in mente habuisset).* Nam tam novum quam vetus Testamentum, ubi de Filii Dei descensu loquuntur, humani generis liberationis rationem reddunt, quod patet per singula discurrendo. Sancti etiam hoc dicunt, sicut patet in auctoritatibus supra positis. Et ideo, si divina eloquia nobilissimam et præcipuam Incarnationis rationem assignant, et nihil etiam a nobis dicendum est præter ea quæ nobis ex sacris eloquiis claruerunt ; magis videtur pietati fidei consonum, quod præcipua incarnationis ratio sit liberatio humani generis, quam aliter sentire. Et hoc aperte dicit Augustinus in libro de Verbis Apostoli, sermone septuagesimo, tractans illud Matthæi decimo octavo : « Venit enim Filius hominis salvum facere quod perierat. » Si homo non periisset, Filius hominis non venisset. (*Infra dicemus quæ hic veniunt in thesi sancti Thomæ.)* Et expressius ibidem, tractans illud primæ ad Timotheum primo : Venit in hunc mundum peccatores salvos facere. Nullam aliam nisi « peccatores salvos facere. » Et ibidem plura dicit ad hoc pertinentia. Et in illa oratione quæ incipit : *O cella aromatica*, quæ dicitur esse Augustini, hoc ipsum habetur expressissime. Ad hoc etiam concordant verba Bernardi et Glossa super dictum Epistolæ ad Timotheum.

Secundo vero prædictus modus magis concordat pietati fidei, quia Deum magis honorificat quam præcedens. Nam præcedens dicit, quod Deum conveniebat incarnari ad perfectionem universitatis (*magis Deum honorificat qui dicit Christum positum fuisse a Deo, primaria et præcipua intentione, ut ab Illo summe glorificeretur Deus ; et est sensus noster ac thesis)* ; et ideo quodam modo Deum intra perfectionem Universi concludit, et quamdam necessitatem Incarnationis ponit ei, cum dicit opera ejus aliter ad perfectionem non perduci. *(Perfectio Universi exurgit ex decreto Dei expleto, et exurgit per consequentiam, et non est prius intenta quam Christus ipse ; glorificatio Dei summa est quæsita per se ac volita in Christo.)* Hic autem modus dicendi, cum dicit quod Incarnationis mysterium est supra omnem perfectionem, ponit Christum esse supra omnem perfectionem (*Ponimus Christum talem qui dicimus Eum solum sine mundo sufficere Deo, et commendamus eum supra omnem perfectionem Universi, qui eum videmus majorem ac si venisset occasionaliter, defectu scilicet unius partis Univers*.) universitatis, sive quantum ad naturam, sive quantum ad gratiam, sive quantum ad gloriam. Et in hoc recte facit, quia, sicut dicit Philosophus in undecimo Primæ Philosophiæ, Deus supra omnem Universi ordinem ponendus est, sicut non dicitur esse dux de exercitu, sed supra exercitum. Tertio, modus iste dicendi Incarnationis mysterium magis commendat, dum dicit hoc mysterium tantum esse, quod non debuit fieri nisi ex maxima causa, (*major causa maximis aliis causis est glorificatio Dei summa et certe habenda,*) utpote propter placandam divinam iram et restauranda omnia, sive quæ in cœlis sunt, sive quæ in terra. Et ideo dicunt, quod tantum mysterium non fuisset introductum, nisi præcessisset lapsus nobilissimæ creaturæ et offensio majestatis divinæ.

Quarto, etiam fidelem affectum magis inflammat. Plus enim excitat devotionem (*Plus excitat devotionem, quod, nedum ad me inimicum suum non veniat Christus, venit familiarior et abundantius effudit dilectionem ; sed opusne illi erat peccato meo ut bonus in me haberetur ?*) animæ fidelis, quod Deus sit incarnatus ad delenda scelera sua quam propter consummanda opera inchoata.

Quoniam igitur hic modus *(primus modus)* dicendi, etsi non videatur esse ita subtilis, sicut præcedens, plus consonat pietati fidei, in hoc quod in auctoritatibus Sanctorum magis concordat, et Deum magis honorificat, etiam Incarnationis mysterium magis commendat et affectum nostrum ardentius inflammat : ideo concedendum est, ut prædictæ auctoritates et rationes ostendunt, quod præcipua ratio Incarnationis fuit redemptio humani generis, quamvis multæ rationes aliæ congruentiæ huic rationi sint annexæ.

Saint Bonaventure veut démolir les raisons sur lesquelles il a lui-même bâti notre thèse ; nous avons montré quelle valeur atténuée nous leur reconnaissons. Les coups que leur porte le saint Docteur n'entament donc pas la thèse envisagée à notre point de vue. Il peut frapper sur ces étais qui ne sont point la vraie base.

1° Ad illud quod primo objicitur in contrarium, quod hominem totum assumpsit ut totum beatificaret, dicendum quod ista non est ratio præcipua, sed annexa principali, pro eo quod si nunquam Deus incarnatus esset, homo glorificatione corporis sui et visione Dei perfecte et totaliter beatus esset. Visio enim Christi corporalis spectat non ad essentialem completionem beatitudinis, sed ad quoddam accidentale gaudium. Et hoc patet, quia alii sensus beatificantur ut visus, et tamen objecta sibi correspondentia non habebunt, ut tactus, gustus. Præterea, aspectus Christi non minus erit beatus conversus ad alia corpora videnda, quam aspectus aliorum conversi ad videndum corpus ipsius. Gloria enim sensuum exteriorum erit per redundantiam delectationis venientis a parte superiori ex visione Dei, cujus visio adeo reficit, cum perfecte apparet, ut nihil ultra necessarium sit animæ ad ejus beatitudinem ; quoniam omne aliud bonum et pulchrum ad illud comparatum, quasi nihil est, nec intendere potest essentiale gaudium. Unde multum derogare videtur summo Bono qui dicit, ipsum non sufficere absque bono creato sibi adjuncto ad hominem perfecte beatificandum ; nisi hoc dicat venire propter imperfectionem sensus qui ad ipsum non potest pertingere. Sed tunc plura obviabunt sive ratione sensuum aliorum, qui non habent objecta sua sicut visus, et tamen perfecte beatificati sunt ; sive ratione aspectus Christi, qui ad alios Sanctos aspicit ; sive etiam ratione perfectionis beatitudinis, quæ non facit hominem aliquid extrinsecus mendicare ; sive etiam, quia oppositum non posset intelligi, quod gloriosus homo posset a Christi præsentia absentari absque gloriæ suæ detrimento.

2° Ad illud quod objicitur quod in humana natura data est congruitas vel idoneitas ad incarnationem, dicendum quod illa idoneitas attenditur ex parte reparabilitatis hominis principaliter, quamvis ratione dignitatis et aliarum conditionum aliquo modo attendatur ; et ideo, sicut homo non fuisset reparatus si non cecidisset, quamvis esset reparabilis, sic divinitati non esset unitus, quamvis esset unibilis. Non tamen frustra fuisset illa potentia, quia multæ sunt potentiæ et idoneitates quæ ad actum non perducuntur; nec tamen frustra sunt, quia nobilitati et dignitati naturæ attestantur. Nec dicitur potentia frustra si non reducitur ad actum, sed tunc frustra est cum ad actum non reducitur, et tamen ad actum exigit eam reduci tempus et locus.

3° Ad illud quod objicitur, quod decet Dei potentiam et sapientiam in statu innocentiæ manifestari, dicendum, quod satis sufficienter se manifestabat per opus creationis et distinctionis et ornatus, et ideo si illa perstitissent, cum valde bona essent, non oportuisset novum modum agendi superaddere ad manifestationem; quemadmodum opera miraculosa facta sunt post hominis lapsum, quæ non oportuit fieri ante, quia Dei potentia, sapientia et bonitas nota esset et satis in suis effectibus reluceret. Nunc autem congruum est et decens Deum multa opera facere miraculose ad manifestationem suæ potentiæ et confirmationem fidei nostræ. Sic etiam in proposito intelligendum est, sicut dicunt Sancti, quod quia homo per peccatum interius lumen obfuscatum habebat et conversus fuerat ad sensibilia et illa amabat : ideo Deus invisibilis factus est visibilis secundum carnem, ut per visibilia reduceret ad invisibilia cognoscenda et amanda. Et hoc est quod dicit Gregorius in quadam Præfatione : « Ut dum visibiliter Deum cognoscimus, per hunc invisibilium amore rapiamur. »

4° Ad illud quod objicitur, quod ita difficile est promereri vitam æternam, sicut satisfacere pro offensa, dicendum, quod falsum est, quia ad meritum vitæ æternæ sufficit complacentia ex parte merentis, ad hanc autem complacentiam sufficit divina gratia. Et quia gratiam divinam poterat homo habere per missionem Spiritus Sancti et Filii in mentem, absque Filii missione in carnem, hinc est quod ad perfectionem meriti, vitæ æternæ non oportuit Incarnationem intervenire. Ad satisfaciendum autem non solum requiritur quod satisfaciens placeat, sed quod damnum recompensare valeat et honorem Deo sublatum restituat, sicut melius videbitur infra ; et ideo non tanta fuit necessitas Incarnationis propter necessitatem merendi, sicut propter necessitatem satisfaciendi. Et quod illud sit verum, planum est in Angelis, quorum natura non est unita

Verbo, et tamen meruerunt vitam æternam. — Præterea esto quod tantæ difficultatis sit, tamen non oportet quod propter hoc necessaria sit Incarnatio, pro eo quod Spiritus Sanctus ipse, qui per charitatem movet animam, dignam eam facit gloria sempiterna. Unde neutrum fit sine missione alicujus personæ ; sed ad satisfaciendum necessaria est missio in carnem, quia, sicut infra patebit, congruentissimus modus fuit satisfaciendi per mortem et passionem, sicut congruentissimus modus est ad merendum per charitatem et dilectionem.

5° Ad illud quod objicitur, quod anima Christi educi debuit principali intentione, dicendum quod Deus, — quia ab æterno præscivit lapsum humani generis — ideo fecit, quia se recuperaturum cognovit ; et ideo principalius in intentione fuit reparatio lapsi, quam conditio ejus ad lapsum possibilis. Et propter hoc non sequitur, quod Deus non prædestinavit Christum principaliter, sicut et alios, imo multo principalius. Hoc enim teneret, si Deus in conditione generis humani non præcognovisset eorum lapsum *(Vel prædestinat Deus Christum, nondum prædestinato Adamo, et prædestinatur Adamus in Christo et super Christum ; tunc Christi prædestinatio est principalis. Vel, Adamo jam prædestinato, prædestinatur, ejus culpæ occasione, Christus Jesus : et tunc prædestinatio Christi non est principalis sed secundaria) ;* tunc enim quasi præter intentionem subsecutum fuisset.

6° Ad illud quod objicitur, quod humana natura est exaltata propter Incarnationem, dicendum quod absque dubio verum est ; sed ex hoc non sequitur quod reportaverit ex malitia commodum, quia hoc non fuit ex sua malitia, sed ex summa benignitate divina et sapientia. Quia enim sapientia Dei vincit malitiam, hinc est, quod non patitur esse malum aliquod de quo non eliciat bonum, et etiam majus bonum ; alioquin non perfecte malitiam vinceret. Et propterea contra prævaricationem Adæ, qui totum genus humanum interfecit, statuit rectitudinem secundi Adæ, qui pro toto genere humano posset satisfacere, et cujus obedientia multo plus sibi placeret, quam inobedientia primi Adæ potuit displicere. — Similiter hoc fuit ex bonitate divina, ex qua Deus plenus est dilectione et misericordia. Et ideo diligentibus se, quos Sanctos vocavit secundum propositum suum, omnia facit eis cooperari in bonum ;

unde Filium Dei incarnari non fecit nostra malitia, sed Dei charitas nimia et misericordia, secundum quod dictum est in auctoritate prius posita : *Deus autem, qui dives est in misericordia, propter nimiam charitatem, etc.*

7° Ad illud quod objicitur, quod Christus est caput Ecclesiæ secundum humanam naturam, dicendum quod duplex est capitis proprietas : una, quæ attenditur secundum conformitatem ad membra ; alia, quæ attenditur secundum donorum gratuitorum influentiam. Ratione primæ proprietatis Christus caput est in quantum homo ; ratione secundæ Christus caput est in quantum Deus, et ratione hujus principaliter tenet rationem capitis. (*Christus prædestinatur mediator et caput ; ratio mediatoris tollitur si non est ipse simul Deus et creatura ; nec capitis rationem habere potest quin sit creatura ; nam, si solum Deus architectus est mundi, non de architectura Universi, nec membrum de membro.*) Et ideo, esto quod incarnatus non esset, adhuc Ecclesia non careret, quia caput viri esset Deus, et ita Ecclesia hominum caput haberet Deum, sicut habet Ecclesia Angelorum. Et ideo non sequitur, quod corpus Ecclesiæ esset acephalum, quamvis non haberet caput secundum omnem proprietatem quam habet modo ; haberet enim tunc caput Deum, sicut nunc habet Ecclesia Angelorum.

8° Ad illud quod objicitur, quod matrimonium significat conjunctionem naturarum, dicendum quod matrimonium duplicem habet significationem. Significat enim duplex significatio matrimonii conjunctionem Dei ad Ecclesiam secundum charitatem, et significat etiam conjunctionem secundum unionem in Personæ unitate, et utramque harum significationum habet secundum statum lapsus, alteram autem habuisset si stetisset ; et ideo non esset falsum signum. Sicut enim matrimonium nunc est in officium et remedium, tunc autem solum in officium, sic matrimonium nunc duplex habet significatum, tunc autem unum.

9° Ad illud quod objicitur, quod quadruplex est modus productionis hominum, dicendum, quod ille quartus modus producendi hominem non est de perfectione Universi, sed supra perfectionem Universi. Et ideo Jeremias vocat illud novum notandum cum ait : *Novum faciet Dominus super terram ;* hoc autem novum Dominus non fecisset, nisi aliqua veteratio præcessisset. Et ideo non sequitur quod, si homo stetisset, et talis modus producendi hominem esset. Nec ex hoc sequitur quod universum sua perfectione careret ; sicut etiam non potest argui imperfectio Universi quantum ad suscitationem mortui, quam Deus non fecisset, si homo perstitisset. — Posset etiam dici, quod de illo modo productionis non potest argui veritas Incarnationis aliter, quia Deus posset producere hominem de muliere absque viro, qui tamen non esset Deus. Hæc autem omnia absque præjudicio dicta sunt ; non enim volo bonitatem Dei coarctare, sed nimietatem charitatis suæ erga hominem lapsum commendare, ut affectus nostri excitentur ad amandum ipsum, dum attendimus nimiæ dilectionis ejus excessum.

§ II. Saint Thomas (1227 † 1274), Dominicain, Docteur Angélique. (Com. in III lib. Sent. dist. 1. art. 3.)

La thèse de saint Thomas est celle de saint Bonaventure, moins la longueur. Nous faisons donc les mêmes remarques ici que plus haut. Saint Thomas voit l'Incarnation du côté qui nous donne profit, et ne l'envisage pas au point de vue de la Glorification immense et certaine qu'elle donne à DIEU. Il a totalement raison d'exiger le témoignage des Écritures et des Pères. Aucun autre argument n'est capable de faire tenir la thèse debout. DIEU seul peut dire ce que sa liberté a choisi. Mais autant l'Écriture est muette sur la conséquence : le CHRIST serait-il venu si..., autant elle est abondante sur le principe : de la prédestination du CHRIST avant toutes les autres créatures. La thèse eût immensément gagné à être posée sur ce terrain.

1° Ad 3 sic proceditur. *Videtur quod, si homo non peccasset, Deus incarnatus fuisset.* Ut enim dicitur (Deut. XXXII, 4), *Dei perfecta sunt opera.* Sed perfectio non potest esse nisi ultimum principio conjungatur, ut sic quasi quidam circulus concludatur et alterius additio fieri non possit. *(Quod Deus cum Universitate rerum conjungatur perfectiori modo, id est, quod Deus, qui jam habet cum mundo relationem causæ ad effectum, qui posuit in mundo relationem ad se ut ad finem, sit ipse Architectus mundi, de architectura Universi ; quod assumat quid creatum in hypostasi divina sustentandum, est convenenitiæ argumentum quo necessitas nulla Deo imponitur. Ergo non probat ista ratio thesim, nisi fundata ipsa in Revelatione.)* Cum ergo ipse Deus sit ipse primum, et homo sit ultima creaturarum, decuit ad perfectionem Universi ut, etiamsi homo non peccasset, Deus homo fieret.

2° Præterea : Humilitas est perfecta virtus, ut dicitur in Glossa super Matth. III super illud : *Sic decet nos implere omnem justitiam.* Sed omnis perfectio Deo attribuenda est. Ergo ipse perfectissimam humilitatem habet. Perfectissimus autem gradus humilitatis est ut aliquis se inferiori vel conjungat vel subjiciat. *(Nimis probat ratio ; quia non hominem, sed creaturam homine inferiorem, et omnium vilissimam assumere debuisset Deus, ut humilitas Dei permaxime lucesceret. Ergo non probat argumentum.)* Ergo decuisset ut Deus aliquam creaturam assumeret, etiamsi homo non peccasset.

3° Rom. I. 20. *Invisibilia Dei, per ea quæ facta sunt, intellecta conspiciuntur.* Sed potentia et sapientia et bonitas Dei sunt infinitæ. Ergo decuit, etiamsi homo non peccasset, ut in aliquo effectu manifestarentur. Sed potentia infinita non manifestatur nisi per effectum infinitum *(Effectus infinitus extra Deum, id est creatus, non potest poni, etiam a Deo, quia hic creatus effectus infinitus esset Deus alter extra Deum. Nimis probat argumentatio : ergo nihil. Sed alia ratione convenit Deo manifestare perfectiori modo suas perfectiones ; hoc evenit si Deus externat vitam suam sese incarnando vel angelizando ; sed quidquid convenit Deo, manet sub judicio libertatis ejus infinitæ, nec sub argumento cadit)*, nec sapientia infinita nisi per decorem infinitum, nec bonitas infinita nisi per communicationem infinitam. Cum ergo nulla creatura sit infinita, nec sit in ea infinitus decor, resultans ex forma et proportione partium, nec iterum aliqua natura communicationem boni infiniti recipiat : videtur quod etiam decuit, homine non peccante, uniri Deum homini, ut ex parte hominis ratio effectus esset, ut ex parte Dei infinitas, et ex conjunctione divinæ naturæ ad creaturam infinitus decor resplenderet et infinitum bonum ipsi naturæ humanæ communicaretur, scilicet persona increata quæ in ea subsisteret.

4° Item per peccatum non est in aliquo capacitas humanæ naturæ ampliata, sed post peccatum humana natura inventa est capax tanti boni, ut a Deo assumeretur in unitatem personæ. *(Peccatum non auget capacitatem hominis ; sed non inde sequitur quod Deus implere debet hanc capacitatem, etiam majorem factam per virtutes. Nam tanta est Incarnatio quod sit ultra omne meritum.)* Ergo et ante peccatum hujus dignitatis capax fuit. Sed ad Deum, qui infinito amore diligit ea quae sunt, pertinet ut nullum bonum creaturæ deneget cujus est capax. Ergo ipse humanam naturam assumpsisset, etiamsi homo non peccasset.

5° Item non est credendum quod homo ex peccato aliquod commodum reportaverit. *(Non reportat quid bonum a peccato ut a peccato, sed a dignatione Dei libera. Reapse, melior conditio fuisset hominis, qui securiùs et beatiùs iter habuisset ad Cœlum per probationis pericula, duce Christo qui vitam cum hominibus in impassibili carne degisset. Sed argumentatio vim ex hoc non habet victoriæ).* Sed maxima dignitas humanæ naturæ est in hoc quod assumpta est in unitatem divinæ personæ. Ergo hoc per peccatum homo consecutus non est, et sic idem quod prius.

6° Item, cum homo ad beatitudinem creatus sit ante peccatum, totus homo beatificabilis erat. *(Ratio est convenientiæ tantum)* Sed beatitudo hominis quantum ad partem sensitivam erit in aspectu humanitatis assumptæ, quantum vero ad partem intellectivam in contuitu Deitatis assumentis; sic enim ingredietur homo et egredietur, ut Augustinus exponit (super Joan. tract. XLV), ut pascua inveniat (Joan. X). Ergo etiamsi homo non peccasset, humanitas a Deo assumpta fuisset.

7° Præterea Bernardus (serm. I adv.), exponens quod dicitur Jonæ I : *Propter me orta est tempestas, etc.*, dicit quod diabolus vidit rationalem naturam assumendam in unitatem personæ Filii Dei, et invidit : et hæc invidia fuit causa casus ejus et movens ipsum ad tentandum hominem. *(Vim habet argumentum ex eo quod de Scriptura est, si præcipue conjungatur cum verbo Pauli : Cum, iterum, introducit Primogenitum in orbem terræ, dicit : Et adorent eum omnes angeli Dei. Venit insuper auctoritas divi Bernardi et sancti Augustini dicentis : Si Lucifer in veritate stetisset, in Christo stetisset. Ergo Lucifer positus in Christo, et Christus volitus ante angelos.)*

Si autem Incarnatio non fuisset nisi homine peccante, non instigasset diabolus hominem ad peccandum ; quia per hoc promovisset eum ad bonum quod invidebat. Ergo etiamsi homo non peccasset, Deus fuisset incarnatus. *(Vel scit diabolus Christum non venturum nisi sola occasione peccati redimendi : et cur diabolus ad peccatum provocat ? Vel scit diabolus Verbum venturum ad glorificationem Dei exterius faciendam in homine assumpto : et video cur, provocando hominem ad peccatum, eum cupit reddere indignum Incarnationis honore. Vel nihil scit Angelus circa mysterium Incarnationis futurum, et est contra Bernardum et Augustinum.)*

Sed contra : Aug. in libro de Verbis apostoli (serm. VIII), exponens illud Matthæi XVII. 2. (Luc. XIX. 10) : *Venit Filius hominis quærere et salvum facere quod perierat*, dicit : « *Si homo non peccasset, Filius hominis non venisset.* » Sed ibi : « *Dominus loquitur de adventu in carnem. Ergo si homo non peccasset, Filius Dei non esset incarnatus.* »

Item (I Tim. 1. 15.) Christus venit in hunc mundum peccatores salvos facere. Ubi glossa : Augustinus dicit quod nulla causa fuit Domino Christo veniendi ; nisi peccatores salvos facere. Tolle vulnera, tolle morbos et nulla est causa medicinæ. Sed remota causa removetur effectus. Ergo si peccatum non fuisset, Filius Dei non fuisset incarnatus. *(Non habet rationem medici, nisi ex nostris vulneribus sanandis ; ergo, permanente homine justo, Christus non esset medicus ; sed est mediator cujus ministerium duo complectitur, juxta eumdem Augustinum (serm. II. de Verb. Apost.), scilicet conjungere et reconciliare. Super illud D. Pauli (ad Timot. II) verbum facit dicens : « Unus Deus et unus Mediator Dei et hominum. Non ait : Christus Jesus, ne tu putares secundum Verbum dictum ; sed addidit : « Homo Mediator Dei et hominum Homo Christus Jesus. » Quid est mediator ? Per quem conjungeremur, per quem reconciliaremur. » Et quemadmodum peccatores redimi per Redemptorem, ita justi et innocentes habuerunt cum Deo conjungi per Mediatorem Jesum. Tolle morbos, ait Augustinus, et nulla causa medicinæ ; sed remanet causa sacerdotii quæ est ad conjunctionem faciendam.)*

Præterea Apostolus dicit, Heb. II. 14 : *Quia pueri communicaverunt carni et sanguini, et ipse similiter communicavit eisdem, ut per mortem destrueret eum qui habebat mortis imperium.* Sed mors per peccatum in hunc mundum intravit (Rom. V). Ergo si peccatum non fuisset, per Incarnationem Deus carni et sanguini non communicasset. *(Apostolus clare distinguit salvationem a periculo probationis, quod respicit omnes in via positos, et Angelos et Adamum innocentem, et salvationem a peccato patrato, quæ respicit filios Adæ peccatoris, dum ait : « Decebat enim eum, propter quem omnia, et per quem omnia, qui multos filios in gloriam adduxerat, auctorem salutis eorum per passionem consummare. » (Hebr. II-10.)*

Præterea Gregorius dicit (in benedictione cerei paschalis) : « Nihil nobis nasci profuit *(ex Adamo peccatore)*, nisi redimi profuisset. » Sed redemptio non fuisset nisi peccati servitus fuisset. Ergo si peccatum non fuisset, Filius Dei temporaliter natus non fuisset *(ad redemptionem faciendam)*.

Solutio.

Respondeo dicendum quod hujus quæstionis veritatem solus ille scire potest qui natus et oblatus est, quia voluit. Ea enim quæ ex sola Dei voluntate dependent, nobis ignota sunt nisi in quantum nobis innotescunt per auctoritates Sanctorum quibus Deus suam voluntatem revelavit *(Atqui ex Scripturæ Patrumque testimoniis quamplurimis Christus est prædestinatus ante omnem creaturam, et positus in præscientia Dei fundamentum super quod omnia condita sunt. Ergo Christi prædestinatio et adventus non pendet essentialiter a lapsu hominis præviso)* : et quia in canone Scripturæ et dictis Sanctorum expositorum, hæc sola assignatur causa Incarnationis : redemptio scilicet hominis a servitute peccati, ideo quidam probabiliter dicunt, quòd si homo non peccasset, Filius Dei non incarnatus fuisset ; quod etiam ex verbis Leonis papæ in sermone de Trinitate expresse habetur. *Si enim, inquit, homo, ad imaginem et similitudinem Dei factus, in suo honore mansisset, Creator mundi creatura non fieret, aut sempiternus temporalem subiret, aut æqualis Deo Patri Dei Filius formam servi assumeret.*

Item Augustinus in oratione ad beatam Virginem : *Ut quid enim nescium peccati pro peccatoribus pareres, si deesset qui peccasset ? Aut quid mater fieres Salvatoris si nulla esset indigentia salutis ?*

Item super illud Matthæi I : *Ipse enim salvum faciet populum suum*, Augustinus : *Si homo non peccasset, homo non peperisset.* Alii vero dicunt quod cum per Incarnationem Filii Dei non solum liberatio a peccato, sed etiam humanæ naturæ exaltatio et totius Universi consummatio facta sit, etiam peccato non existente propter has causas Incarnatio fuisset ; et hoc etiam probabiliter sustineri potest.

(Dans sa Somme (De convenien. Incarnat. pars III. q. 1. art. 3), saint Thomas modifie sa pensée sans prononcer, toutefois, le mot : *negative.* — Dicendum quod aliqui circa hoc diversimode opinantur. Quidam enim dicunt quod etiam si homo non peccasset, Dei Filius incarnatus fuisset. Alii vero contrarium asserunt. Quorum assertioni magis assentiendum videtur ? Ea enim quæ ex sola Dei voluntate proveniunt supra omne debitum creaturæ, nobis innotescere non possunt nisi quatenus in Sacra Scriptura tradantur, per quam divina voluntas nobis innotescit. Unde, cum in Sacra Scriptura ubique Incarnationis ratio ex peccato primi hominis assignetur, convenientius dicitur Incarnationis opus ordinatum esse a Deo in remedium contra peccatum, ita quod peccato non existente Incarnatio non fuisset ; quamvis potentia Dei ad hoc non limitetur ; potuisset enim etiam peccato non existente Deus incarnari.)

Ad 1 ergo dicendum quod universum perficitur in conjunctione ultimi ad principium primum ; non tamen oportet quod in conjunctione quæ est in unitate personæ, sed in conjunctione quæ est per ordinem, ad finem.

Ad 2 dicendum quod aliquod pertinet ad perfectionem hominis quod omnino derogat perfectioni Dei. Unde quamvis humilitas sit perfecta virtus in homine, non tamen oportet ut in Deo ponatur, si proprie sumatur humilitas ; quod patet ex speciebus superbiæ quæ ei opponuntur quarum prima est, cum bonum quod habet quis, tribuit sibi ; hoc quidem in homine vitium est, quia nihil habet a se, sed in Deo summæ perfectionis est, quia nihil habet ab extrinseco.

Ad 3 dico quod in productione minimæ creaturæ manifestatur infinita potentia, sapientia et bonitas Dei, quia quælibet creatura ducit in cognitionem alicujus primi et summi, quod est infinitum in omni perfectione. Nec oportet ut potentia infinita manifestetur, nec bonitas infinita per communicationem infinitam, hoc quod unicuique juxta suam capacitatem largitur.

Ad 4 dicendum quod capacitas alicujus creaturæ potest intelligi dupliciter : vel secundum potentiam naturalem quæ pertinet ad rationalem, seminalem, et sic nullam capacitatem creaturæ vacuam Deus dimittit in genere, quamvis capacitas alicujus creaturæ particularis non impleatur propter aliquod impedimentum ; vel secundum potentiam obedientialem secundum quod quælibet creatura habet ut ex eo possit fieri quod Deus vult, et hoc modo in natura humana est capacitas hujus dignitatis, ut in unitate personæ divinæ assumatur.

Nec oportet quod omnem talem capacitatem adimpleat, sicut non oportet quod Deus faciat quidquid potest, sed quidquid congruit sapientiæ ejus.

Ad 5 dico quod sicut dicit Apostolus (Rom. V. 20) : *Ubi abundavit delictum, superabundavit et gratia.* Unde non est inconveniens ut aliquod bonum Deus ex peccato eliciat, quod sine peccato non fuisset, ut patet in multis virtutibus, ut in patientia, pœnitentia et hujusmodi ; et ita etiam ex peccato hominis hoc optimus Deus potuit elicere ut Dei Filius incarnaretur : propter quod dicit Gregorius (in benedictione cerei paschalis) : *O felix culpa quæ talem ac tantum meruit habere Redemptorem !*

Ad 6 dico quod beatitudo totius hominis est ex ipsa Divinitate, in quam virtus intellectus immediate fertur, ex quo redundat gloria in inferiores partes animæ et in ipsum corpus ; in visione autem humanitatis Christi erit quoddam gaudium accidentale, sicut etiam in victoria passionis ejus : et tamen constat apud omnes quod si homo non peccasset, Christus passus non fuisset.

Ad 7 dico quod si etiam ponatur quod diabolus præviderit rationalem creaturam a Filio Dei assumendam, non tamen oportet quod præviderit antecedentia ad ipsam ; sicut etiam, ut ibidem Bernardus dicit, prævidit se futurum principem malorum, quod per suum casum consecutus est, et tamen suum casum non prævidit, ut in II Lib. dist. IV dictum est.

Ad ea vero quæ in contrarium objiciuntur potest responderi secundum aliam opinionem, quod auctoritates illæ loquuntur de adventu in carnem possibilem ad redimendum (redemptio enim non fuisset nisi servitus peccati præcessisset), et non de adventu in carnem simpliciter.

§ III.

La Thèse comme l'ont envisagée saint Thomas et saint Bonaventure.

Il importe grandement de faire ici plusieurs remarques.

1° Nos deux maîtres exposent, l'un et l'autre, incomplètement et dans les mêmes termes, la thèse de la prédestination du CHRIST avant toutes les autres créatures :

SAINT THOMAS.

Alii dicunt quod per Incarnationem Filii Dei non solum liberatio a malo, sed etiam :

1° Humanæ naturæ exaltatio,

2° Et totius universi consummatio facta sit.

SAINT BONAVENTURE.

Sic dixerunt quod præcipua ratio Incarnationis non est liberatio generis humani. Incarnatio enim facit :

1° Ad perfectionem hominis et per consequens,

2° Ad perfectionem totius universi.

Ni l'un ni l'autre ne donne la raison véritable. *Deus creare voluit ad gloriam suam, et voluit prius Christum, deinde ceteros ; et voluit prius Christum, ut haberet per eum gloriam summè et certè.* Nous sommes donc fondés à dire que les deux Docteurs n'ont vu notre Thèse que par le côté qui nous donne profit, et c'est le petit côté si nous le comparons à l'autre, c'est-à-dire à la glorification de DIEU immense et certaine par le CHRIST.

3° Ils réclament, très justement, comme preuve péremptoire et totalement nécessaire, le témoignage de l'Écriture et des Pères de l'Église.

SAINT THOMAS.

Hujus quæstionis veritatem solus ille scire potest qui natus et oblatus est, quia ipse voluit.

SAINT BONAVENTURE.

Quis autem horum modorum dicendi verior sit, novit ille qui pro nobis incarnari dignatus est.

3° Ils ne voient pas l'Écriture et la Tradition favorables à cette doctrine, et quand même, malgré que l'Écriture et la Tradition qu'ils requièrent, leur paraissent faire défaut à cette thèse, quand même ils la regardent comme probable.

SAINT THOMAS.

Unde, cum in Sacra Scriptura ubique Incarnationis ratio ex peccato primi hominis assignetur, convenientius dicitur... Etiam, peccato non existente, propter has causas Incarnatio fuisset ; et hoc etiam probabiliter sustineri potest.

SAINT BONAVENTURE.

Quis horum alteri præponendus sit, difficile est videre, pro eo quod uterque modus catholicus est, et a viris catholicis sustinetur. Uterque modus excitat animam ad devotionem. Videtur autem primus modus magis consonare judicio rationis.

III.

Troisième époque.

Vén. Jean Duns Scot (1274 † 1308),
Franciscain, Docteur Subtil et Marial. Enseigna successivement à Oxford, à Paris et à Cologne.
(Com. d'Oxford. in III lib. Sent. dist. 7. q. 3.)
(Reportata Parisiensia : Ibid. 7. 4).

§ I.

Utrum Christus sit prædestinatus esse Filius Dei ?

Cette manière de poser la question du Christ lui enlève le caractère de chose inutile, plutôt mesquine, étroite, que l'on est porté à voir dans la formule : Sans le péché d'Adam, le Christ serait-il venu ? Avec le mot prédestination, nous voilà sur les hauteurs. Mais le mot est-il juste ? car la prédestination regarde la personnalité, et la personnalité, dans le Christ, est divine, et par conséquent ne peut être touchée par une prédestination quelconque. Duns Scot pose l'objection et la réfute.

Quod non ; quia si sic, aut secundum quod homo, aut secundum quod Deus ; non secundum quod Deus, quia hoc æternum non cadit sub prædestinatione ; neque secundum quod homo, quia si secundum quod homo esset prædestinatus esse Filius Dei, cum secundum idem sit Deus, et prædestinatus esse Filius Dei, igitur secundum quod homo esset Deus ; consequens est falsum.

Item, si sic, aut cadit ista prædestinatio super naturam aut super personam. Non super naturam, quia illa nunquam est Deus ; non super personam, quia oportet illud super quod cadit prædestinatio præcedere prædestinationem ; persona Christi non præcessit, nisi secundum quod Deus, et sic non cadit sub prædestinatione.

Item, prædestinatio est reparatio gloriæ æternæ ; sed Christus vel fruitio Christi, non est gloria æterna, neque est unio ista prædestinatio, neque ordinata ad gloriam Dei. Oppositum, Rom. 9 : Qui prædestinatus est esse Filius Dei in virtute.

Ad primum, cum dicitur, si Christus sit prædestinatus esse Filius Dei, aut secundum quod homo aut secundum quod Deus : dico quod divisio non valet formaliter, quia prædestinatio includit duo, ut ordinem actus ad terminum et in termino dispositionem convenientem ad illud quod est prædestinatum ; sed nihil unum invenitur, nec in Deo nec in homine, cui convenit utraque conditio, quia Filius Dei non est ratio secundum quam convenit sibi præcedere actum ; ideo ratione unius convenit hoc Deo, ratione alterius alterum, ideo neutrum est dandum. Vel potest dici distinguendo ly *secundum quod*, quod uno modo accipitur formaliter ; alio modo dicit rationem extremi in se tantum, ut prius dictum est, et isto modo potest dici quod Christus secundum quod homo prædestinatus est esse Filius Dei, non formaliter, quia sic quilibet homo ; sed *secundum quod* dicit rationem extremi in se, et sic concedo quod homo secundum quod homo est Filius Dei, hoc est, homo præcise sub ratione qua est in Verbo, et sic non sequitur quod quilibet homo. Vel potest dici quod Filius Dei secundum quod Filius Dei, vel Christus secundum quod Filius Dei, prædestinatus est homo, et propter hoc Christus prædestinatus est esse Filius.

Ad aliud, dico quod prædestinatio respicit primo realiter naturam, et tamen natura non est Deus. In aliis tamen prædestinatio primo respicit personam, et causa dicta est prius.

Ad illud, dico quod in hoc homine prædestinatum est ut sit Filius

Dei per communicationem idiomatum, et prædestinatio est reparatio, vel præparatio hujus ad gloriam.

Saint Thomas est, en cela, du même avis que le Docteur Subtil.

« Obj. Humana natura est unius rationis in Christo et in aliis hominibus. Sed in aliis hominibus prædestinatio non est de natura. Ergo nec in Christo. Sed contra, Rom. I, dicit Glossa quod prædestinatio est uno modo de eo quod non semper fuit. Sed nihil est in ipso Christo quod non semper fuit, nisi humana natura. Ergo prædestinatio est de natura. Præterea. Ex hoc aliquis prædestinatur quod prævidetur Deo uniendus per gratiam unionis. Sed humana natura ab æterno est prævisa Deo unienda per gratiam unionis. Ergo humana natura est prædestinata in Christo. (Com. in 3 lib. Sent. dist. x. q. 3.) Ita D. Bonav. (Ibid. art. 1. q. 1), Alensis (3. part. qu. 3), Durandus (Ibid. q. 3).

§ II

Ad quæstionem dico primo, quomodo ista unio potest cadere sub prædestinatione ? Secundo, quare Christus sit prædestinatus ? Tertio, quis sit ordo hujus prædestinationis ad alias prædestinationes ?

De primo, prædestinatio est præordinatio alicujus glorificabilis ad gloriam, et ad ordinata ad gloriam ; nunc autem aliquid aliud glorificabile potest ordinari ad gloriam, et ad ea quæ sunt ordinata ad ipsam, et aliquid est ordinabile ad tantam gloriam, ad quantam non decet ordinare puram creaturam. Subsistenti etenim in Verbo, decet ordinare majorem gloriam quam alicui puræ creaturæ existenti in se, et *talis gloria non potest cadere sub merito ;* ideo talis natura potest ordinari ad talem unionem, quæ est naturæ humanæ ad Verbum, quæ est prima ad tantam gloriam, quanta collata est Christo ; et tunc est *congruentia aliqua,* quare aliqua gloria potest cadere sub merito creaturæ, et aliqua non potest, et ibi decens præordinare unionem, quæ est prima ad tantam gloriam quanta non potest cadere sub merito puræ creaturæ.

Ex isto patet quod *primo præordinatur finis a sapiente, et secundo alia* quæ sunt ad finem ; et sic *primo præordinatur gloria summa Christo,* deinde unio naturæ ad Verbum, per quam potest pertingere ad tantam gloriam, quia universaliter *primum in intentione* in omnibus exequendis, est *ultimum in executione ;* ideo in executione prius fuit unio ad Verbum quam summa gloria collata Christo, et sic prius prædestinatio ad unionem quam ad gloriam.

Dices : Oportet quod prædestinatio prius respiciat personam quam naturam ; non enim potest primo respicere naturam. — Dico quod quanquam in aliis prædestinatio respiciat præcise personam primo, non tamen est necesse quod semper respiciat personam præcise. Potest enim Deus acceptare bonum naturæ, ut natura, priusquam personæ, ut persona. Ratio autem quare in aliis prædestinationibus primo respicit personam, est quia illi naturæ subsistendi in Verbo convenit primo prædestinatio, et non personæ ; ideo ista prædestinatio est naturæ, ut natura, in primo instanti naturæ ; in secundo instanti naturæ est prædestinatio ad unionem, vel ad alia sequentia.

§ III.

Secundo dico, quod unica est ordinatio, qua denominatur suppositum Verbi, et ille homo, sicut prius dictum est, quod unica est passio, qua multa denominantur in factione passiva, ita quod præordinari et præordinare multa denominant ; ideo Filius Dei primo est præordinatus esse homo ; secundo, e contra, ille homo prædestinatus est esse Filius Dei ; deinde tertio, unio naturæ ad Verbum ; deinde quarto, merita electorum ; deinde quinto, casus malorum ; deinde redemptio per Mediatorem.

Dices : Oportet quod prædestinationem præcedat suppositum et non solum natura. — Dico quod non oportet quod illud quod præordinatur, præcedat suppositum, licet cui præordinatur præcedat præordinatum, sicut si aliquid præordinat sibi aliquod bonum, ut de celebrando jam Missam, non oportet quod illud bonum præcedat illud cui præordinatur, ideo primo est Filius Dei prædestinatus esse homo, et secundo, ille homo e contra.

§ IV.

Quel rang tient, parmi les prédestinations des créatures, la prédestination du Christ ? Est-elle royale, première ? Est-elle secon-

daire? Posée dans ce jour, la question s'éclaire de tous les passages de saint Paul : Benedictus Deus et Pater D. N. J. C. qui benedixit nos in omni benedictione spirituali in cœlestibus in Christo... qui prædestinavit nos in adoptionem filiorum per Jesum Christum. (Eph. 1. 3.) Primogenitus omnis creaturæ in quo... (Coloss. 1.) Christus heri et hodie ipse et in sæcula... (Heb. 13. 8.) Omnia vestra sunt, vos autem Christi, Christus autem Dei (I Cor. 3. 22.) Principium qui et loquor vobis (Jo. 8. 25.) Dominus possedit me in initio viarum suarum. (Prov. 8.) Ego sum A et Ω (Apoc. 22. 13).

Tertio, declarandum est quis sit ordo hujus prædestinationis ad alias prædestinationes. Dicitur quod lapsus hominis est ratio necessaria hujus prædestinationis. Ex hoc quod Deus vidit Adam casurum, vidit Christum per hanc viam redempturum, et ideo prævidit naturam humanam assumendam, et tanta gloria glorificandam.

Dico tamen quod

LAPSUS NON FUIT CAUSA PRÆDESTINATIONIS CHRISTI ;

Imo, si nec fuisset Angelus lapsus nec homo,

ADHUC FUISSET CHRISTUS SIC PRÆDESTINATUS ;

Imo et si non fuissent creandi alii quam

SOLUS CHRISTUS.

Duns Scot ne dit pas : adhuc fuisset prædestinatus ; *ce qui impliquerait une prédestination nécessaire ; mais :* adhuc fuisset Christus *sic* prædestinatus. ***La prédestination du Christ serait encore, elle, librement voulue, voulue de cette façon, pour lui-même. Dieu est libre de vouloir créer, ou non ; de vouloir une gloire grande ou une gloire petite pour fin de son ouvrage ; mais, posé que Dieu ait voulu telle fin, il suit, dans ses décrets, un ordre.***

Illud probo, quia omnis ***ordinate volens***, primo vult ***finem***, deinde ***immediatius*** illa quæ sunt ***fini immediatiora ;*** sed Deus est ordinate volens; igitur sic vult; igitur primo vult se et omnia intrinseca sibi; immediatius quantum ad extrinseca est *anima Christi ;* igitur ante quodcumque meritum, et ante quodcumque demeritum, prævidit Christum sibi esse uniendum in unitate suppositi.

Duns Scot n'admet pas que Dieu ait prédestiné les hommes seulement après avoir vu la chute des anges et pour remplacer les démons tombés, ni qu'un homme est prédestiné pour remplacer un autre homme tombé de son rang par ses fautes, parce que le remplaçant

pourrait se réjouir de ce que l'autre, se damnant, lui ait laissé sa place dans le bonheur. Donc, il n'admet pas que le Christ, venant grâce à un faux pas d'Adam, ait à se réjouir de ce faux pas qui lui occasionne d'être Christ!

Item, ut declaratum est *primo libro in materia de prædestinatione*, primo est ordinatio et prædestinatio completa circa electos, quam aliquid fiat circa reprobos in actu secundo, *ne aliquis gaudeat ex perditione alterius*, quasi sibi sit lucrum; igitur ante lapsum prævisum, et *ante omne demeritum fuit totus processus prævisus de Christo.*

Il répugne au Docteur Subtil, qui met en balance le Christ et tout l'Univers créé, de dire que le Christ : Summum opus Dei, *est voulu seulement par occasion. Il ne peut voir ces mots rapprochés :* Christus, Summum opus Dei — occasionatum.

Item, si lapsus esset causa prædestinationis Christi, sequeretur quod *summum opus Dei* esset *occasionatum tantum*, quia gloria omnium non erit tanta intensive quanta erit Christi, et quod tantum opus dimisisset Deus propter bonum factum Adæ, puta, si non peccasset ; videtur valde irrationabile.

Dico igitur sic :

Primo Deus diligit se ;

Secundo diligit se aliis, et iste est amor castus ;

Tertio vult se diligi ab alio qui potest eum *summe diligere*, loquendo de amore alicujus extrinseci ;

Et quarto prævidit unionem illius naturæ quæ debet eum *summe diligere, etsi nullus cecidisset.*

Comment s'expliquent, dans cette doctrine, les passages des Pères qui attribuent l'Incarnation au motif de la Réparation de la faute de l'homme ?

Quomodo igitur sunt intelligendæ auctoritates Sanctorum ponentium quod Christus non fuisset mediator, nisi aliquis fuisset peccator ? Et multæ aliæ auctoritates, quæ videntur *sincere* in contrarium ?

Dico quod gloria est ordinata animæ Christi et carni, sicut potest carni competere, et sicut fuit collata animæ in assumptione ; ideo statim fuisset collata carni, nisi quod propter majus bonum illud dilutum fuisset, ut per mediatorem, qui potuit et debuit, redimeretur genus humanum a potestate diaboli, quia majus bonum fuit gloria animarum beatarum quam gloria carnis Christi ; et ideo in quinto instanti vidit Mediatorem venientem passurum ac redempturum populum suum, et non venisset ut mediator, ut passurus, ut redempturus, nisi aliquis prius peccasset, neque fuisset gloria carni diluta, nisi fuissent redimendi, sed statim fuisset totus Christus glorificatus.

§ V.

Avec Duns Scot la thèse a changé d'aspect. Ce n'est plus là question de pure curiosité, bonne à mettre aux prises les professeurs inoccupés. C'est la grandeur du CHRIST qu'elle intéresse, et la religion y tient fixés ses regards et ses admirations amoureuses. Au lieu de demander : Le CHRIST serait-il venu sans le péché d'Adam ? ce qui est donner un titre petit à une question immense et marcher de biais, nous demandons : DIEU a-t-il prédestiné, le CHRIST d'abord et nous en lui ? C'est revenir au style de saint Paul.

Nous apportons à la Thèse ainsi présentée les témoignages de saint Paul, de saint Jean, des Proverbes, de l'Ecclésiastique, d'Isaïe, et des Pères qui ont combattu l'hérésie arienne. Saint Bonaventure et saint Thomas ne les ont ni réfutés, ni cités, à cause, précisément, que la thèse n'était pas posée dans son vrai jour. Les deux raisons théologiques dont ils l'appuient dans leur exposition sommaire, savoir : l'exaltation de l'homme et l'achèvement du monde, leur font déclarer probable notre thèse. Or, ce ne sont là que motifs secondaires et *per consequentiam.* Nous posons en première ligne celui-ci : La *glorifiation* de DIEU *immense* et *certaine* par le *Christ.* Comme on peut le remarquer, l'Incarnation est surtout considérée du côté par où elle regarde DIEU, et c'est la gloire de Duns Scot de l'avoir placée dans ce jour-là.

Nous ne pouvons rendre à notre Docteur un témoignage plus éloquent, plus chrétien, qu'en montrant sa doctrine étincelant dans le sillage de la Tradition.

Ancien Testament. Proverbes.

Dominus possedit me in initio viarum suarum antequam quidquam faceret, a principio. Cum eo eram cuncta componens.

Nouveau Testament, Saint Paul.

Primogenitus omnis creaturæ, quoniam in ipso condita sunt universa in cœlis et in terra, visibilia et invisibilia.

Saint Cyrille d'Alexandrie.

Nobis fundamenti loco ponitur Christus, atque in ipso nos omnes superædificamur... juxta prænotionem Dei omnia præscientis.

Le Vénérable Duns Scot.

In primo signo, Deus intellexit se in ratione summi Boni.

In secundo, intellexit omnes alias creaturas possibiles.

In tertio, voluit summam gloriam et gratiam Animæ Christi, ut fini propinquiori.

Et gratia ipsius Christi exigit plures alios ex Angelis et hominibus (possibilibus) quorum Christus esset caput et princeps.

In quarto signo, prævidit homines prædestinatos casuros in Adam.

In quinto tandem, præordinavit remedium electorum et voluit esse passionem Filii sui alioquin venturi, cum ante prævisionem lapsus eorum fuerit prædeterminata Christi futuritio.

ERRATA.

	Au lieu de :	Lisez :
Page 110, ligne 20	: abbé d'Ypres	d'Ypres, abbé de Deutz
Page 128, ligne 24	: fait. Et s'il	fait. — Et s'il
Page 156, ligne 21	: qui allez, sur	qui allez portant sur
Page 162, ligne 17	: ajouter le	ajouter : le
Page 170, ligne 31	: non volens	nos volens
Page 200, ligne 11	: DIEU. Au niveau	DIEU ; au niveau
Page 203, ligne 15	: serait venu	serait-il venu
Page 218, ligne 5	: aimer. Le	aimer : le
Page 233, ligne 22	: par nous	pour nous.

TABLE DES MATIÈRES.

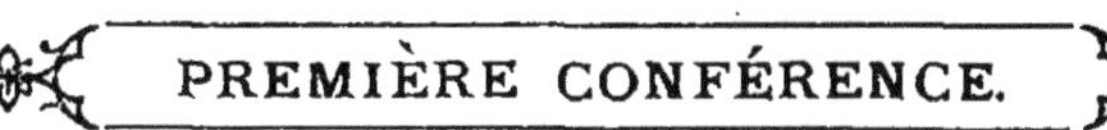

PREMIÈRE CONFÉRENCE.

NOTES DE LA TROISIÈME CONFÉRENCE.

QUATRIÈME CONFÉRENCE.

NOTES DE LA CINQUIÈME CONFÉRENCE.

SIXIÈME CONFÉRENCE.

NOTES DE LA SIXIÈME CONFÉRENCE.

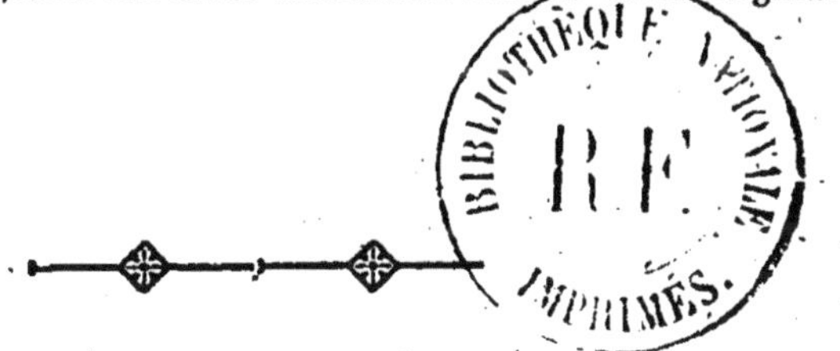

www.ingramcontent.com/pod-product-compliance
Ingram Content Group UK Ltd.
Pitfield, Milton Keynes, MK11 3LW, UK
UKHW021058220726
13924UKWH00005B/2145

9 782019 928711